현재와 미래를 관통하는 날카로운 시선

시사경제독설

현재와 미래를 관통하는 날카로운 시선
시사경제독설

초판 1쇄 발행 2016년 12월 30일
초판 2쇄 발행 2017년 6월 15일

지은이 | 캡틴K
발행인 | 홍경숙
발행처 | 위너스북

경영총괄 | 안경찬
기획편집 | 임소연, 김효단

출판등록 | 2008년 5월 2일 제 310-2008-20호
주소 | 서울특별시 마포구 토정로 222, 201호(신수동, 한국출판콘텐츠센터)
주문전화 | 02-325-8901

디자인 | 우진
제지사 | 한솔PNS(주)
인쇄 | 영신문화사

ISBN 978-89-94747-71-2 03320

* 책값은 뒤표지에 있습니다.
* 잘못된 책이나 파손된 책은 구입하신 서점에서 교환해 드립니다.
* 위너스북에서는 출판을 원하시는 분, 좋은 출판 아이디어를 갖고 계신 분들의 문의를 기다리고 있습니다.
  winnersbook@naver.com | tel 02)325-8901

이 도서의 국립중앙도서관 출판예정도서목록(CIP)은 서지정보유통지원시스템 홈페이지(http://seoji.
nl.go.kr)와 국가자료공동목록시스템(http://www.nl.go.kr/kolisnet)에서 이용하실 수 있습니다.
(CIP제어번호: CIP2016031164)

현재와 미래를 관통하는 날카로운 시선

시사경제독설

| 캡틴 K 지음 |

Winner's Secret Library · 위너스북
WINNER'S BOOK

· 캡틴k 글에 대한 찬사! ·

- 경제 흐름을 바라보는 시각을 넓혀주고 다양한 경제 지식을 쌓을 수 있도록 많은 도움이 되는 책입니다.　　　　　　　　　　　　　　　　　　　—나*

- 경제를 모른다면 이 책을 꼭 읽어라. 경제 지식이 가득한 바다를 헤엄치는 기분!　　　　　　　　　　　　　　　　　　　　　　　　　　—줄라**

- 새로운 관점으로 경제 흐름을 바라볼 수 있도록 도와주기 때문에 주변에 추천하고 싶은 책입니다.　　　　　　　　　　　　　　　　　　　　—for***

- 가려진 경제 환경의 진실을 경제 지식이 없는 초보자도 쉽게 이해할 수 있습니다.　　　　　　　　　　　　　　　　　　　　　　　　　　—p**

- 미디어를 통해 경제 사회현상의 거짓만을 강요받는 현대인에게 숨겨진 진실을 직시할 수 있게 하는 책입니다.　　　　　　　　　　　　　　—꽃**

- 눈앞의 지식만이 아닌 보이지 않는 진실을 봄으로써 경제 흐름을 파악하고 시각과 견문을 넓힌다.　　　　　　　　　　　　　　　　　　—새로***

- 막연히 경제가 안 좋다는 말만 입버릇처럼 하고 살던 나에게 현실을 보여준 책!

  — 책과 * * *

- 해이한 태도로 경제를 봤기에 손해가 있었다면 보다 심화된 경제를 알고 기반이 생겨납니다.

  — 라 * * *

- 자본주의의 냉정한 현실을 일깨워주네요. 흔들릴 때 다시 읽어도 될 듯합니다.

  — 블루 * * *

- 취약한 경제 시야의 한계를 깨기 위한 안내서로써 진짜 경제를 접하고 실제 경제를 체감했습니다.

  — sl * * *

- 경제 현실의 진실을 알려주고 앞으로의 경제를 예측할 수 있게 도와주는 책입니다.

  — 고 *

- 미디어의 왜곡된 정보로 잘못된 경제상식을 교정하고 현실경제의 본질을 밝혀주는 책.

  — 철갑 * *

- 경제를 공부하면서 아이러니했던 부분들을 직관적인 시선으로 직설적이고 통쾌하게 알려줍니다.

  — star * * *

- 평소 왜? 라고 궁금했던 경제 상황에 대한 질문의 답이 그대로 있습니다.   — y * *

- 캡틴K라는 저자의 명성만큼 우리가 처한 경제 현실을 제대로 알려 줍니다.

  — tokk * * * * *

- 실질적으로 도움 받을 수 있는 부동산과 금융 등 각종 경제 정보로 채워져 매우 유용합니다.

　　　　　　　　　　　　　　　　　　　　　　　　　— 한울***

- 투자의 기본인 시장 분석과 방향성에 대한 가이드를 제시해줍니다.

　　　　　　　　　　　　　　　　　　　　　　　　— 책읽는****

- 치열한 경쟁 사회에서 한 번쯤 접해야 할 이야기를 해주는 귀한 책이네요.

　　　　　　　　　　　　　　　　　　　　　　　　　　— 밍키**

- 교수님이나 선배들이 가르쳐주지 않는 내용을 알 수 있어 좋았습니다.

　　　　　　　　　　　　　　　　　　　　　　　　— ksk*****

- 저에게 있어서 감히 올해의 도서가 되지 않을까 조심스레 예상해봅니다.

　　　　　　　　　　　　　　　　　　　　　　　　— 미스터***

- 진짜 알고 싶은 경제 현실을 꼭 집어 알려주니 속 시원해지는 책이네요!

　　　　　　　　　　　　　　　　　　　　　　　　— lov*****

- 취직과 집장만으로 바쁜 20~30대, 자녀교육과 노후준비로 고민인 40~50대를 위한 필독도서.

　　　　　　　　　　　　　　　　　　　　　　　　— oos****

전 국민이 다 아는
평범한 사실들

모두가 알고 있는 평범한 사실(진실이 아닌)을 살펴보자.

"경기가 너무 안 좋다. 서민들의 살림살이가 나아지기는커녕 점점 더 팍팍해지고만 있다. 먹고 죽을 돈도 없다. 이런 시국에 투자는 그림의 떡이다. 집을 사는 것은 있을 수 없는 일이다. 서민들에게는 집을 살 여유가 없다."

"통계 물가는 낮다는데 장바구니 물가는 계속 오르는 것만 같다. 어떤 사람이 거짓말을 하고 다니는 것인가? 지금 당장 달러 강세와 엔저 우려를 보아라. 앞으로 수출될 리 만무하다. 대한민국에 희망은 없다."

"뉴스를 보니 가계부채가 사상 최대라고 한다. 어떻게 하면 좋을까? 금값이 인상하면 대출자들은 모두 위기에 빠질 텐데…. 경제성장률이 나날이 낮아지니 앞이 보이지 않는다. 경제가 뒷걸음질만 치고 있다."

"미국이 금리 인상을 했고 올해도 금리를 올린다는 예측이 나오고 있다. 이제는 외자 유출로 양털깎기 당하고 말 것이다. 빨리 빚 갚아라! 추가 금리 인하라는 말도 나오는데, 안타깝게도 대한민국은 조만간 미국처럼 엄청난 금리 인상을 할 수밖에 없을 것이다."

"중국 산업 경쟁력은 나날이 발전해 나간다. 그럼 우리나라는 어떻게 하면 좋을까? 일본과 중국 사이에서 죽어 나갈지도 모른다. 빠르게 결론을 말한다면 대한민국은 이제 망했다. 현금이 최고다. 집 사면 망한다. 주식 하면 죽는다. 여러 가지로 큰일 났다!"

대한민국에 사는 사람이라면, 위와 같은 경제 관련 얘기를 한 번쯤은 들어봤을 것이다. 뉴스 기사는 비관적인 경우가 많고, 주변 사람은 매일 푸념을 늘어놓는다. 서울에 사는 사람도, 대구에 사는 사람도, 강원도 깊은 산골 인터넷 연결이 겨우 되는 곳에 사는 사람도 모두 알고 있는 악재이다. 이렇듯 악재가 판을 치는 상황에 어떻게 아파트를 열 채, 백 채, 천 채 이상 사들이는 부자들이 있을 수 있을까? 또 우리나라 주식을 백 조 가까이 매집해놓고 월별로 1~2조에 샀다 팔았다 하며 분위기를 조절하는 외인들이 어떻게 존재하는 것일까?

앞서 언급했던 악재가 정말 진실성 있는, 중요하고 돈이 되는 정보라면 이렇게 전 국민이 다 알고 있을 정도로 시중에 퍼졌을까? 심지어 중·고등학생들도 인터넷 검색을 하다가 온갖 악재를 보고 나라가 걱정된다는 심각하게 웃픈(웃기고 슬픈) 글(?)을 인터넷에 올리고 있다. 그렇다면 1997년 IMF 외환위기나 2008년 금융위기가 터지기 전에는 전 국민이 상황을 알고 있었을까? TV나 신문에서 큰 위기가 올 것이라는 예상을 충분히 전했을까?

우리는 왜 이런 악재가 정신없이 우리를 덮쳐오는지 생각해 보아야 한다. 듣지 않고 보지 않으려고 해도 눈이 가는 곳에 떡하니 악재들이 걸려있다. 억지로 귀를 귀마개로 막지 않는 이상 대중은 아주 친절한 악재 생산·유포자가 들려주는 말을 속수무책 들을 수밖에 없다. 그런데, 그들은 무슨 목적(실제로는 고의적이라기보다 경기 사이클 및 투자 시장 시스템에 의해 자동으로 그렇게 된다)으로 악재 생산을 해대는 것일까?

이런 말들이 정말 우리를 생각해서 나오는 것일까? 돈 앞에서는 인륜도 천륜도 없는 이 세상에서 피가 되고 살이 되는 중요한 정보(?)를 불특정 다수에게 전달할 수 있을까? 대중의 앞날을 걱정해주어 수십 번, 수백 번, 수천 번 반복 재생해주는 것을 우리는 진심으로 감사해야 할까? 한 명이 세상을 걱정해서 하는 말이라면 이해하겠지만, 너도나도 악재에 대해 말하고 있으니 웃음만 난다.

지금껏 살면서, 사람들이 설레발치며 하는 말 중 80% 이상이 현실화되지 못했다. 특히, 경제 관련해서는 단 한 번도 본 적이 없다. 대중은 보고 싶은 것만 볼 뿐, 진실은 절대 보려 하지 않는다. 사실은 결코 진실이 아니다.

투자세계에 살짝 몸을 걸치고 있어 일반인보다는 시사경제에 대해 많이 알고 있지 않을까 하는 착각 아닌 착각으로 인터넷에 글을 적다가 우연찮은 기회에 《시사경제잡설》을 출간했다. 책을 출간하고 나니, 책임감이 생겨 위너스북 출판사의 두 번째 출판 권유를 받아들였다.

처음 책을 출간할 당시에는 '어느 누가 이 책을 읽고 진지하게 받아들일까?'라는 생각을 했다. 물론, 있는 힘껏 알고 있는 것을 말하려고 무던히 노력하며 집필했지만, 그 내용이 실제로 실현될지는 아무도 모르기 때문에 독자들이 받아들이기는 쉽지 않을 것이다. 또한, 단순히 경제 지식만 나열하는 것이 아니라 경제에 대한 나의 가치관과 전망을 이야기하는 내용이기 때문에, 책에 적힌 대로 현실화되지 않을 수 있으므로 걱정도 적지 않았다. 10개를 예측하여 8~9개를 맞추어도, 1~2개 틀린 부분을 비난하는 것이 일반적이기 때문이다.

《시사경제잡설》은 정치 파트나 기타 민감한 부분을 최대한 줄이고 출간하였다. 그러다 보니 자세히 다루지 못한 내용으로 인해 오해를 살만한 부분도 있으며, 예상 시나리오도 착오가 생길 여지가 있었다. 《시사경제독설》에서는 《시사경제잡설》에서 못다 한 얘기를 해볼까 한다.

특히 내 글에 기대를 걸고 있는 이들에게 확신을 주고 싶은 마음에 출간을 결정하였다. 그들이 대세 상승장의 첫 자락부터 꽉 쥐고, 춤추는 호랑이 등에서 떨어지지 않았으면 한다. 글 효용성 중 가장 큰 것이 그것이 아닐까 하는 생각이 많이 들었다.

《시사경제독설》은 《시사경제잡설》에서 못다 한 이야기와 오해가 될 부분들을 수정하고 보충하는 내용이 주가 되는 책이다. 논지는 《시사경제잡설》과 변함없다.

2016년 12월 촌구석에서

캡틴K

PART 1
현시점에서 착각해서는 안 될 경제 현실

PART 2
돈과 투자 시장에 대한 잡설

PART 3
정치판 이야기 - 개헌과 통일

PART 1

현시점에서 착각해서는
안 될 경제 현실

돈은 영원한 가치를 보증하지 않는다.

어제의 천 원과 오늘의 천 원의 가치는 동일하지 않다.

우리나라는
빛 공화국이다?

. . .

요즘 신문이나 TV와 같은 언론과 비관론자들이 자주하는 말이 있다.

"우리나라는 빛 공화국이다. 빛으로 쌓아 올린 경제일 뿐이다. 나랏빚이 1천
조다. 국민 일 인당 평균 1천만 원씩 갚아야 하는 빚쟁이다. 일본을 따라가고
있다."

귀에 딱지가 앉을 정도로 이 말을 많이 들어보았을 것이다. 정말 우리
나라가 이토록 빛이 많은 것일까? 이 정도면 곧 나라가 망할지도 모른다
는 생각이 들어 무서워진다. 나는 항상 그래왔듯이 우리나라가 정말 빛에
허덕이고, 빛으로만 이루어진 공화국인지를 스스로 생각하고 알아보았다.
빛이 많은 것은 순채무가 많다는 뜻이다. 쉽게 말해 '채권-채무=순채

권(채무)'인데 받을 돈(채권)보다 줄 돈(채무)이 많으면 빚쟁이가 된다. 개인, 기업, 국가가 각각 하나의 경제주체이므로 우리나라의 대외 채권과 대외 채무를 모두 알아보고 그 차액이 얼마인지 알아보기로 했다. 한국은행이 원화를 발행하므로 국내 원화 채권과 채무는 경기에 관계되기는 하지만 말장난에 가깝다. 작년 말 국가 대외채무와 대외채권 뉴스 기사를 한번 보자.

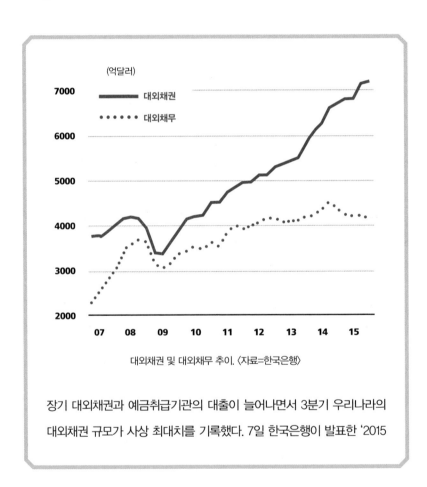

대외채권 및 대외채무 추이. 〈자료=한국은행〉

장기 대외채권과 예금취급기관의 대출이 늘어나면서 3분기 우리나라의 대외채권 규모가 사상 최대치를 기록했다. 7일 한국은행이 발표한 '2015

황당하다. '빚으로 쌓아 올린 경제', '빚 공화국 대한민국'과 같은 표현으로 가득한 공포성 기사가 많은데 알고 보니 우리나라는 순채권국이다. 쉽게 말해 줄 돈보다 받을 돈이 많다는 뜻이다. 미국이나 일본 같은 채무국이 아니다.

표를 한번 보자. 점선인 대외채무 추이는 살짝 꺾이고, 실선인 대외채권은 점점 증가하고 있다. 대외채권과 대외채무 간 차이도 그 폭이 커지고 있다. 어찌 된 것일까? 지금까지 대중이 언론 매체를 통해 귀에 딱지가 앉도록 들었던 '우리나라는 빚이 많다'는 소리가 황당하지 않은가? 기사에서 확인할 수 있듯이 점점 대외채권(받을 돈)이 늘어나고 있어 국가신인도*가 올라가고 있다. 이는 무디스 같은 신용평가기관들이 우리나라 신용

---

* 한 나라의 국가위험도 · 국가신용도 · 국가경쟁력 · 국가부패지수 · 경제자유도 · 정치권리자유도 등을 평가한 지표를 말한다. – 편집자 주

등급을 상향한 이유 중 하나일 것이다.

위 기사 내용으로 보면 우리나라는 빚쟁이가 아니라 명동 사채꾼이 되어가고 있다고 말해야 한다. 남의 돈 빌려서 고리 장사하고 있는 셈이다. 대한민국이 돈놀이 잘해서 부자나라가 되고 있다. 그렇다면 왜 언론들은 항상 대외채무와 빚만 강조하여 말하는 것일까? 좀 의아스럽지 않은가? 이는 개혁을 추구하는 정부와 현 정부의 경제 실정을 비판해야 하는 야권 그리고 경제 비관론자들의 입장이 묘하게 일치하면서 나타나고 있는 현상이다.

참 서글프게도 아무것도 모르는 대중은 항상 공포에 질려 벌벌 떠는데 힘 있는 자들은 각자의 목적은 다르지만 부르짖어야 할 내용은 일치하여 함께 떠들고 있는 셈이다. 물론 이 일들에 불안과 공포를 좋아하고, 잘 이용하는 언론의 습성과 통계자료를 이용한 눈속임이 한몫했다. 통계는 해석하기 나름이다. 어느 부분만 따와서 따로 보여주느냐 어떤 기준을 표본집단으로 설정하느냐에 따라 결과가 크게 달라진다. 그러므로 투자자는 통계를 믿으면 안 된다.

언론이 반드시 빚 이야기만 하는 것은 아니다. 위 기사처럼 채권 이야기도 하고 있다. 하지만 빚 이야기를 강조하고 자극적으로 다루며, 일면에 내서 검색에 노출이 잘 되도록 한다. 대중의 눈에는 빚 이야기만 보이도록 만드는 경향이 없지 않다. 세상천지 믿을 사람 없다는 말이 정답이 된 셈이다. 오늘도 돈과 그리 친하지 않은 서민 가장들은 술자리나 가정에서 TV를 보면서 이야기한다.

"이 사회가 말이야. 전부 빚이야. 곧 망할 거야. 대출 내서 집 사라고? 나라가 빚쟁이라고 나까지 빚쟁이 될까? 나라가 망할지도 모르는 판국에. 돈 아끼고 저축해야 돼."

하지만 오늘도 화폐가치는 조금씩 떨어지고 있다.

그런데 필자가 국가의 빚에 대하여 이런 식으로 이야기하면 회의적인 사람들은 이렇게 생각할 것이다. '가계부채는? 1,300조에 달하는 어마어마한 개인들의 빚은? 그건 빚 아니야?' 뉴스에 귀가 닳도록 나오는 가계부채. 가계부채는 가계가 짊어진 빚이라는 뜻으로 당연히 빚이 맞다. 하지만 국가 단위로 보면 과연 그것이 진짜 빚일까?

대중이 걱정하는 가계부채의 진실

. . .

'우리나라는 빚 공화국이다'라는 말은 틀렸다고 하면 '대외채권, 채무는 그렇지만 가계부채는 어떻게 되나?' 의문을 표할 사람이 많다. '우리나라는 빚 공화국이다'라는 명제를 두고 생각해보자. 사람들은 언론의 집중적인 기사로 인해 가계부채라는 항목에 과도하게 신경을 써 '빚' 개념을 헷갈린다. 간단한 비유를 하여 설명해 본다.

4인 가족(대한민국)이 있다고 치자. 부부가 맞벌이라면 밖에서 돈을 벌어오는 사람은 아버지(국가)와 어머니(기업)다. 그리고 돈을 받아 쓰는 것은(대출) 아들(기업), 딸(가계)이라고 해보자. 기업은 돈을 벌기도 하지만 은행 대출도 하고 있으므로 어머니와 아들을 기업이라는 이름으로 중복하여 설정한다. 그리고 어머니는 아버지의 봉급을 받아간다고 해보자. 우리나라를 '빚 공화국'이라 부른다면 어떤 부채를 '빚'이라고 봐야 할까? 먼저 딸이 아버지나 어머니로부터 용돈이나 학비(대출)를 받는 것을 부채라고 가정 해보자. 딸이 밖에서 남의 돈을 받지 않는다면, 용돈과 학비는 아버지와 어머니의 호주머니에서 나오는 것이다. 가정에서 부모는 자식에게 '나중에 크면 갚아라.'라는 우스갯소리를 한다. 하지만 실제로 갚는 것은 아니다. 바로 '가계부채'가 그런 식이다.

물론 가계부채는 해당 가계에서 무조건 은행에 갚아야 한다. 하지만 대한민국이라는 국가로 보면 구성원인 기업이나 가계가 해외에서 빌려온 돈이 아닌 이상 한국은행에서 발행한 돈(원화)에 의해 신용창출 되어 대출받은 돈은 빚이라 볼 수 없다. 발권력을 가진 국가(중앙은행 포함)는 원화 채권과 채무를 얼마든지 메울 수 있기 때문이다. 가정에서 아버지나 어머니가 자녀에게 주는 돈이 원래 직장에서 벌어온 돈에 포함되듯 자녀가 부모에게서 아무리 많은 돈을 받아 쓴다고 해도 문제 될 것은 없다. 발권력을 가진 중앙은행이 있으니 원화 채무는 그리 중요하지 않다. 국가 입장(은행 포함)에서는 항상 (가계로부터) 받을 돈이 되는 것이지, 누군가(다른 나라나 외인 투자자)에게 갚을 돈이 아니기 때문이다. 국가 내에서 돌고 도는 돈이어서 최악의 경우라도 국가에서 가계부채를 탕감해 버리면 그만이다. 실제로 가끔 극소수를 대상으로 그렇게 하기도 한다. 대다수를 대상으로 탕감을 시행하지 않는 이유는 국가신인도 및 환율, 모럴해저드 문제 때문이다.

1997년에 일어난 IMF 외환 위기가 왜 일어났을까? 당시의 IMF는 기업위기보다는 정부의 외환 보유액이 바닥이 나면서 생겼다. 국가라는 큰 단위에서 빚이 문제가 되버린 것이다. 물론 기업의 빚도 문제가 되었다. 기업도 해외채권을 발행하여 큰돈을 빌려오기 때문에 대외채무에 잡힌다. 결국 문제 되는 빚이란 아버지나 어머니가 밖에서 빌린 돈을 말한다. 부모가 쓴(자녀는 안 쓴다는 전제로) 은행대출이나 사채가 가정에서 문제되는 빚이 되는 것이다. 그래서 대한민국이 빚 공화국인지를 알아보려면 대외채권·채무 관계만 살펴보면 된다.

최근 뉴스의 우리나라 대외채권·채무 표를 살펴보자.

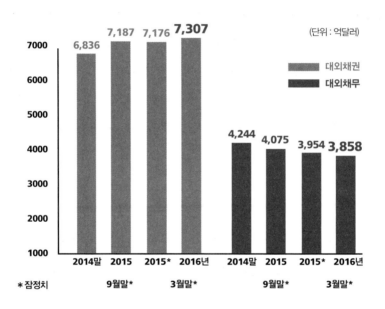

대외채권 및 대외채무 현황 〈자료=한국은행〉

표를 보면 대외채무는 해마다 줄고 대외채권(대한민국이 외국에 받을 돈)은 해마다 늘고 있다. 최근에는 파리 채권국 클럽에 들어가기도 했다. 과연

이 결과들만 놓고 본다면 대한민국이 빚으로 망할 나라로 보일까?

원화 채무(빚)는, 개인으로서는 문제가 되지만 국가라는 단위에서는 아무 문제가 되지 않는다. 대신 경기 측면에서 문제가 되기 때문에 정부가 신경을 쓰고 있다. 전문가들 사이에서도 이 개념을 헷갈리는 사람들이 있으며 자세히 알고 있으면서도 일부러 모르는 척 가계부채가 문제라고 겁을 주는 사람들로 인해 제2의 IMF가 터질까 두려워하는 이들이 생기고 있다. 만약 가계부채가 1천조가 아니라 1경이 된다 하더라도 국가가 휘청거렸던 그 당시와 같은 외환위기는 일어나지 않는다. 자본주의는 부채로 굴러가는 경제구조이기 때문이다. 우습게도 국내외 극단적 비관론자나 음모론자들은 현재의 마이너스 금리 출현이나 양적 완화까지 동원한 돈 풀기에도 세계경제가 금방 살아나지 않는 것처럼 보이는 현 경제모습을 보고 결국 대공황이 와서 지구촌 경제가 무너질 것이라고 말한다. 부채로 굴러가는 자본주위 경제가 끝난다며 종이 화폐는 가짜니 진짜 돈인 금을 가지고 있으라고 말하고 다닌다.

과연 그들이 하는 말이 맞는 말일까? 결론부터 이야기하자면 대공황이 온다는 말은 일부 맞을 수도 있다. 하지만 그 뒤의 말은 안타깝게도 꽝이다. 앞의 말을 정확히 이해했다면 비관론자나 음모론자들의 말이 현실성 없다는 것을 깨달아야 한다. 하나씩 살펴보자. 먼저 대공황이 온다는 말이 일부 맞을 수도 있다고 한 이유는 진짜 대공황이 온다는 말이 아니라 비슷하게 보이는 경제위기 경기순환 사이클이 15~20년 후 올 수 있다는 뜻이다. 즉 자본주의 경제에서 항상 반복되는 경기순환 사이클 하락 침체기가 좀 더 크게 오면서 대공황처럼 보여(비관적인 언론플레이가 한몫함으로

써) 사람들이 겁을 먹는 상황이 올 수 있다는 것이다. 그렇다고 너무 걱정할 필요는 없다. 알고 보면 1970년대 오일쇼크 때나 1990년대 IMF 위기나 2008년 금융위기 때마다 대공황 이야기는 항상 터져 나왔다. 그러므로 다음 경제위기 때도 그런 말이 나올 수 있어 대공황이 온다는 말은 일부 앞부분만 맞다. 이 부분을 장황하게 설명하는 이유는 15~20년 후 또다시 경제위기가 도래하면 세계가 선택할 탈출구가 비관·음모론자들의 주장과 연결되어 있기 때문이다.

다시 처음으로 돌아가 '대한민국은 빚 공화국?'이라는 물음을 떠올려보자. 미래에 경제위기가 도래하여 세간에 대공황이 일어났다는 가정하에 마이너스 금리나 양적 완화에도 지금만큼 경제회복이 안 된다면 어떤 모습이 펼쳐질까? 언뜻 이해가 안 갈 수도 있을 것이다. 우리나라가 빚 공화국이 아닌 이유를 한 가정으로 비유했던 문구를 기억하고 그 범위를 지구촌으로 넓혀, 이번에는 지구촌을 한 가정으로 비유해 설명해본다.

앞서 우리나라가 빚 공화국이 아닌 이유로 외부와 연결되지 않은 자급자족의 독립된 경제구조를 가진 나라는 자국 내 부채문제로 개인은 망할지 몰라도 나라는 망하지 않는다는 경제개념을 쉽게 설명했다. 한 나라가 외국과 전혀 통상교역이 없고 자급자족한다면 자국 내 부채문제로 망하지 않는데 다른 나라 경제주체와 교역을 하면서 진짜 빚이 생겨 문제가 생기는 것이다. 그렇다면 지구촌은 외부와 연결된 경제구조를 가진 행성인가? 이 질문을 생각해보지 않았기에 앞서 나온 비관·음모론자들의 말에 심신이 불안하여 금을 사 모을 생각을 하는 것이다. 지구촌은 아직 전 우주에서 그 어떤 행성이나 외계 존재(ET)와도 교역이 없는 독립된 경제

구조를 가진 자본주의 체제 행성이다. 고로 부채가 끝없이 커질 수 없어서 결국 대공황으로 자본주의 세계경제가 끝장난다는 말을 하는 비관·음모론자들은 경제의 기초도 몰라서 자본주의의 정확한 개념을 모르는 사람이다.

부채는 끝없이 커질 수 있다. 자본주의를 경멸하다시피 하며 희한한 경제 논리를 주장하는 이들의 왜곡된 관점은 틀린 것이다. 대공황 비슷한 모습을 띠는 경제위기가 오면 결국 세계 각국이 선택할 탈출구는 '금으로의 회귀'가 아닌 '전자화폐로 이루어진 세계 단일통화체제'다. 세계를 '한 가정'으로 묶어버리는 것이다. 선진국들이 현금 없는 사회로 나아가려는 의도가 무엇일까? 또 한 번의 역사적인 경제규모^(부채) 키우기를 도모하는 것이다. 2008년 금융위기와는 별개로 세계 주요 국가 중앙은행들이 짜 맞춘 듯이 현금을 없애려 하고 마이너스 금리 도입을 기정사실로 하는 이유를 알아야 한다.

'No cash, Only card.'

코펜하겐(덴마크), 스톡홀름(스웨덴) 등 북유럽 국가들의 주요 도시 곳곳에 붙어 있는 표어다. 대형 상점뿐만 아니라 간이매장조차 현금을 받지 않는다. 덴마크 등이 추구하는 '현금 없는 사회' 전략은 다목적 포석을 갖고 있다. 지하경제를 양성화할 뿐만 아니라 은행들로서도 현금을 보유하는 데 필요한 비용을 줄일 수 있다. 마이너스 금리정책의 부작용을 최소화하려는 것이란 분석도 나온다.

유럽 주요 국가에서 개인들이 맡긴 예금 이자는 아직은 '플러스'다. 하지만 은행들은 기업과 기관투자가에 이어 고액을 맡긴 개인들에 대해선 마이너스 금리를 적용하겠다고 으름장을 놓고 있다. 수익성이 악화되자 중앙은행에 마이너스 금리를 중단하라고 압박하고 있는 셈이다.

정부와 은행이 마이너스 금리 하에서 가장 우려하는 것은 대량의 현금 인출 사태다. 이자는커녕 보관료 명목으로 돈을 지급해야 한다면 구태여 예금할 필요가 없어질 것이란 가정에서다. 이런 사태를 미연에 방지하기 위해 유로존의 주요 국가가 현금을 단계적으로 줄여나가려 한다는 게 전문가들의 분석이다.

스웨덴은 정부로부터 받는 국가 보조금은 대부분 직불카드 형태로 지급한다. 대중교통 요금은 현금으로 낼 수 없고, 간이상점에서 현금을 받는 것도 금지됐다. 스웨덴중앙은행에 따르면 현금이 스웨덴 상거래에서 차지하는 비중은 2%에 불과하다. 유로존 19개국도 10% 수준이다.

– "현금 없는 사회 만들려는 유럽국가들의 속내는…",
〈한국경제〉, 2016. 07. 14.

위 기사를 보면 알다시피 유럽을 필두로 (우리나라는 2020년 예정) 세계는 현금 없애기에 박차를 가하고 있다. 현금이 전자화폐로 완벽하게 대체되면 세계 단일통화 출현이 아주 쉬워진다. 마이너스 금리의 부작용은 아직 사람들이 적응을 못 해서 그렇지 결국 그렇게 될 수밖에 없고 아무 문제 없는 역사의 흐름이 될 것이다. 자본주의 경제의 괴물 같은 변신일 뿐이다. 예전 금본위제에서 금과의 연결고리를 끊은 법화가 출현할 때도 엄청난 변화여서 아무도 상상하지 못했고 사람들이 적응하리라 기대하지 않았으나 우리는 지금 잘 적응해 살고 있지 않은가? 미래에 또 한 번의 변혁이 있어도 마찬가지로 사람들은 적응해 살아나갈 것이다.

세계 단일통화로 묶어버리면 지구촌의 각 나라는 경제위기로 힘들지 모르나 지구촌 그 자체는 망할 수가 없다. 대공황과 비슷한 경제위기의 공포감으로 세계 지도자들이 동의하여 지금 EU처럼 지구촌 전체가 단일통화체제로 통일되어버린다면 앞서 말한 자급자족으로 독립된 경제구조에서는 자국 내 부채문제로 망할 수는 없다는 경제 논리처럼 자본주의 체제 지구촌은 망할 수가 없다. 전자화폐로 이루어진 세계 단일통화체제 출현은 부채의 크기를 끝없이 키울 수 있다. 지구촌 경제는 계속 부채를 키우며 외계인(ET)과 교역하는 먼 우주시대가 올 때까지는 아무 문제 없이 영속할 수 있다.

외계인(ET)과 교역하는 지구촌 시대의 경제 모습은 아직 예상되지 않는다. 모르는 것이 당연하다. 인류가 태어나 이미 수만 년이라는 세월이 흘렀음에도 외계인과 교류한 적이 한 번도 없고 앞으로도 있을 전망이 까마득하니 아예 알 필요가 없다. 그러므로 자손들이 잘 살길 바란다면 자본주의 체제를 미워하거나 개혁을 꿈꾸기보다는 어서 빨리 자본주의를 제대로 배우고 몸에 익히길 권해야 한다. 아직도 부채 한계점이니 자본주의 멸망이니 오직 살길은 저축과 금뿐이라고 하는 말을 신줏단지 모시듯이 믿고 따르는 자들은 정신을 바짝 차려야 한다. 세계를 움직이는 자들은 여러분들보다 똑똑하다. 역사와 경제는 보통 사람들이 알법한 위기로 망하지 않는다.

노무현 정권 시절
이미 대한민국은
버블경제였다?

∎ ∎ ∎

　비관론자만이 아니라 일반 사람들과 이야기를 하다가 앞으로 집값과 주식이 크게 오를 것이라고 말하면 필자의 말이 틀렸다며 가장 쉽고도 강한 근거로 내세우는 것이 노무현 정부 시절 대한민국 경제 모습일 것이다. 쉽게 말해 노무현 정부 시기인 2003~2007년 당시 주식 시장이 1,000대에서 2,000대로 2배 이상 올랐고 집값은 수도권을 중심으로 사상 최대 상승률을 보였으므로 그 시기가 일본 80년대 중후반 버블과 맞먹는 시기였다며 이제 우리나라는 일본의 90년대 이후 '잃어버린 20년' 처럼 기나긴 경기침체만 남았다고 주장하는 것이다. 요새 신문이나 방송에서 줄곧 '앞으로는 저성장 시대'라고 나오는 이유가 바로 이 때문이다.

　과연 이것이 맞는 말일까? 결론은 노무현 정권(2003~2007) 시기를 우리나라의 버블기라고 부르는 것은 말도 안 된다. 버블기란 무엇인가? 상상외의 놀라운 경기활황이 아닌가. 본문으로 들어가기 전에 먼저 재미있는 도표 자료를 보자.

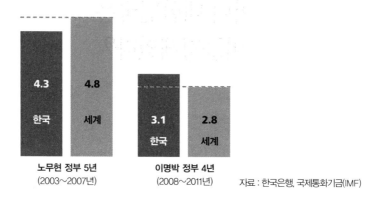

노무현 이명박 정부 시절 한국과 세계경제의 평균 성장률 (단위 : 억달러)

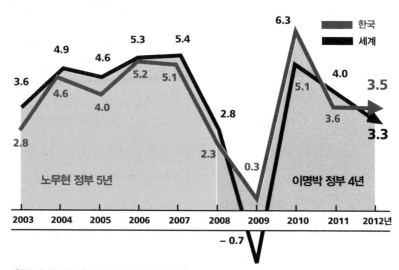

한국과 세계경제의 연도별 경제성장률 (단위 : 억달러) 2012년은 국제통화기금(IMF) 전망치

주식 시장이 2배 이상 오르고 집값이 천정부지(?)로 오른 것으로 생각되는 2003~2007년 우리나라 경제성장률과 그 당시 전 세계 평균 경제성장률을 비교한 도표를 보니 어떤 생각이 드는가.

노무현 정부 시절 내내 세계 평균 경제성장률보다 못한 성적을 낸 것이 당시 우리나라 경제성장률이었다. 예상과는 다른 황당한 결과만이 있었는데 이걸 과연 우리나라 버블기라 부를만한 시절이었다고 보는가. 무슨 버블경기가 세계 평균보다 뒤처져 있는가. 이것을 사람들이 기억하는 상상외의 놀라운 경기활황이라고 부를 수 있을까? 2000년대는 세계경제가 '골디락스'라고 불리던 시절이었다. 우리나라만 주식 시장이 배로 뛰고 집값이 오른 것이 아니라 전 세계가, 좀 더 정확히 말하면 대부분 주요 국가가 그랬다는 소리다. 당장 미국만 봐도 그 기간에 집값이 엄청나게 올랐다가 부동산 위기로 2008년 금융위기가 왔었다. 노무현 정부는 재임 기간 5년 동안 한 번도 세계경제 성장세를 따라잡지 못했다. 연간 평균으로도 4.3% 성장하는 데 그쳐 같은 기간 평균 4.8% 성장한 세계경제에 뒤처졌다.

우리나라 경제 성장 속도가 세계경제보다 뒤떨어진 것은 1960년대 초 박정희 정부가 들어서면서 본격적인 경제개발을 시작한 이후 처음 있는 일이었다. 더 재미있는 사실도 있다. 2000년대 골디락스 시절이 2008년 금융위기로 끝이 난 후 미국이 제로금리와 양적 완화를, 유럽이 마이너스 금리를 도입하자 세계 주요 국가들의 집값이 2000년대 가격을 훌쩍 뛰어넘었던 사건이다(이런 사실은 뉴스를 조금만 검색해도 나오니 근거자료는 생략한다). 미국과 유럽의 주식 시장은 이미 2000년대의 고점을 뛰어넘고 있다. 이제 무슨 말을 하고 싶은지 알겠는가?

노무현 정부 시절 경제성장, 집값과 주식 시장 대세 상승은 세계경제의 황금기 덕을 본 일반적인 호황기였을 뿐이다. 그런데 이렇게 말하면 비관론자들은 전 세계가 2000년대 황금기를 지나서 지금 경기침체에 접어들고 있으니 일본의 예를 들며 (우리나라 포함해서) 모두 끝장이 날 것이라고 말할지도 모른다. 주요 국가 중 유일하게 과거 호황기 가격 수준을 못 넘고 있는 나라가 바로 일본인데 역설적으로 그 점이 일본 이외 다른 나라들은 이제야 버블기로 진입하고 있다는 것을 의미한다. 일본 1980년대 중후반이 버블기 시대였으므로 그 당시 집값 수준을 지금도 넘기지 못하고 있다. 진정한 버블기라면 그 후에는 당시 가격 수준을 넘어가는 경우가 웬만해서는 나오지 않아야 한다. 그런데 일본 이외 주요 국가들은 그놈의 전 세계 경기침체를 중심으로 시끄럽게 떠들던 와중에 이미 주식 시장과 집값은 2000년대 황금기 수준을 뛰어넘었다는 사실을 알아야 한다. 이 사실이 2000년대 중후반이 결코 버블기가 아니었다는 반증이다. 버블기 가격 수준을 넘는 자산 가격 상승이 세계 주요 국가에서 나오고 있는데 어떻게 2000년대를 버블기 시대였다고 말할 수 있겠는가.

전 세계에서는 지금 어마어마하게 풀린 돈이 돌아다니며 차례차례 집값과 주식 시장을 올리고 있다. 그런데 진정한 전 세계 (2000년대 황금기를 뛰어넘는) 버블경기가 나오고 있다는 사실을 왜 인식하지 못하고 있을까? 금융위기 직후 제일 먼저 미국과 주요 선진국에서 돈 장난이 벌어져 집값과 주식 시장을 밀어 올렸고 이제 2010년대 후반은 우리나라와 중국 같은 신흥국 차례이다. 2003~2007년의 우리나라 집값과 주식 시장 수준은 정상적인 호경기 수준일 뿐이었다. 더 재미있는 사실은, 1986년부터 1988년 사이 우리나라 주식 시장 상승률을 안다면 놀랄 것이란 점이다. 1985년 플라자합의로 촉발된 일본 버블기와 함께 우리나라 주식 시장도 엄청난 상승률을 기록했다. 우리나라 종합주가지수는 1986년 66%, 1987년 92%, 1988년 72% 폭등하여 모두가 미쳤다고 말할 정도였다. 도리어 2005~2007년 주식 시장 상승세가 약해보일 정도다. 지금 우리들은 그 시기를 버블경제기라 부르고 있나? 그냥 호경기라고 할 뿐이다. 그 뒤에 우리나라 경제가 망했나? IMF 외환위기가 잠시 왔지만 또다시 2000년대의 호경기가 왔다. 지금은 힘들어 보여도 경기 순환일 뿐이다. 참는 자에게 복은 반드시 온다. 아니 돈이 온다.

시중에 돈이 안 돈다고
난리라는데?

. . .

저금리 · 경기 불확실성 등으로 투자처 못찾아

기업이나 개인이 쉽게 현금을 인출해 쓸 수 있는 요구불예금의 회전율이 갈수록 낮아지고 있다. 17일 한국은행에 따르면 은행에서 당좌예금, 보통예금, 별단예금, 가계종합예금 등 요구불예금의 회전율은 올해 1월 현재 21.2회로 집계됐다. 이는 작년 12월(24.6회)보다 3.4회 적고 2007년 2월(21.0회) 이후 무려 8년11개월 만에 최저치다. (후략)

– "'돈이 너무 안돈다'… 예금 회전율 9년만에 최저",

〈연합뉴스〉, 2016. 03. 17.

시중에 풀린 돈은 사상 최대인데 돈이 돌지 않아 큰일이라고 한다. 정말 돈을 많이 풀어도 경기가 살아나지 않을까? 이것은 다시 말해 인플레이션(집값, 주식 등 자산 상승이나 물가 상승)이 잘 일어나지 않는다는 소리다. 설마 비관론자들이 말하는 유동성 함정에 빠져서 그런 것일까? 돈을 풀어도 해결되지 않는다면 이제 대공황이 오고 마는 것일까?

IMF 직전인 1996년 이후 통화 승수가 최저치라고 한다. 시중 2년 미만 예적금 잔액(투자 시장으로 흘러들어올 수 있는 돈)만 해도 900조 원이라는데 그 돈들이 전부 잠겨서 꼼짝도 안 하니 큰일이라고도 한다. 아무리 금리를 낮추어도 말이다. 이를 어쩌면 좋을까. 비관론자들 말이 사실이 되고

만 것일까? 너무 무서워서(?) 또 다른 뉴스들도 찾아보았다.

> 연중 최대 자금수요기인 추석이 있었음에도 불구, 지난달 본원통화 증
> 가율이 외환위기 이후 가장 낮은 수준으로 떨어졌다. 금리가 낮아지
> 고 한국은행이 통화를 방출하려 해도, 돈은 금융권 울타리를 벗어나지
> 못하고 제자리에서 맴돌고 있는 상황이다.
>
> 6일 한국은행에 따르면 지난달 본원통화는 전년 동기 대비 1.2% 증가
> 에 그쳐, 1999년1월이후 최저치를 나타냈다. 본원통화란 한국은행에서
> 나가는, 시중통화의 출발이 되는 돈으로 현금통화와 은행 지급준비금
> 으로 구성된다. (후략)
>
> **– "지난달 본원통화 증가율 IMF후 최저",**
> **⟨한국일보⟩, 2004. 10. 06.**

경기침체 탓에 시중 자금수요가 둔화되면서 작년 본원통화 증가율이
외환위기 이후 최저치를 기록했다. 18일 한국은행에 따르면 한은이 시
중에 직접 푼 통화량을 의미하는 본원통화량(한은 화폐발행액+은행 지급
준비금)은 작년 평균잔액 기준 37조2천7백24억원으로 전년대비 4.2%
증가에 그쳤다.

이는 외환위기 직후인 지난 98년의 마이너스 7.2%이후 가장 낮은 것
이다.

본원통화 증가율은 99년 12.1% 2000년 20.0% 2001년 11.5% 2002
년 14.3% 등 해마다 두자릿수 증가세를 보였으나 2003년(6.5%)이후 급

본원통화 증가율이 IMF 환란 이후 최저란다. 돈이 돌지 않는 현상이
이 정도로 심각한데 날짜를 보니 첫 번째 기사는 2004년 10월 6일이고
두 번째 기사는 2005년 1월 18일이다. 그때나 지금이나 비슷한 상황이
다. 2004년 말이나 2005년 초에도 돈이 금융권 울타리를 벗어나지 못
하고 제자리를 맴돌고 있어서 큰 걱정을 하고 있었다는데 시간이 흘러
2005년, 2006년, 2007년에는 무슨 일이 일어났을까? 당시를 알고 있
는 사람이 이 질문을 보면 필자를 바보 취급할 것이다.

그렇다. 2005년 초반 이후에는 돈이 너무 잘 돌아서 탈이었다. 경기
가 엄청나게 활황이라 무서울 정도였던 것을 기억하는가? 세상이 다 그
렇다. 돈이 돌지 않는다는 이야기는 이번에 처음 나온 것이 아니다. 경기
침체기 이후 호황기가 오기 직전에는 항상 이런 현상들이 나타난다. 사
람들의 심리가 아직 굳어있는 상태이기 때문이다. 물꼬만 터지면 돈들
이 폭발하여 날뛰며 자산 시장(주식/부동산)을 갑작스럽게 밀어 올린다. 그
것을 본 대중은 '왜? 집값이나 주식이 오르지? 경기불황인데? 돈이 돌지
않는다고 뉴스에서 그랬는데?'라고 당황하며 닭 쫓던 개 지붕 쳐다보는

격이 되어버린다.

정부와 한국은행에서 돈을 풀어버리면 잠시 돈이 돌지 않으면서 막히는 것 같지만 결국 돈은 참지 못하고 뛰쳐나와 집값과 주식을 쳐올린다. 그러니 '저금리 + 통화팽창 = 호황 장세'가 될 수밖에 없다. 사람들이 자꾸 '돈 풀어도 안 된다. 유동성 함정이다. 큰일이다. 걱정이다.'라고 하면 그것이 여론이 된다. 그 여론은 계속 경기를 살려야 하는 정책당국을 압박하여 눈치 보며 잠들고 있는 돈이 더 쉽고 더 활기차게 움직이도록 만드는 작업을 할 수밖에 없도록 한다. 대중은 사회현상을 볼 때 그 현상에 국한하여 '어쩌나, 어떡하나? 무섭다.' 이렇게만 생각해 버리고 만다. 그러나 그 사회현상으로 인하여 각계의 대응이 어떻게 나올 것이며 그 대응방안들이 최종적으로 경제를 어떻게 움직일 것인가를 생각해야 한다. 그게 바로 '사회'이고 '경제'다. 통계나 경제 수치가 보여주는 미래(일차적인 생각)가 항상 틀리는 이유는 '통계나 경제 수치에 따른 후속 반응과 그에 따른 대응방안들이 어떤 영향을 미칠까?'라는 이차적인 생각은 보여주지 못하기 때문이다.

지금 비관론자들이 걱정하는 '시중에 돈이 아무리 풀려도 집값 안 오른다. 주식 시장이 망하고 만다.'라는 여론은 고맙게도 정책당국을 움직여 곧 돈이 돌게 만드는 원동력이 된다. (정부가 움직이면 망해버릴 일을 떠받친다고 난리가 난다. 경제는 원래 그렇게 돌아가는 것인데 아이가 선생님 원망하듯 정부정책 영향을 계산에 넣지 않는다는 것은 아직 무엇인지 잘 모른다는 소리다. 그것이 무슨 전문가이고 경제학자인가?) 비관론자들이 이 논리를 알기나 할까? 역사 공부를 조금만 해도 알 것이라고 생각한다.

비관론자들은 항상 '이번에는 과거와 다르다'라고 말한다. 하지만 유럽의 전설적인 투자자 앙드레 코스톨라니는 '이번에는 다르다'라는 말이 투자 시장에서 가장 어리석고 위험한 발언이라고 한다. 뉴스에서 몇 년 만에 최저니 어쩌니 하는 말이 나오는 것은 바로 이 현상이 반복되었다는 방증이다. 즉 사상 최초가 아니라는 뜻이다.

계속되는 저유가의 압박,
깊어지는 한국은행의 고민

■ ■ ■

　최근 원유가가 반등했다고는 하지만 과거 가격수준에 비하면 계속되는 저유가의 박스권에서 횡보하는 수준이다. 이란과 몇몇 산유국들은 자국 사정으로 원유 증산을 멈출 수 없다하고 OPEC 감산 합의가 극적으로 되긴 하였지만 그 속내는 믿기 힘든 실정이다. 앞으로 유가가 계속 올라간다고 보기는 힘들다. 필자의 예상으로는 유가 50~60달러 선을 고점으로 한 박스권이 2017년 말이나 2018년 중반까지는 지속되며 저유가의 압박을 보여줄 것이다. 더구나 도널드 트럼프 미국 대통령 당선자가 석유산업체의 지원을 톡톡히 받아 미국 대선을 치른 관계로 셰일가스 등 에너지 분야 규제 철폐 공약을 내세우며 원유 생산량을 늘리는 방향으로 나갈 것이라서 OPEC 감산 합의 효과를 일정부분 상쇄할 것이다. 그러므로 과거 대비 저유가의 지속은 당분간 계속될 전망이다. 늦어도 1년이나

2년 후에는 다시금 고유가 상황이 온다는 전망이 맞더라도 정책당국은 그 1~2년이라는 시간이 너무 불안하고 고통이 심하므로 당장 정책적으로 무엇인가 해야 한다는 압박을 받을 수밖에 없다.

많은 언론 기사와 전문가들의 설명을 보면 지금의 저유가 악재는 사우디의 경쟁자(미국 셰일가스 등) 물리치기 전략이나 여러 경제적 요인들로 인한 구조적인 문제이므로 어쩔 수 없다는 논지가 주를 이룬다. 하지만 애초에 사우디가 감산하지 않고 저유가 악재를 촉발한 것부터가 음모론적인 색채를 띤다. 지금 전 세계가 적정 인플레이션 물가와 성장률을 올리기 위해 전전긍긍하고 있다. 그런데 가장 중요한 물가 항목이자 인플레이션의 근원인 원유가를 계속 내리찍어버리면 디플레이션 우려가 나오고 있는 상황에 부닥친 국가들은 경제정책 수단이 거의 없게 된다. 대중은 저유가가 좋다고 여기며 무엇이 문제인지 모를 수도 있겠으나 세상 이치는 항상 '중용中庸'이 최선이듯, 너무 높은 것도 너무 낮은 것도 좋지 않다. 저유가 상황이 지속한다면 우리나라 같은 비산유국 국가는 암묵적으로 무엇인가를 강요받는 꼴밖에 되지 않는다. 경기를 바로 활성화하려면 '돈을 왕창 풀고 내수를 일으키라'는 강요다. 즉 비산유국들이 경기회복을 위해 금리 인하를 하다가 가계부채나 향후 있을 경기과열을 걱정하여 확장적 통화정책(금리 인하)을 계속하는 것에 거부감을 가질 형편이 아니라는 것이다. 일단 경제가 살아나야하니 극약처방(재정투입 확대, 양적 완화 등 비전통적 수단)을 하라는 무언의 압박이다.

1980년대와 2010년대에 전 세계적으로 달러가 풀리는 와중에 경기침체를 탈출하기 위해 애쓰면서 돈을 풀어야 하는 처지에서 기가 막히게도 알맞은 시기에 저유가 상황이 계속되는 것이 과연 우연일까?《시사경제잡설》에서 말한 상황을 생각해보면 미국이라는 나라에 소름이 돋는다. 혹자들은 저유가 상황이 우연히 되었다거나 경기가 안 좋으니까 당연히 수급이 받쳐주지 않아 그럴 수밖에 없다고 이야기할지 모른다. 그러나 산유국들은 인위적으로 석유 가격을 조정할 수 있는 국제기구OPEC가 있다. 그런데도 하필이면 이런 시기마다 불협화음이 나면서 제 기능을 못하고 산유국들이 사우디의 진상 행동 때문에 울며 겨자 먹기로 가격을 낮추는 것은 분명 보이지 않는 손이 작용했다고밖에 볼 수 없다. 1970년대 석유파동 때 산유국들이 타국의 사정을 봐주었나? 경기침체가 와서 수급이 좋지 않다고 해도 원유가를 인위적으로 올리던 때도 있었다. 하필이면 미국에 경쟁국(1980년대 일본, 2010년대 중국)이 나타나거나 달러가 위기를 맞을 때마다 저유가 상황이 만들어지는 것은 우연치고는 너무 작위적이다.

석유수출국기구(OPEC)은 27일 오스트리아 빈 총회에서 감산 유지를 확정했지만 OPEC 회원국 간의 파열음을 내면서 최대 위기를 맞고 있다. 뉴욕타임스(NYT)는 27일(현지시간) 시장조사기관 IHS의 부샨 바리 OPEC 애널리스트를 인용해 "OPEC이 1980년대 초 이후 최대 위협을 맞고 있다"고 보도했다.

니혼게이자이신문도 이번 결정이 "OPEC의 가격 결정력에 암운이 드리우고 있다"고 지적했다. 신문은 지금까지 OPEC이 강력한 가격 지배력을 보여왔지만 "베네수엘라 등 일부 회원국이 '역(逆) 오일쇼크'에 직면했다"며 "국제 유가 불안정성이 장기화할 위험이 고조되고 있다"
고 전했다.

▶ OPEC 태동 배경은?=21세기 OPEC의 시대는 저물고 있지만 세계
대전 이후 OPEC은 '자원 민족주의'를 앞세워 석유시장 패권국으로
군림해왔다.
  OPEC의 시장지배 역사는 1, 2차 중동전쟁으로 거슬러 올라간다.
OPEC은 2차 세계대전 이후 서방의 석유 메이저인 '국제석유자본'이
국제 유가를 결정하는 '구매력 중심 시장'에 반발해 1960년 출범했
다. 12개 회원국을 두고 세계 원유 공급의 3분의 1을 담당하고 있는
OPEC은 1970년대 1차 오일전쟁(가격인상)과 1980~90년대 2차 오일
전쟁(가격인하)을 일으키며 세계경제에 강력한 영향력을 행사했다.

▶ 1차 오일전쟁=1차 오일전쟁(1973~1981)은 1970년대 1, 2차 오일쇼
크를 거치면서 1981년까지 진행된 석유 정치 무기화 전쟁을 말한다.
1차 전쟁은 이른바 1차 오일쇼크를 몰고 온 1973년 이스라엘—아랍
국간 4차 중동전쟁과 함께 촉발됐다. 아랍 산유국은 미국이 이스라
엘을 지원하자 감산을 통한 원유가격 인상을 선언하고 미국에 석유
수출을 전격 금지시켰다. 이 여파로 1973년초 배럴당 3달러였던 유
가는 1년 만에 12달러로 무려 4배 가까이 올랐다.
  이후 1979년 이란의 이슬람혁명이 도화선이 된 2차 오일쇼크는 유
가 인상에 기름을 부었다. 이란의 유전 노동자가 팔레비 왕정 타도
를 외치면서 파업에 돌입한 것을 계기로 이란이 석유 수출정지를

선언하면서 유가는 배럴당 30달러 시대를 열었다.

1930년 전후 세계 석유자원은 미국, 영국, 네덜란드계의 주요 7개 석유회사인 이른바 '세븐 시스터즈'가 좌지우지했다. 이들 서방 석유 메이저는 카르텔을 맺어 세계 석유가격을 결정하고 막대한 이윤을 창출했다.

1959년 세븐 시스터즈는 산유국의 동의없이 원유가격 인하를 발표해 아랍 산유국들의 심기를 건드렸다. 이에 반발한 중동 산유국은 이라크가 중심이 돼 바그다드에서 OPEC을 설립하고 석유 가격 결정권을 가져오게 됐다.

▶ 2차 오일전쟁=1차 오일전쟁 이후 국제 유가는 또 한번 큰 변동을 맞았다. 1981년부터 1998년까지 기록적인 저유가 시대를 맞은 것이다. 사우디 등 산유국은 감산으로 유가 상승을 도모했지만 무위로 끝났다. 한때 40달러를 구가했던 유가는 1986년 10달러대까지 떨어졌다.

이 와중에 1985년 영국의 원유가격 자유화 선언은 유가하락에 불을 당겼다. 석유가격 결정권이 서방에서 OPEC으로 넘어간 것을 못마땅한 마가렛 대처 영국 총리는 원유 가격 자유화를 선언하면서 OPEC의 맏형 사우디를 정조준했다.

사우디는 가격전쟁으로 응수했다. 1986년 산유량을 200만배럴에서 1000만배럴로 극적으로 늘리면서 저유가 기조는 1998년까지 고착화됐다. 이것이 '유가인하' 2차 석유전쟁(1986~1998)이다.

그러나 1990년대 저유가는 미국의 시나리오였다는 주장도 나온다.

소련 봉쇄정책을 폈던 미국이 석유수출 수입에 의존했던 소련의 계획경제에 타격을 주기 위해 사우디와 합작해 저유가 시대를 지속시켰다는 분석이다. 실제로 저유가는 소련 붕괴의 도화선이 됐다.

뉴욕타임스 칼럼리스트 토마스 프리드먼은 최근 벌어지고 있는 3차 석유전쟁을 '펌프 전쟁'으로 규정하면서 "미국과 사우디가 30년 전 소련에 했던 것과 똑같은 일이 벌어지고 있다"며 2, 3차 석유대전의 닮은꼴을 지적하기도 했다.

– 1980년대 초 이후 최대 위기 OPEC… 되돌아본 검은 황금 분쟁사,

〈헤럴드경제〉, 2014.11.28.

사우디와 합작한 미국의 의도는 명백하다. 아시아 지역 국가들에게 돈을 풀라는 소리이다. 우리나라나 중국에 내수경기 부양을 주문하는 미국의 속셈은 뻔하다. 돈을 마구잡이로 풀어서 버블을 만들도록 하는 것이다. 그래야 나중에 자신들이 양털깎기 혹은 이외의 작업을 할 수 있으니 말이다. 그 대상이 중국이든 우리나라 같은 몇 개의 짭짤한 아시아 국가든 간에 그렇게 해야만 몇 년 뒤에 미국이 빨아먹을 꿀이 생겨 달러의 위상을 지킬 수 있다. 이러한 상황에서 한국은행의 고민은 깊어질 수밖에 없다. 금리 인하를 하자니 가계부채나 버블이 걱정되고, 금리 인상을 하자니 저유가 상황 때문에 기대 인플레이션 심리가 낮아져 답이 보이지 않는다. 정부가 나서서 물가를 높이자고 이야기를 하는데 결국 돈을 풀

라는 말이다. 한국은행은 진퇴양난이다. 미국 첫 금리 인상이 단행된 마당에 금리 동결을 하기도 어렵다. 한국은행의 손에는 두 개의 선택지 밖에 없다.

첫 번째 선택지는 금리 인하다. 기준금리 1%로 가보는 것이다. 그런데 그러면 미국 금리와의 격차가 줄어들어 외인 자금 유출이 걱정될 뿐만 아니라 가계부채 등을 비롯한 여러 문제가 걸린다. 정부의 재정투입을 병행하며 시중에 돈을 푸는 정책을 펼치는 것이 맞지만 국내 정치 사정 등을 볼 때 쉽지 않다.

두 번째 선택지는 리디노미네이션(화폐개혁)이다. 어찌 보면 금리 인하를 할 필요 없는 만능 해답이다. 가계부채도 부드럽게 잡을 수 있다. 도리어 화폐개혁 시 장기적으로 채무자가 유리한 측면이 있다. 양(+)의 효과가 높다. 터키나 인도네시아가 했던 긴급조치 성격의 화폐개혁이 아닌, 공개적이고 긴 기간에 걸쳐 시행하는 화폐개혁을 한다면 성공할 가능성이 높다. 물가도 올릴 수 있다. 화폐 환각 현상*으로 자연스레 기대 인플레이션 심리가 생겨날 것이기 때문이다. 하지만 국민의 반발이 우려스럽고 성공 여부를 가늠하기 힘들다.

둘 다 어려운 선택지다. 한국은행으로서는 머리에 쥐가 날 정도일 것이다. 하지만 둘 중의 하나를 2017년 이후 한국은행이 선택할 수밖에 없는 입장이다. 영화의 한 장면이 생각난다.

---

* 구매력에 대한 고려 없이 행해지는 화폐액에 대한 심리적 평가를 말한다. 예를 들면 노동자의 임금이 2배로 상승했지만 물가 또한 2배로 등귀했다면 실질임금은 종전과 조금도 변함이 없음에도 불구하고 자신의 생활이 윤택해졌다고 생각하는 경우가 그것이다. – 편집자 주

이정재, 최민식, 황정민, 박성웅 주연의 〈신세계〉에서 조직 넘버 투였던 이중구(박성웅)가 정청(황정민)을 칠 수밖에 없는 상황이 되자 나지막이 독백한다.

"나한테 뭘 바라는데? 뭐 칼춤이라도 한번 추라고? 그래 좋아 까짓거 칼춤 한번 춰드리지."

그 후 이중구의 지시로 부하들은 정청을 죽인다. 그 결과로 이중구는 출소한 뒤 이자성의 부하들에게 죽임을 당한다. '죽기 딱 좋은 날씨네.'라는 말을 남기면서 말이다.

칼춤(추가 금리 인하 또는 화폐개혁)을 출 수밖에 없는 한국은행, 그리고 이주열 한국은행 총재. 영화 〈신세계〉에서 이중구는 실패하지만 현실에서는 미국과 중국의 다툼 속에서 의외로 멋지게 이겨낼 수 있을지도 모른다. 이주열 총재의 멋진 선택을 지금부터 기다린다. 앞으로 몇 년간은 주식/부동산 대세 상승장일 수밖에 없는 시대적 환경이다.

세계 기업순위를 휩쓰는
중국기업들

■ ■ ■

최근 뉴스에 따르면 중국의 기업과 은행이 세계 기업순위를 휩쓸고 있다고 한다.

중국의 은행들이 포브스 선정 '2016년 세계 상위 2천개 기업' 순위에서 1~3위를 휩쓸었다. 우리나라 기업은 삼성전자가 18위에 오른 것을 포함해 67개가 포함됐다. 25일(현지시간) 미국 경제전문지 포브스가 공개한 '2016년 세계 상위 2천개 기업'(The World's Largest Companies 2016) 리스트를 보면 중국공상은행과 중국건설은행, 중국농업은행이 나란히 1, 2, 3위에 올랐다. (후략)

　　　- "중국은행들, 세계 기업순위에서 '톱3' 휩쓸어…삼성전자는 18위",

〈연합뉴스〉, 2016. 05. 26.

위 기사 관련 간략한 세계 기업순위 도표를 보자.

순위(지난해 순위)	기업명
1(1)	중국공상은행
2(2)	중국건설은행
3(3)	중국농업은행
4(5)	버크셔 해서웨이
5(6)	JP모건 체이스
18(18)	삼성전자
97(171)	한국전력
108(117)	현대자동차
247(864)	SK
271(279)	신한금융그룹

2016년 포브스 선정 글로벌 2,000대 기업, 〈자료 = 포브스〉

중국 공상은행, 건설은행, 농업은행이 포브스 선정 글로벌 기업순위 1~3위를 차지했다. 놀라운 사실은 워런 버핏의 버크셔 해서웨이가 겨우 4위밖에 되지 못했다는 점이다. 우리는 이 결과를 통해 놀라운 중국의 위상을 볼 수 있다. 그런데 이것을 보면서 많은 사람이 떠올린 것은 무엇일까?

그건 바로 1980년대 중후반 일본 버블 시기 일본기업들의 세계 순위였다. 그 당시에 일본기업들이 지금의 중국처럼 세계 기업순위를 휩쓸었기 때문이다.

순위	기업	국적
1	NTT (일본전신전화주식회사)	일본
2	IBM	미국
3	스미토모은행	일본
4	엑슨	미국
5	다이이치간쿄은행	일본
6	후지은행	일본
7	도쿄전력	일본
8	미쓰비시은행	일본
9	일본개발은행	일본
10	노무라증권	일본
11	로열더치셸	영국
12	도요타	일본
13	산와은행	일본
14	제너럴일레트로닉스	미국
15	마쓰시타전기산업	일본
16	신일본제철	일본
17	히타치	일본
18	도카이은행	일본
19	일본장기신용은행	일본
20	미쓰이은행	일본

1988년 세계 기업순위 〈자료=포브스〉

1988년 일본버블이 절정이었을 때 세계 기업 1위는 일본통신 공기업(민영화) NTT였다. 2위 IBM과 4위 엑슨(석유기업)을 제외하면 10위권 기업들이 전부 일본 은행과 증권사였다는 것은 더욱 놀라운 사실이다. 아직 일본 정도는 아니지만 두 도표를 비교하면 현재의 중국의 기업순위가 과거 일본 순위와 오버랩 되는 것을 느낄 수 있다. 몇 년 더 지나면 세계 기업순위에 중국기업이 지금보다도 더 많이 보일 것이다. 아직은 버블 태동기일 뿐 절정기라 볼 수는 없으니까 말이다.

여기서 중요한 점이 있다. 일본 버블 경제기나 현재 중국처럼 은행 등 금융 관련 기업들이 놀라운 성장세를 보이며 기업순위 앞을 장식하는 이유는 무엇일까?

우리는 보통 버블이 호경기와 동의어라고 생각하지만 역사적으로 버블 경제기는 일반적인 호경기와 그 모양새가 좀 다르다. 우리나라나 중국, 일본 등을 보면 호경기 시절에는 수출이 잘되어 사회 전반적으로 경기 활력이 좋아 돈이 잘 돈다. 하지만 버블경제에는 수출이 잘 되기보다는 내수 시장이 급성장하거나 시중에 돈이 과도하게 풀려서 국내 자산들이 비정상적인 상승세를 보인다. 다시 말해 호경기는 정상적인 경제활동 때문에 시중에 돈이 잘 돌 때이지만, 버블기는 정상적인 경제활동이 침체되는 것을 우려한 정부가 경기 활성화를 위해 강하게 정책드라이브(돈 풀기)를 걸어 강제로 시중에 돈이 과도하게 돌게 할 때(주식, 부동산을 강제로 밀어 올림)를 말한다. 이 차이점을 알면 단번에 앞서 말한 질문의 답을 알게 된다.

일반적인 호경기가 아닌 버블기라서 과도하게 풀린 돈이 강제로 자산 시장을 밀어 올려버린다. 결국 돈놀이하는 곳인 은행과 금융 관련 업종에 돈이 가장 많이 몰리고 장사가 잘되어 덩치가 커지기 때문에 기업순위가 올라갈 수밖에 없다. 특히 중국은행들이 기업순위 1~3위를 차지한 가장 큰 이유는, 외국기업들이 중국에서 기업 활동을 할 때 중국은행에 강제 예치하도록 되어 있기 때문이다. 이제 막 버블 태동기임에도 불구하고 벌써 중국 은행들이 톱을 달리는 이유다. 한마디로 중국에서 돈 벌려면 중국 내에 돈을 일정 부분 묻어두도록 유도하는 것인데, 필자 생각에 이런 중국 정부의 정책은 예전에는 좋았을지 모르나 추후 중국이 본격적으로 버블기에 진입하면 악성 정책이 될 것이라 본다. 자국 내에 돈이 과도하게 돌도록 하기 때문이다. 외자 유출이 걱정되지 않는 시점이 오면 중국 정부가 알아서 외국기업들의 제한을 풀어줄 것이다.

필자 같은 투자자는 경제학자나 정책 결정권자가 아니므로, 항상 신경 써야 할 것은 돈의 총량과 흐름일 뿐이다. 돈이 도는 방법이나 경제가 건전하게 성장하는지를 신경 쓸 필요는 없다. 그것들을 모두 신경 쓰면 생각에 혼선이 와서 비관론에 빠질 수밖에 없다. 경제발전의 건전성 등에 집중하다 보면 투자 포인트는 뒷전으로 밀려버리기 때문이다.

그리고 위 일본기업 도표를 보면 과거 세계 기업순위 1위가 NTT라는 통신 공기업이었다. 민영화의 결과다. 우리나라도 비슷한 전철을 밟지 않을까 하는 생각이 든다. 삼성전자가 세계 기업순위 18위이고 대표적 공기업인 한국전력이 97위인데, 한국전력이 삼성전자를 따라잡을 가능성도 있지 않을까? 필자의 공상일 수도 있다. 일본 버블경제 시절에는 은행들이 톱을 달렸지만, 우리나라는 현재 정책적으로 금융 빅뱅이 진행되고 있는 중이라 투자사들의 대형화 바람이 불고 있다. 몇 년 뒤에는 그런 대형 투자사들이 톱을 달리지 않을까? 개별종목 투자를 하든 ETF를 하든 그것은 여러분의 선택이다. 앞으로 몇 년 지나면 세계 기업순위에 중국기업이 지금보다 더 많이 보일 것이다. 우리나라 기업도 한두 개 보일 수 있다.

최근 언론 기사에 중국의 해외투자 관련 내용이 있었다.

중국 기업의 해외투자 규모가 역대 최고치를 기록하며, 사상 처음으로 '순투자국' 대열에 진입했습니다. (중략) 특히 해외직접 투자액에서 외국 기업의 인수·합병 비중이 절반을 넘고, 그 가운데 상당수가 북미와 유럽 지역 선진국 기업에 집중되는 등 투자가 질적으로도 크게 성장한 것으로 나타났습니다. 리커창 총리가 앞으로 5년간 1,140조 원을 해외에 투자하겠다고 밝혀, 중국 기업의 해외투자는 더 늘어날 전망입니다.

– "중국 '순투자국' 진입… 해외투자 사상 최대",
〈YTN〉, 2016. 10. 23.

위 기사도 마찬가지로 과거 일본이 한창 잘나가던 시절의 뉴스와 오버랩 된다. 일본기업이 미국 록펠러센터나 디즈니영화사를 인수하던 놀라운 시절과 흡사하지 않은가.

참고로 대중은 버블 시기를 잘 느끼지 못한다. 대부분 많은 돈을 만져

보지 못하기 때문에 버블이라 하지 않는다. 일본 버블 시기에서도 일본 대중들은 호경기라고 생각했을 뿐 버블이라고 전혀 생각하지 않았다고 한다. 그렇다면 지금 중국 사람들도 옛 일본 사람들처럼 느끼고 있을 것이다. 실제로는 그렇지 않더라도 지금까지 뉴스에서 중국이 망한다고만 보도했기에 그럴 수도 있다. 이제 버블이 막 시작되어 진행 중이지만 중국 사람들은 눈치채지 못하고 결국 이 시기가 지나서 역사를 반추해 보다가 겨우 '그때가 중국의 버블기였지. 그 시기에 투자했으면 부자 되었을 텐데.'라며 후회할 것이다. 물론 우리나라도 마찬가지다.

악마의 편집을
경계하라

■　■　■

《시사경제잡설》을 자세히 보고 이해한 분들은 지금부터 하는 이야기를 알아듣겠지만 그러지 못하신 분들은 긴가민가할 이야기를 시작하겠다.

2016년 5월 2일 CNBC(미국경제전문 방송) 워런 버핏의 인터뷰를 케이블 TV SBSCNBC에서 방송했다. 두 번에 걸쳐 방송되었는데 첫 번째 방송에서는 보는 사람이 겁이 덜컥 날 정도의 내용이 방영되었다.

워런 버핏의 말을 따온 인터뷰 대목을 살펴보자.

워런 버핏 / 버크셔 해서웨이 CEO: 현재 저금리 환경은 미지의 영역에 도달했다고 할 수 있습니다. 세상의 종말이 온 것은 아니지만, 현재 저금리의 여파를 제대로 가늠할 수 있는 사람은 없습니다. 저 또한 마찬가지입니다.

이는 비관론자나 대중이 걱정하는 저성장시대의 저금리 환경이 결코 좋은 일이 아니라는 발언이다. 저금리가 주식 시장 등 투자 시장에 결코 좋은 쪽으로만 작용하는 것은 아니라고 해석된다. 비관론자들이 항상 말하는 '경제 환경이 너무 안 좋으니 금리 못 올리는 거다. 돈 풀어도 소용없다.'와 비슷하다. 세상의 종말이 온 것은 아니지만 무시무시한 일이라는 것은 틀림없다.

여기서 언론사들이 '악마의 편집'을 너무 빈번히 사용한다는 것을 간과하면 안 된다. 원래 인터뷰를 하면 대상자는 내용을 논리정연하게 말한다. 그런데 언론사들이 앞뒤 다 잘라내고 자신들이 원하는 방송 방향에 맞춰 인터뷰 내용을 유도하거나 편집해 내보낸다. 즉, 대중을 바보로 만들어 버린다. 물론 그 당시 방송도 마찬가지다.

두 번째 방송에서는 그나마 다행스럽게도 워런 버핏과의 인터뷰 전문이 나왔다. 그 인터뷰에서 나온 워런 버핏의 말 중 핵심은 단 한 문장이다.

"만약 제로금리가 영원히 지속하리라고 확신할 수 있다면 증시에서 주식의 밸류에이션이 100배~200배로 치솟을 겁니다."

저 말이 이해 가지 않는 사람도 다수 있을 것이다. 경제 환경이 좋고 기업이 돈을 많이 벌고 경기호황이 와야만 주식이나 집값이 오른다고 생각하는 사람 또는 '돈, 화폐'의 개념을 잘 모르는 자들은 평생 저 말을 이해할 수 없을 것이다.

《시사경제잡설》에서 누차 설명한 간단한 돈의 원리와 불경기에도 주식이나 집값이 오를 수 있다던 대목을 떠올려 보아라. 금리(이자)가 낮거나 제로라면 가진 자들은 인플레이션(가치 하락)으로부터 돈을 지키기 위하여 투자를 한다. 불경기라고 시중에 돈이 사라지는 것은 아니다. 그래서 불경기라 기업이 돈을 많이 벌지 못해도 그 기업의 밸류에이션(가치)은 시중의 돈들이 모여들어서(투자되어) 마구 치솟을 수 있다. 즉 상대적 가치 개념이다. 그러니 돈은 물건이 아니라 항상 변동되는 교환가치라는 아주 기본적이고도 평범한 사실에 집중해야 한다.

이 개념은 투자에서 정말 중요하다. 일반 사람은 이 개념이 헷갈려서 (돈을 절대적 가치를 지닌 물건으로 인식) 투자를 하지 못한다. 비관론자들이 경제 환경에 대하여 허튼 말을 하며 허송세월 보내는 이유도 이와 마찬가지다. 그래서 경제학자임에도 불구하고 잘못된 경제 진단을 내리는 사람이 태반이다.

워런 버핏은 예전 연준 의장이었던 인플레파이터 폴 볼커 시절을 예로 들었다. 폴 볼커 전前 미국 연준 의장은 인플레이션을 잡는다고 금리를 급작스레(점진적이 아닌 급격한 인상이었다는 점이 중요) 15%로 올렸다. 그로 인해 저금리 상황에서 투자되던 돈들이 확고부동한 수익을 약속하는 예금으로 이동한다. 곧 투자 시장은 폭락해버리고 말았다. 점진적 금리 인상이었다면 투자 시장은 금리 인상과 더불어 상승하다가 고점을 맞이하였겠지만 속도 조절을 하지 못한 금리 인상이 폭락을 부르고 만 것이다. 이는 일본 버블 종식 원리와 마찬가지며 재닛 옐런 현 미국 연준 의장이 금리 속도조절에 신경 쓰는 이유이기도 하다. 쉽게 말해 확고하고도 안전한 수익률을 보장하는 금리 상품이 존재한다면 불확실성이 상존하는 투자 시장에 돈이 모일 수 없다. 그런 안전한 금리 상품이 시중에 없다면(인플레이션을 이기는 금융 상품이 없다?) 다른 경제 환경을 다 무시하고 돈들이 투자 시장으로 모일 수밖에 없어 투자 시장 밸류에이션이 치솟는다.

워런 버핏은 이런 이야기를 하다가 말미에 '마이너스 금리' 관련 이야기를 한다. CNBC 아나운서 배키퀵이 질문한다.

"일본, 유럽 등의 마이너스 금리에 대해서는 어떻게 평가하세요?"

워런 버핏이 답변한다.

"마이너스 금리가 어떤 여파를 가져올지 지켜보게 될 만큼 제가 오래 살지는 않길 바랄 뿐입니다. 한 치 앞도 내다볼 수 없는 상황이죠. 애덤 스미스, 케인스 등 어떤 경제학파에서도 마이너스 금리가 가져올 영향에 대해 기술한 것이 없습니다. 장기 제로금리가 이렇게 오래 가리라는 것은 누구도 예상하지 못한 일입니다. 그러므로 현재 미지의 영역에 도달했다고 할 수 있습니다. 세상의 종말이 온 것은 아니지만, 현재 저금리의 여파를 제대로 가늠할 수 있는 사람은 없습니다. 저 또한 마찬가지입니다."

위 인터뷰를 보면 워런 버핏도 마이너스 금리를 부정적으로 생각하는 것처럼 보인다. 언론사들은 워런 버핏의 인터뷰 내용을 정리하다가 마이너스 금리가 좋다는 것인지 나쁘다는 것인지 오락가락한다. 결국 처음 심층 분석 보도에서 워런 버핏이 오락가락한다며 비난하고 경제나 투자 전망이 어둡다는(언론사의 의도? 비관론 치중?) 보도를 했다.

필자가 보기에는 워런 버핏이 정말 '마이너스 금리'나 '저금리의 여파'를 몰라서 저렇게 말하는 것이 아니라고 생각한다. 그는 중립적이다. 듣는 이들이 비관적이기에 그런 쪽으로만 해석하는 것이다. 워런 버핏은 제로금리가 지속한다면 주식 시장 밸류에이션은 100~200배 치솟을 수 있다고 말했다. 투자 시장에서 저금리는 호재라는 의미이다. 워런 버핏은 버블을 염두에 두고 중립적인 말을 했을 것이다. 사람들은 '저금리의 여파'를 나쁜 쪽으로만 생각하여 해답을 구한다. 하지만 그는 투자자로서 떼돈을 벌 기회라고 본다. 단, 경제 전체를 생각하면 대중에게 그 여파가 가혹할 정도로 안 좋을 수 있다는 이중적인 의미도 내포했다.

투자 시장과 경제는 같으면서도 다르다. 이 둘의 최종적인 방향이나 지점은 같지만 앞서거니 뒤서거니 하면서 중간에는 방향이 다를 때가 있다. 이 말은 투자 시장이 호황을 누릴 때 경제는 안 좋을 수 있고 경제가 좋더라도 투자 시장은 침체할 수 있다는 뜻이다. '투자와 경제'에 대한 워런 버핏과 같은 투자자와 대중의 인식 차이다.

대부분 경제전문가나 방송들이 미국 시장을 고점이라고 할 때 워런 버핏은 애플주에 1조를 투자했다. 워런 버핏은 애플주를 기술주로만 보지 않고 코카콜라와 같은 소비재주로 본 것이다. 이는 아이폰이나 스마트워치가 필수소비재로 자리매김할 미래를 내다보았기에 한 행동이다. 현금 없는 사회가 만들어질 시기면 결제수단이 지금처럼 지폐나 동전이 아닌 휴대용 전자제품이 될 것이니 말이다. 물론 기나긴 인플레이션도 예상하고 있다.

저성장시대, 저금리의 장기화가 문제가 많은 것은 맞지만 변함없는 것은 '저금리는 인플레이션을 가져온다.'는 사실이다. 아무리 부정해도 이 사실만은 어쩔 수 없다. 특히 투자 시장 측면에서 저금리는 반드시 인플레이션을 가져온다. 최근 재닛 옐런 미 연준 의장이 의미심장한 말을 했다. 그 전문을 한 번 실어본다.

재닛 옐런 미국 연방준비제도(연준) 의장이 14일(현지시간) '고압경제(high pressure economy)' 운용의 필요성을 역설했다. 고압경제는 수요가 공급을 웃돌아 인플레이션이 목표치를 넘어서는 한편, 일손을 구하기가 쉽지 않은 매우 타이트한 고용시장 상태를 말한다.

옐런 의장은 이날 보스턴 연방준비은행(연은) 주최 경제 콘퍼런스에서 이 같이 말하며 아직 불충분한 회복세에 힘을 실어주고자 '인플레이션 오버슈팅'을 용인할 가능성을 시사했다. 옐런 의장은 "강력한 총수요와 타이트한 노동시장을 통해 일시적으로 '고압경제'를 운영하게 된다면 기업 매출이 증가한다."며 "이는 기업투자를 촉진해 경제의 생산능력을 확대하게 될 것이기에 구직을 포기하고 퇴장했던 노동력들이 인력시장으로 되돌아오고 또한 타 업종으로의 이동을 촉진해 경제의 효율성을 높인다고 했다.

추가로 옐런 의장은 "아울러 강력한 수요의 발생에 힘입어 연구개발(R&D) 투자와 새롭고 창의적인 사업 활동에 인센티브가 부여된다."며 "이는 다시 생산성을 크게 끌어올릴 것이다"고 덧붙였다. 또 "금융위기 이후 우리의 경험은 총수요의 변화(수축)가 총공급 능력, 즉 잠재 생산능력에도 상당하고 지속적인 영향을 주었을 것임을 시사한다."고 했다. 따라서 "만약 강력한 경제 환경이 이러한 부정적인 공급 측면의 상처를 부분적으로라도 되돌릴 수 있다면, 아마도 중앙은행들은 '공급은 수요의 영향을 받지 않는다.'는 전통적인 생각에서 벗어나 경제 회복기 중에도 보다 완화적인 정책을 꾀하기를 원할 것이다"고 강조했다.

이는 미국 경제에 대해 자신감을 얻은 옐런 의장이 당분간 물가 상승을 위해 저금리 정책을 지속할 것임을 시사 하는 것으로 풀이된다.

– 옐런 "고압경제 필요"… '인플레 오버슈팅' 용인 시사,

〈뉴스1〉, 2016. 10. 15.

재닛 옐런의 말을 단적으로 표현하자면, 앞으로 금리 인상을 한다 하더라도 속도를 아주 완만하게 가져갈 것이며 그로 인해 인플레이션이 걱정될 수준으로 발생한다 해도 용인한다는 것이다. 무서운 말이다. 작금의 경제 현실을 분명히 깨달아야 한다.

BHC 법안? 환율조작국? 그건 플라자합의와 동의어

. . .

2015년 후반 오바마 대통령이 환율조작국 응징 관련 법안에 서명, 발효시켰다. 이제 환율전쟁 2탄이 시작되었다. 얌전했던 1탄과는 다르다. 우리나라 언론에서는 원화가 첫 표적이니 어쩌니 하며 호들갑이지만 저 법안의 최종 표적은 중국이다. 물론 우리나라도 곁가지로 당할 수 있다. 도널드 트럼프 미국 대통령 당선자의 보호무역 정책이 앞으로 시행된다는 가정하에 여러분들이 외환 시장 투기세력이라고 생각해보자.

세상에서 가장 힘센 놈(미국)이 중국이나 한국 등(주요 교역국)을 딱 찍어 환율조작국이라며 조사하여 응징하겠다고 한다면 과연 위안화나 원화가 앞으로도 쭉 약세로 갈 것이라는 데 베팅할 수 있나? 최소한 하방 경직성이 생길 것이 뻔한 이치 아닌가? 필자는 도리어 강세에 베팅할 것이다. 미국은 중국이나 한국이 앞으로 환율 강세 만들지 않으면 가만두지 않겠다는 것이다. 수출에 목메고 계속 돈 버는 것을 두고 보지 않겠다는 의미다. 그러면서 항상 주문하는 것은 '내수 활성화'다. 돈을 풀라는 소리다. 환율이 경제적인 이유나 기타 정상적인 환경 요소로 결정된다는 동화 속 경제학을 믿는 자들이야 앞으로 쭉 위안화나 원화가 약세일 것으로 생각할지 모르겠다. 그런데 환율을 결정짓는 가장 중요한 요소는 경제적인 이유와 아무 상관 없는 경우가 많다. 다시 말해, 환율의 상대성은 경제와 무관할 때가 많다.

지금까지 미국이 BHC 법안에 기초한 환율보고서를 두 번에 걸쳐 발표했다. 의심·비관론자들은 우리나라가 환율조작 의심(관찰)국으로 지정되었으니 이제 망했다고 생각할지 모르겠으나 그렇지 않다. 미국의 BHC 법안을 통한 환율조작국 지정 위세는 플라자합의와 동의어다. 그리고 이런 미국의 행동은 아마도 앞서 열린 상하이 G20 회담에서 다른 나라들의 막후 양해를 받은 사안일 것이다. 80년대 일본 버블경제를 촉발한 플라자합의 때는 공식적인 합의에 따라 환율 변경을 했지만 이번에도 그렇게 하면 속이 뻔히 보이므로 복잡한 과정을 거치는 것뿐이다.

BHC 법안은 미국과의 무역에 흑자를 내는 국가 중에 미국 재무부 기준에서 고의적인 고환율(액면 단위)을 무기로 삼는 국가를 환율조작국으로 지정하여 불이익을 준다는 내용이다. 이건 슈퍼 301조와 같은 보호무역 법안과는 근본이 다른 무서운 정책이다. 이 법안을 미국이 아닌 다른 나라가 했으면 아마 말도 안 되는 소리라며 면박당했을 것이다. 미국이라서 가능한 것이며, 다른 나라의 달러 약세 진행 추진에 대한 묵인(내지 양해)이 없고서는 힘든 것이다. 상하이 회담과 동시에 BHC 법안이 나온 이유가 거기에 있다. 고의적인 고환율을 타깃으로 삼는 것은 대상 국가 스스로 저환율(액면 단위)로 만들라는 강압과 폭행에 지나지 않는다. 플라자합의와 다를 바가 없다. 정확히 이야기하자면 '합의'를 빼고 '新플라자 강요'라고 보면 된다.

　의심국으로 지정되면 불이익은 없지만 우리나라는 환율 개입을 하기가 힘들어진다. 또 외환 시장에서 원화 강세를 노린 자금들이 몰려들 것이므로 몇 년에 걸쳐 1,100원대 - 1,000원대 - 900원대 - 800원대로 갈 수밖에 없다고 본다. 80년대 일본처럼 급격한 엔고는 아니지만 지속적인 원화 강세이다. 일본 버블 코스와 강약 조절만 다를 뿐이다. 미국의 BHC 법안 발효가 곧 新플라자합의(강요)라는 생각을 왜 하지 못하는지 모르겠다. 아니면 이미 그렇게 생각하면서도 말하지 않는 똑똑한 자들이 대다수일지도 모르겠다. 말한다 해도 대중은 믿지 않으니 전업투자자들은 그렇게 생각하는 이들이 있는 것 같으나 기관보고서나 언론에서는 공포감만 조장한다.

　필자는 BHC 법안, 환율조작국이 결국 과거 플라자합의와 동의어라고 생각하고 환율조작국 지정은 단 한 곳도 없고 의심국(감시국) 지정만 할 것으로 예상했다. 미국의 발표도 그와 다르지 않았다. 미국이 BHC 법안을 이용하여 환율조작국을 지정해 겁을 준 이유는 대상국의 환율 가치절상이 목적이었지 진짜 제재를 가하려고 마음먹은 것이 아니기 때문이다.

　미국의 발표가 있기 전에는 언론에 플라자합의를 한다는 말은 찾아보기 힘들었는데 발표 이후에는 비슷한 말들이 튀어나오고 있다. 뒷북이다. 물론 대부분 언론 기사들은 포커스 자체가 틀렸지만 비슷한 어투는 나온다. 관련 기사에서 재미있으면서도 웃픈(웃기고 슬픈) 부분은 말미이다.

(전략) 환시 개입 규모만도 GDP 대비 2%를 넘으면 환율조작국이 되는 우리 외환당국은 향후 운신의 폭이 크게 제한될 것으로 보인다. 김정식 연세대 경제학과 교수는 "향후 원화 강세에 대응한 당국의 개입 여력이 떨어질 수 있다"며 "이는 추세적 원화 강세로 연결돼 수출에 부담이 될 수 있다"고 우려했다. 그는 "이번 보고서가 '한국판 플라자합의'가 될 수 있다"고 지적했다. 일본은 1985년 플라자합의에 따른 추세적 엔화 강세로 수출이 감소하고 국내 기업이 해외로 이전하는 '산업 공동화'를 거쳐 잃어버린 20년을 맞았다. 우리도 추세적 원화 강세를 막지 못해 일본의 전철을 밟을 수 있다는 의미다.

**– [뉴스포커스] 환율 압박 본격화하는 미국..'한국판 플라자합의' 나오나,
〈서울경제〉, 2016.05.01.**

이번 미국 환율보고서가 한국판 플라자합의가 될 수 있다고 본 것은 필자의 예상과 같다. 그런데 그 뒷부분이 가관이다. 일본도 1985년 플라자합의에 따른 추세적 엔화 강세로 수출이 감소한 사실은 맞다. 산업 공동화를 한다며 잃어버린 20년을 맞이한 것도 맞다. 그런데 1986~1990년 사이의 일본 버블경제 시기, 바로 일본 전성기 시절을 왜 언급하지 않고 있을까? 일본이 잃어버린 20년을 맞이하기 전 경제대국으로 불리며 미국 땅을 마구 사들이던 버블 성장기는 왜 쏙 빼먹고 버블 붕괴 이후의

시기만 언급할까? 언론이 사람들의 공포감을 더 키우고 있다.

　기사 발췌 부분에서 추세적 원화 강세라는 말을 살펴보자. 대부분 사람은 일본처럼 수출지상주의 국가인 우리나라도 원화 강세가 나오면 수출이 망하니 경제위기가 올 것으로 생각한다. 1980년대 일본 대중도 그렇게 생각했다. 사회 전반에 퍼진 이러한 경제위기 의식은 1980년대 일본 정부, 일본은행에나 지금 우리나라 정부와 정치권 및 한국은행에 대비책을 마련하게 한다. 대비책은 미국이 적극적으로 요구하는 내수 위주 정책이다. 한마디로 돈 풀라는 소리다. 그렇게 돈을 푼 일본에 버블이 왔고 우리나라도 돈을 풀 것이다. 이건 외통수라서 그렇게 갈 수밖에 없다.

　원화 강세가 되면 수입물가가 싸진다. 그래서 국내에서 돈을 풀어도 인플레이션이 크게 올라가지 않는다. 미국이 플라자합의로 일본 엔화 강세를 만들고 저유가 환경(지금도 그렇다)까지 갖추어지자 일본은행이 1986년에서 단 1년 만에 금리를 반 토막 내면서 돈을 풀었다. 그러자 수입물가가 싸져 집값과 주식 시장만 엄청 올랐지 생활물가는 모두가 걱정하는 하이퍼 인플레이션으로는 발전하지 않았다. 우리나라도 비슷하게 흘러갈 것이다. 2016년 말 현재 아직 도래하지 않았지만, 원화 강세가 올 때 돈을 풀지 않으면 경기침체와 디플레이션 도래가 염려되기 때문이다.

경제 불황이라 투자 못한다?
그럼 언제 할 건데?

• • •

필자의 책《시사경제잡설》의 'Chapter 6 신 코스톨라니 달걀 모델'
과 'Chapter 7 잡설, 그러나 중요한 이야기들'을 생각하며 투자 사이클
을 눈에 그려보면 언제 주식/부동산에 투자해야 할지 짐작이 갈 것이다.
하지만 사람들은 그렇게 하지 않는다. 코스톨라니뿐만 아니라 수많은 투
자 고수들이 비슷한 논리의 말을 하였고 수백 년의 시간이 흘렀지만 사람
들은 요지부동이다. 꼭 사춘기 자녀들처럼 말을 듣지 않는다.

예로부터 전해오는 투자 격언에 따라 투자대상(주식/부동산)을 말馬로
가정하면 경기 호황기는 달리는 말이다. 가격이 계속 뛰는 상황을 '달린
다'로 표현한다. 그래서 주로 듣는 말이 '달리는 말에 올라타라.'이다. 예
를 들면, 2005~2006년 중대형 아파트나 주식 시장이 상승장세일 때
주도주나 테마주가 이미 올랐지만 계속 오를 것이라 보고 매수하는 것을

말한다. 그렇게 시장에 나도는 말이 보여주듯이 사람들은 상승이 눈에 보일 때 매수하는 것이 옳다고 생각하는 경향이 크다. 실제로 그렇게 실천하는 사람들도 수두룩하다. 안전을 확인하고(경기 호황세를 보고, 이제 올라가는 것이 확연할 때) 매수하는 것이다. 그런데, 과연 이것이 맞는 투자행위일까?

모두가 알고 수긍하는 투자 시점이 과연 얼마나 안전하고 수익을 보장해줄까? 말이 달리는 것을 보고 올라타라고 쉽게 이야기하지만 과연 그것이 쉬울까에 대해 의문이다. 하루가 다르게 올라가는 가격에 놀라 매수하는 것은 현명한 행동이라 볼 수 없다. 그것은 조바심 내지 남에게 뒤쳐지기 싫은 마음이 투자에 따른 두려움보다 크기 때문에 허겁지겁하는 행동일 뿐이다. 아니면 자기 딴에는 짧은 안전구간에만 투자하겠다는 트레이딩 개념(주로 단타)인 경우다. 그러나 이것도 주식에나 그렇지 부동산은 상황이 다름에도 지금 사지 않으면 안 된다는 조바심에 쫓겨 매수하는 경우가 허다하다. 원래 사람이라는 동물은 참 얍삽해 가격이 내릴 때보다 가격이 올라 남들 돈 벌 때 더 조급해지며 배 아프고 화가 나는 생물이다.

사람들이 전부 경제가 좋아지고 가격이 올라가는 것을 피부로 느낄 때는 알고 보면 더 위험한 시기인 경우가 많다. 먹을 것이 별로 없어서 말이 달린다고 무턱대고 올라타려 하다가 떨어지면 더 크게 다친다. 전문가가 아니면 달리는 말에 올라타기도 쉽지 않다. 그런데 사람들은 달리는 말의 멋있는 모습에만 반하여 자기도 그렇게 타고 달리고 싶어 한다. 그러다가 꼭지 잡고 쫄딱 망한다.

사실 말이 주저앉아 있거나(경기침체, 불황) 달리다가 잠시 서 있을 때(상승장 도중 반락 장세, 휴지기) 올라타기가 쉽다. 말이 주저앉아 있거나 잠시 서 있을 때는 다시 금방 달릴지 말지 헷갈려서 올라타지 않으려 하는 것이 대부분이다. 정말 쉽게(저평가, 낮은 가격) 말에 올라탈 수 있는 데도 다시 달릴지 말지(경기 호황이 다시 올지 안 올지?) 모른다는 두려움이 더 크다. 말이 달리지 않으니 초라해 보이는 것일까? 수백 년 동안 보통 사람들은 말(馬, 경제)이 주저앉거나 잠시 쉴 때 다시 달릴지 말지 고민하며 전전긍긍하거나, 아예 말이 죽어버려(대공황, 이번만은 과거와 다르다?) 다시는 달리지 못한다고 생각해 올라타지 않았다. 장기투자는 꿈도 꾸지 않고 그저 단타만 하다가, 경제가 망한다고 한탄만 하면서 눈만 멀뚱거렸다. 하지만 경제는 변함없이 돌고 돌았다. 어떤 식으로든 위기는 지나가고 호황 장세가 왔다. 그래서 투자 고수들은 항상 대중과 반대로 가라고 했고, 여윳돈으로 사두고 (중간 출렁임은 신경 쓰지 말고) 수면제 먹고 몇 년 자라고 말했다.

수백 번 입증된 진실(경기 사이클, 장세는 돌고 돈다)이 있음에도 사람들은 절대 믿지 않는다. 늘 '이번엔 뭔가 달라. 진짜 이번엔 다 죽어. 정말 지금은 과거와 달리 조심할 때야.'라고 말한다. 아주 똑똑한 척하며 온갖 경제적인 이유나 음모론을 들이대면서 말이다. 정말 알다가도 모를 일이다.

중국판 빅쇼트

Big Short

■ ■ ■

2016년 내내 미국 헤지펀드와 중국의 한판 대결이 세간의 관심사였다. 그중에서도 영화 〈빅쇼트〉의 실제 주인공들과 같은 부류로 취급되는 '카일 배스Kyle Bass'라는 미국 헤지펀드 운영자가 화제의 중심이 되었는데 이름하여 중국판 〈빅쇼트〉다.

영화 '빅쇼트(The Big Short)'의 실존 인물인 그렉 리프먼(자레드 베넷 역)과 함께 2006~2007년 미국 주택시장 붕괴에 베팅해 큰 돈을 번 미국 헤지펀드 투자가 카일 배스(사진)가 이번엔 중국 위안화와 홍콩 달러 붕괴에 베팅했다고 월스트리트저널(WSJ) 등 외신이 지난 달 31일 보도했다. (중략)

미국 헤지펀드의 위안화 공매도 가세는 조지 소로스가 최근 위안화 공매도를 선언하고 이에 대해 중국 정부가 환율전쟁을 선포한 것이라며 관영 언론등을 동원해 소로스를 맹비난한 가운데 나왔다. 특히 소로스가 과거 특정국 통화 공격 때마다 헤지펀드들이 가세했던 전력이 있다는 점에서 주목된다. 소로스를 필두로 위안화를 공격할 헤지펀드들이 집결하고 있다는 분석이 나오는 배경이다. 소로스의 최측근들도 일제히 위안화 약세에 베팅한 것으로 알려졌다.

– '중국판 빅쇼트'… 붕괴에 베팅한 소로스와 친구들,

〈조선일보〉, 2016. 02. 01.

〈빅쇼트〉의 실제 주인공들과 같은 부류로 2008년 금융위기 당시 수천억 원을 벌어들였다는 전설적인 헤지펀드 운영자 '카일 배스'가 중국 위안화 가치 하락에 큰돈을 베팅하였다. 이로 인해 사람들이 다시 경제위기 걱정과 중국의 위안화 가치 하락으로 인한 붕괴 걱정, 공매도와 하락 베팅이 답이 될 것이라는 말을 하며 대세 상승은 꿈도 꾸지 않는다. 그렇다면 2008년 금융위기를 맞춘 카일 배스의 말이 이번에도 맞는 것일까? 《시사경제잡설》이라는 책까지 내면서 '빅 롱'을 외치고 대세 상승을 주장하는 필자의 말은 거짓말이 되는 것일까?

아니라고 본다. 왜냐하면 2007~2008년의 카일 배스는 정답이었지만 이번에는 정답이 될 수 없기 때문이다. 8~9년 전 카일 배스는 당시 미국 금융업계의 이단아로서 타의 비난과 조롱을 참아내며 대중과 반대의 길을 걸어 빅쇼트를 성공시켰다. 그러나 지금은 위 기사에서 말하듯이 대부분의 미국 헤지펀드, 금융업계 사람들과 같은 생각, 같은 길(위안화 가치 하락 베팅)을 가면서 언론의 집중 조명 아래 칭송을 듣고 있다. 여기저기 초청받으며 강연하고 방송하고 카일 배스의 생각이 주류 의견이 되었다. 그렇기 때문에 정답이 될 수 없다.

이제 카일 배스는 대중과 반대의 길을 걷던 선구자가 아닌 대중이 되었을 뿐이다. 그는 미국의 의도(위안화 강세)에 따라 움직이는 장기 말이 되었을지도 모른다. 2007~2008년에는 다수가 주택 시장 붕괴를 몰랐거나 외면했다. 그러나 지금은 중국 위안화 약세와 중국 경제 경착륙에 다수가 공감하고 있다. 이것이 이번에는 카일 배스가 틀렸다는 증거이다. 언론에서는 중국판 〈빅쇼트〉라고 하지만 그들은 진짜 〈빅쇼트〉의 본질을 모른다. 무조건 공매도 하락 베팅 모습이 같다고 앵무새처럼 조잘댄다.

사실 조지 소로스George Soros의 성향만 잘 파악했다면 사람들이 중국판 〈빅쇼트〉라는 말을 감히 하지 못했을 것이다. 카일 배스와 조지 소로스의 위안화 숏 베팅은 '장기짝'일 가능성이 있다고 말하는 것은 미국이 중국 위안화 환율제도 변화와 가치절상을 끌어내기 위한 작업에 조지 소로스가 도구로 쓰였다는(또는 거들었다는) 생각을 한다는 것을 의미한다. 필자가 조지 소로스의 위안화 숏 베팅을 의심했던 이유는 바로 힐러리와의 관계 때문이다.

먼저 힐러리가 중국 위안화를 어떻게 생각하는지 알아보자. 대선 후보로 나선 힐러리의 공식적이고도 단호한 말이 담긴 기사이다.

> 미국 민주당의 대선 경선후보인 힐러리 클린턴, 버락 오바마 상원의원
> 은 14일 위안화의 평가절하 상태를 유지하기 위한 중국의 환율조작에
> 대해 강력 대응할 필요가 있다고 한 목소리로 주장했다.
>
> – 클린턴 "中日 환율조작… 대통령 되면 단호히 조치할 것",
>
> 〈연합뉴스〉, 2008. 04.15.

　　미국 대통령 후보로서 당연한 말이다. 중국과 수출국들이 저환율을 무기로 미국에 공습을 가하고 있기 때문이다. 그렇다면 힐러리가 대선후보가 되면서 저런 말을 한 것일 뿐이며 원래 가지고 있던 생각은 그렇지 않을 수도 있다는 의문이 생기는데 아쉽게도 그것은 아니다. 힐러리의 중국 환율조작에 대한 반감은 이미 오래되었다. 그 전이나 그 이후 기사를 찾아보아도 힐러리는 중국 위안화 환율조작(중국 마음대로인 현 달러 페그제)을 일관되게 성토했다. 또 다른 기사를 보자.

> 이 법안에 찬성하는 미 의원들은 중국의 위안화 환율이 40%까지 평가
> 절하돼 중국산 수입품이 불공정한 혜택을 누리고 미국의 고용시장에
> 도 악영향을 미친다고 주장해왔다. 이에 대해 앞서 힐러리 클린턴 국

무장관도 법안의 통과 여부는 알 수 없지만, 법안의 상정이 "미국 국민이 느끼는 좌절감을 반영한다"고 말했었다.

– 美상원, 中 위안화 평가절하 보복 법안 가결(종합),
〈연합뉴스〉, 2011.10.12.

위 기사는 2011년 기사다. 저 당시 힐러리는 오바마 행정부에 국무장관을 하면서 이미 대통령 출마 포기 선언을 한 때이다. 즉, 미 대선후보가 되면서 의례적으로 한 말이 아니다. 사실 중국 위안화 저평가에 대한 반감은 미국 민주당의 일관된 정책 사상이기도 하다. 반면에 미국 공화당은 위 기사 말미에 보듯이 중국 환율제도에 미국이 나서서 말하는 것을 그리 달가워하지 않았다. 민주당 출신 힐러리는 국무장관으로서 '위안화 환율조작에 대한 보복관세법'을 만들 정도였는데, 공화당은 고개를 가로저었다. 최근 2016년에 오바마가 서명하여 발효된 '환율조작국 강력 제재 법안BHC'도 2011년 보복법안이 상원 통과 후 하원을 통과하지 못했던 실패를 딛고 이룬 성과다. 그 기초는 힐러리가 만든 것이다.

이처럼 힐러리는 중국 위안화 저평가에 대한 반감의 뿌리가 깊다. 그것이 힐러리의 포기할 수 없는 경제정책 정체성이다. 그런데 재미있는 사실은 힐러리의 최대 후원자 중 한 명이 바로 '조지 소로스'라는 것이다. 위안화 고평가를 부르짖고 앞으로 중국이 어쩔 수 없는 경제위기로 망조가 들면서 위안화 가치 절하를 피할 수 없다고 본다며 '위안화 빅쇼트'를 한 조지 소로스다. 그가 위안화 저평가를 부르짖으며 중국을 때려잡아서라도 위안화 평가절상(환율 하락)을 만들겠다고 나서고 있는 힐러리를 물적이나 심적 양면으로 지원하고 있다. 얼마나 아이러니한가?

조지 소로스가 힐러리를 지원한 것은 이번 미국 대선부터가 아니다. 부시 대통령 시절부터 힐러리(당시에는 클린턴이라고 보아야 함)를 물심양면으로 지원해왔다. 이것을 어떻게 바라보아야 할까? 엄청난 돈을 굴리는 투자자가 자신의 투자에 악영향을 끼칠 수도 있는 정책 집행자의 후원자를 자처하고 있다는 것을 말이다. 혹시 정치적 소신과 투자적 관점이 달라서 그렇다고 생각할 수도 있지 않을까? 조지 소로스가 1995년 미국 PBS의 유명 토크 쇼인 〈찰리 로즈Charlie Rose 쇼〉에 출연해서 한 발언을 보자.

> "나는 정책에 영향을 주는 것을 좋아한다. 조지 부시(George H. W. Bush: 대통령 재임 1989~1992)에게는 그럴 수 없었다. 그러나 나는 나의 영향력을 성공적으로 발휘하고 있다고 생각한다. 클린턴 행정부에서는 특별히 더 그렇다. 여기에 대해서는 의문의 의지가 없다. 우리는 실제로 한 팀처럼 일한다."
>
> – 박상식,《국제정치의 이해》, 일진사, p.93, 2008.

참고로 클린턴 대통령(힐러리 남편 또한 위안화 저평가에 대해 호의적이지 않았음)을 당선시킨 사람 중 가장 큰 공을 세운 후 집권 기간 내내 노골적으로 개입하여 영향력을 발휘한 인물이 조지 소로스라는 말이 돌기도 했다. 물론 조지 소로스가 후원금을 가장 크게 써서 생긴 소문이다.

조지 소로스 정도의 거물급 투자자는 로비를 하거나 아예 킹메이커(대통령 만들기) 역할을 하여 자신에게 유리한 투자환경을 만들기 위해 노력할 것은 자명하다. 위 토크쇼 발언에서 보다시피 조지 소로스 자신 또한 정책에 영향을 주는 것을 좋아한다고 고백하고 있다.

이쯤 되면 작은 의문이 생기는데 분명히 조지 소로스가 위안화 숏 베팅을 했을 때 1년간은 위안화 평가절하를 보고 했다는 기사가 넘쳐 났다. 그런데 조지 소로스가 지원하는 정치세력은 클린턴부터 오바마와 힐러리까지 모두 민주당, 다시 말해 중국 위안화 저평가를 절대 악으로 취급하는 정치세력이다. 만일 조지 소로스가 현 상황에서 자신의 투자관점에 맞게 정치후원을 한다면 그것은 공화당이 되어야 한다. 조지 소로스는 어디에 관점을 두고 있을까?

> '헤지펀드의 대부'로 불리는 조지 소로스가 미국 대선 후보 경쟁에서 공화당 도널드 트럼프 후보의 인기가 상승하자 이를 저지하기 위해 막대한 정치자금을 제공하고 있는 것으로 나타났다.
>
> 15일(현지시간) 블룸버그통신은 소로스가 민주당의 힐러리 클린턴 전 미 국무장관을 지원하기 위해 1300만달러(약 155억원)를 이미 사용했거나 앞으로 제공할 예정이라고 보도했다.
>
> 소로스는 지난 수년간 클린턴 재단에 150만달러에서 많게는 600만달

러도 기부한 것으로 전해졌다.

　- [2016 美 대선] 조지 소로스, 공화당 저지 위해 155억원 정치헌금,

　〈파이낸셜뉴스〉, 2016. 03. 16.

최근 발효된 미국의 BHC 법안은 명확하게 중국을 노렸다. 이 또한 힐러리의 몇 년 전 보복관세법을 토대로 하여 만들어진 것이었고 오바마와 민주당이 이어서 더 강한 법을 내놓은 것이다. 이 법안은 분명히 위안화 강세를 조장할 것이지 결코 약세를 불러올 것은 아니다. 벌써 그 여파가 나오고 있는데 굉장히 희한하지 않은가? 조지 소로스 정도 되는 거물급 투자자가 이런 국제정치적 환경을 도외시한 채로 무조건 경제적 원리에 근거한 생각으로 위안화 숏 베팅을 했다? 그것도 엄청난 금액을 장기간으로? 그것이 말이 된다고 생각하는가?

그러므로 조지 소로스의 '위안화 빅쇼트'는 잘 짜인 한 편의 영화였을 뿐이다. 공개적으로 정보를 흘리면서 다른 것을 노린 성동격서 전략의 일환인 것이다. 경제학 이론이나 수치를 들먹이며 위안화 약세나 중국 경제위기, 대공황을 설파하는 자들은 사실 아무것도 모르는 바보들이거나 다른 것을 노리는 사기꾼이나 장막 뒤의 손들일 뿐이다. 대중이 보고 듣는 뉴스처럼 세상일이 그리 간단하다면 어느 누가 돈을 못 벌까?

이처럼 대중에게 던져진 수많은 정보와 뉴스는 사실 그대로 일 때도 있고 완전 거짓말이라 반대로 알아들어야 할 때도 있으며 적당히 첨삭된

사실이어서 절반은 그대로 나머지 반은 반대로 알아들어야 할 때도 있어 해석하기가 힘들다. 하지만 잘만 다룬다면 어떠한 비밀 정보지보다 더 강력하고 완전한 정보를 준다. 물론 필자의 기사 해석이 100% 정확하다고 말하려는 것은 아니다. 그런데 시간이 지난 지금 호들갑 떨던 언론 기사와 달리 아무 일도 일어나지 않았다. 중국은 건재하다.

앙드레 코스톨라니가
재닛 옐런 美 FRB 의장을
본다면 할 말

. . .

앙드레 코스톨라니는 유럽의 전설적인 주식투자자다. 그는 시장에 대한 많은 명언을 남겼고, 책도 저술했지만 안타깝게도 이미 고인이다. 그가 아직 살아있다면 양치기 소년처럼 말 바꾸기를 하며 금리 인상을 저울질하는 재닛 옐런 美 FRB 의장을 보면서 웃으며 한마디 할 것이다. 아니면 그런 재닛 옐런 美 FRB 의장의 말 한마디에 휘둘려 온갖 추측을 쏟아내며 우왕좌왕하는 언론이나 사람들에게 할 말이 많을 것이다.

미국 금리 인상은 투자 시장에서 초미의 관심 대상이다. 사람들은 재닛 옐런 의장은 물론이고 그 정책결정권에 영향을 미치는 인사의 말 한마디에도 촉각을 곤두세운다. 필자는 《시사경제잡설》이나 카페 글에서 미국 금리 인상은 그렇게 빨리 되지 않을 것이고 인상이 된다 해도 아주 느리게 진행할 것이며 그들이 노리는 달러 가치 유지 목표(강달러나 약달러가 아닌 적당한 중달러)에 따라 언제든 경제지표 운운하며 처지가 바뀔 것이라고 주장했다. 2014년 처음 그런 주장을 내세웠는데 지금에 와서 보면 결과적으로 맞는 말이 되었다.

앙드레 코스톨라니도 중앙은행의 금리 결정 문제에 대하여 글을 남겼는데 아주 냉소적이면서도 핵심을 찌른다. 그의 저서 3부작 중 3편인《실전 투자강의》소단원 '금리와 주가 추세의 관계는 어떠한가?'라는 대목을 읽다 보면 수십 년 전 앙드레 코스톨라니가 했던 말이 21세기 현재에도 그대로 재현되고 있음을 알고 감탄하게 될 것이다.

그 대목을 전부 옮기지는 못하고 일부만 발췌해 본다.

> (중략) 예를 들어 통화량이 늘어나면 금리가 올라갈 것으로 예상하고 주식을 판다. 하지만 증권시세는 유동 자금이 충분하지 않으면 올라가지 않는다. 또한 채권가격과 그 후 주식 시세까지 결정하는 장기금리는 단기금리가 높다고 항상 같이 올라가는 것은 아니다. 왜냐하면 장기금리는 단기금리와 달리 연방은행에 의해 결정되는 것이 아니라 채무자, 그 나라 통화, 재정 정책에 대한 신뢰에 따라 결정되기 때문이다. 그러나 단기금리조차도 매주 발표되는 통화량 수치로는 접근할 수 없다. 왜냐하면 첫째 중앙은행의 수장 자신도 세달 후 자신의 생각이 어떨지 알지 못하며, 둘째 자신의 생각을 혼자서만 간직하기 때문이다. 그는 스핑크스다. 아마도 그는 경제를 활성화시키기 위해 화폐량을 늘리고 금리를 낮추려 할지 모른다. 혹은 인플레이션의 위험을 감지했기

에 금리를 올릴 수 도 있다. 그의 결정은 또한 정치적인 동기에 의해 내려질 수 도 있다. 그는 투자자들을 데리고 쥐와 고양이 게임을 하고 있다. 한 번은 그가 정말로 의도하는 것을 말하고 한 번은 정반대를 말한다. 옛말에 이런 이야기가 있듯이 말이다.

경쟁자인 두 장사꾼이 같은 열차를 타게 되었다.
"자네, 어디 가나?" 한쪽이 물었다.
"체르노비츠에 간다네."
"거짓말이지? 나한테 네가 카노플에 간다고 생각하게 하려고 체르노비츠에 간다고 하는 거지? 하지만 난 자네가 체르노비츠에 간다는 것을 알고 있어. 자네 거짓말쟁이군."

– 앙드레 코스톨라니, 〈실전 투자강의〉, 미래의창, 2015.

마지막에 아주 짧은 열차 여행 우화를 황당한 이야기라고 생각할 수도 있다. 부연 설명을 하자면 투자자들은 갈대 같은 재닛 옐런 美 FRB의 장의 말을 자기 식대로(비관, 낙관) 해석하고 있다. 알고 보면 재닛 옐런은 말을 꼬아서 하는 것이 아니라 약간의 입장 변화를 섞으며 정공법으로 가고 있다. 하지만 그 말을 믿지 않거나 아예 잘못 알아듣는 각 투자자가 횡설수설하고 있다는 소리다.

지금 우리나라 환율이 세계 각국 통화 대비 강세를 나타내면서도 달러 대비해서는 약한 모습을 보여주는데 이는 미국 금리 인상이 언제 될지 모른다는 두려움에 기인한 외환 시장 움직임 때문이다. 그래서 우리나라는 미국 금리 인상이 예견될 때는 달러 대비 환율이 약세를 보이다가 금리 인상이 안 되면 강세로 바뀌는 현상을 반복하고 있다.

불확실성의 관점 때문에 원/달러 환율이 아직 제자리를 못 잡고 있는데 2016년 12월 말이나 2017년 초에는 미국 금리 인상이 나온다 하더라도 일시적 출렁거림 이후 환율이 제자리를 잡아 원화 강세가 나올 것으로 예상한다. 비관론자들은 조만간 미국 금리 인상이 계속 진행되면 외인 자금이 다 빠져나가 박살 날 것으로 본다. 하지만 막상 금리 인상이 되어도 외인 자금이 많이 빠져나가지 않는다면 원화 약세가 아니라 강세 현상이 굳어진다.

최근 재닛 옐런의 인터뷰를 보자.

재닛 옐런 미국 연방준비제도(Fed · 연준) 의장이 올해 말 기준금리 인상 이후의 비둘기적 행보를 예고하며 금융시장의 긴축 우려감을 덜었다. 옐런 의장은 강한 총수요로 기업투자와 고용시장을 부양하는 "고압경제(high-pressure economy)'가 (미국에) 도움이 된다"고 강조해 내년 이후 추가 긴축을 신중히 진행할 것이라는 신호를 보냈다. 이는 금융시장이 12월 금리 인상론을 지나치게 의식하는 것을 방지하려는 의도라는 관측도 제기된다.

옐런 의장은 지난 14일(현지시간) 보스턴연방준비은행 주최 콘퍼런스에서 "강한 총수요가 유지되면서 고용이 활기를 띠는 '고압경제'를 지속하는 것이 금융위기 이후 미국 경제에 형성된 부정적 영향을 없애는 데 도움이 될 수 있다"고 밝혔다. 고압경제는 수요가 공급을 크게 웃돌 며 기업활동이 활성화하고 이에 따라 노동력 확보가 쉽지 않은 상태를 뜻한다.

– "고압경제 유지가 美에 도움"…시장에 '비둘기' 띄운 옐런,

〈서울경제〉, 2016.10.16.

'고압경제'라는 말로 포장했지만 그 속내는 물가 오버슈팅을 용인한 다는 말이다. 다시 말해 주식이나 부동산 등 자산 시장의 상승을 굳이 억 제할 마음이 없다는 말로 금리 인상을 최대한 천천히 신중하게 하겠다는 이야기다.

美재무장관과
한국은행 총재의
비공개 회동

. . . .

지금 하는 이야기는 순전히 필자의 상상력의 산물이며 그 어떤 사실이나 자료를 통해서 하는 이야기가 아님을 미리 밝힌다. 그저 하나의 추측이자 의견일 뿐임을 머릿속에 넣어두시길 바란다.

2016년 6월 미국 재무장관이 방한할 당시 이례적으로 한국은행 총재를 가장 먼저 만난 사실이 드러났다. 먼저 기사를 살펴보자.

> 5년 만에 한국을 찾은 미국 재무장관이 경제부총리가 아닌 한국은행 총재를 먼저 찾았다. 그것도 철저히 보안이 유지된 비공개 회동을 통해서다. 게다가 미국 재무장관이 방한 후 한국은행을 찾은 것은 사상 처음 있는 일이다. (중략)

이를 고려하면 루 재무장관과 이 총재는 약 20분간 수행원을 대동한 채 각종 현안에 대해 비공개 논의를 이어간 것으로 추정된다. 한은은 이 자리에서 두 인사가 어떤 내용을 논의됐는지 철처히 함구하고 있다. 한은 고위 관계자는 "미팅에 앞서 미국 측에서 비공개 요청을 했기 때문에 회견 내용을 알려줄 수 없다"고 했다.

– '비밀의 20분'… 美 재무장관, 한은 총재에 어떤 말 했나,
〈머니투데이〉, 2016.06.03.

아직 이 회동에서 어떤 말이 오고 갔는지는 공개되지 않았다. 필자 또한 정확히 무슨 일이 있었는지 알지 못한다. 하지만 美재무장관이 직접 나서서 이주열 총재를 만났고 그 회동이 비공개라는 것은 의미하는 바가 크다. 역사적으로 美재무장관이 비공개로 움직일 때는 상대국에 무엇인가를 강요할 때가 많았는데 그것이 경제적으로 큰 여파를 가져오는 경우가 대부분이었기 때문이다.

일례로 플라자합의를 들 수 있다. 대중은 플라자합의를 1980년대 당시 미국의 경제가 악화일로를 겪으면서 세계경제가 위험해지자 각국 대표(재무장관)가 세계경제의 건전한 성장(?)을 위해 서로 조금씩 양보하거나 묵인하는 것으로 일본과 독일이 강제 통화가치 절상을 해준 것으로 알고 있다. 사실 이 모든 것은 거짓이다. 플라자합의는 결코 합의가 아니다. 여러 이유를 들어 미국이 양보하라며 강요했고 일본과 독일은 정치적, 경제적 이유로 어쩔 수 없이 고개를 끄덕일 수밖에 없던 굴욕적인 사건이었

다. 그렇다면 어떤 방식으로 진행이 되었던 걸까?

플라자호텔 공식 공개 협상 테이블에서는 미국이 일본과 독일에게 통화가치 절상을 무리한 수준으로 요구하자(특히 일본에게) 모두 고개를 저으며 그 정도 수준으로는 못하겠다고 버텼다. 나라의 미래를 생각하면 당연한 행동이었다. 한 나라의 대표로 나온 이상 국익을 위해서는 물러설 수 없는 자리였으니 말이다. 그러자 미국 대표(재무장관)는 비공개 석상에서 테이블에 있던 냅킨에 숫자를 휘갈겨 쓰고 그것을 일본 대표에게 던져주고는 회담장을 나가 일방적인 인터뷰를 했다. 만족할만한(?) 합의를 했다고 발표해버린 것이다. 그 발표가 그대로 대중이 알고 있는 '플라자합의'가 되었다.

그 냅킨에 미국 대표가 휘갈겨 쓴 숫자는 일본 엔화 가치절상 목표 수준이었다. 당시 엔화는 1달러당 250엔 정도였는데 냅킨에는 125엔이 적혀 있었다. 지극히 황당한 요구였고 당연히 일본이 반발할만한 이야기지만, 안타깝게도 일본은 미국의 요구에 순식간에 깔리고 말았다. 미국은 수출 문제 그리고 정치적, 군사적으로 지원을 끊어버릴 수 있는 등 여러 방면에서 파워를 가지고 있기 때문이다. 미국 재무장관이 직접 나서는 비공개 회동이라는 것은 대체로 이런 식이다. 이주열 총재와 美재무장관의 비밀회동도 화기애애한 분위기는 아니었을 것이다. 그렇다면 도대체 어떤 내용이 그들 사이에서 오고 갔을까?

첫 번째로 거론되었을 문제는 환율이었을 것이다. 장난치지 말라는 투가 아니었을까 한다. 국내 언론에서는 우리나라의 수출이 좋지 않다는 안 좋은 쪽으로 보도하고 있지만 사실 2008년 이후 세계 주요 무역국가들 중 대한민국만큼 건전하게 버티고 있는 나라도 드물다. 미국이 우리나라를 관찰 대상국으로 지정할 정도였으니 말 다했다. 앞으로 원화는 계속 강세로 갈 수 밖에 없으며 몇 년 뒤 최종적으로 달러당 700~800원대 바라볼 것으로 예상한다.

두 번째는 내수경기 부양 문제다. 미국과 IMF는 최근 들어 세계 각국에 재정지출 확대와 통화완화 정책을 주문하고 있다. 너무 자주 말해서 귀에 딱지가 앉을 지경으로 말이다. 미국이 강제로 대상국의 환율을 강세로 만들면서 국내적으로 돈을 풀라는 소리는 결국 버블을 만들라는 말 밖에 되지 않는다. 이는 플라자합의 때와 다를 바가 없다.

세 번째는 우리나라 화폐개혁을 미국이 허락했다고 본다. 이것은 우리나라가 미국에게 요구하지 않았을까 생각한다. 일본의 아베노믹스가 과연 미국의 허락 없이 가능했을까? 아베노믹스는 엔화 가치절하이다. 아마 처음 아베노믹스를 천명할 때는 분명히 미국의 허락이 있었기에 잘 되었으나 그 후 계속적인 통화완화책은 미국의 심기를 건드렸을 것이다. 최근 미국의 반대 목소리를 보면 미국이 허락한 것은 처음 한 두 번의 아베노믹스 뿐이었다는 말이 된다.

이런 관점에서 보면 우리나라 화폐개혁도 미국의 허락이 없다면 불가능 할 수도 있다. 혹자들은 내정간섭 아니냐고 따질지 모르겠으나 세상만사가 순진하게 돌아가지는 않는다. 책대로 돌아가는 세상일은 거의 없다. 만일 미국의 말을 듣지 않고 우리나라 마음대로 한다면 미국의 보복제재는 무한정이 될 것이다. 정치군사적 문제는 제쳐두더라도 경제 관련 무역 보복조치를 당한다면 우리나라는 쓰러질지도 모른다. 필자는 미국이 우리나라 화폐개혁(리디노미네이션)을 허락했을 것이라 본다. 환율의 급격한 움직임을 초래하지 않을 완만하고 단계적인 화폐개혁(이중 화폐단위 도입, 터키식 화폐개혁)을 주문하면서 말이다.

화폐개혁과
가계부채의 관계

. . .

이주열 한국은행 총재는 2016년 중반부터 가계부채 심각성에 대해 상당히 날을 세워 말했다. 여러분은 가계부채 관련하여 필자가 말한 경제 진실을 알 것이다. 가계부채는 결코 외환위기로 연결되지 않는다. 중앙은 행이 존재하는 국가에서는 국가 내 모든 부채의 최종적인 책임이 중앙은 행에게 있다. 화폐 발행권이 있는 중앙은행의 힘이라면 가계부채를 얼마든지 만들 수도, 없앨 수도 있다. 그 속에서 개인은 고통 받을지라도 국가는 아무런 문제가 없다. 숫자와 종이의 마술이다. 하지만 국가경제를 살펴야 하는 중앙은행 총재는 가계부채 문제를 심각하게 볼 필요가 있다. 그런데, 과연 우리나라 가계부채가 심각한 것이 이토록 문제가 될까? 생각을 살짝 비틀어보자.

비관론에 치우친 생각을 하는 자들은 이주열 총재의 가계부채 경고음을 주로 경제 파국 쪽으로 본다. 즉, 한국은행과 정부가 더 이상 주체할 수 없는 가계 빚 때문에 어쩔 수 없이 돈줄을 죄거나 아니면 끝까지 가다가 나라 망한다는 결론을 내버린다. 하지만 필자는 달리 본다. 물론 이 모든 것은 필자의 상상력의 산물일 뿐이니 일개 투자자로서 판타지 소설을 쓴다 생각하고 봐주길 바란다.

이주열 총재의 가계부채 경고음은 밑밥 깔기가 될 것이다. 짧으면 1년 반에서 2년, 길면 3년 이내 실행될 리디노미네이션을 위한 밑밥 깔기이다. 정부의 가계부채 대책이 계속 먹혀들지 않고, 한국은행은 경제회복을 위해 통화완화책을 계속 가져갈 수밖에 없는 이런 모순된 상황 속에서 궁극의 해답은 '화폐개혁' 뿐이다. '필요시 대책 강구'라는 말은 많은 것을 내포하고 있다. 그 대책이 꼭 대출 제한을 의미하는 것은 아니다. 통상의 정부 가계대출 제한 정책이 먹혀들지 않는 지금 상황에서 더 이상 돈줄을 죄면 안 되는 경제회복기에 선택할 수 있는 대책은 돈을 바꾸는 길(리디노미네이션) 이외에는 없다. 이주열 총재의 몇 번에 걸친 금융통화위원회 인터뷰만 보더라도 가계부채의 위험성을 강조하면서도 금리 인하 여력이 아직 있다니 통화완화책은 계속 밀고 나갈 것이라니 하면서 '양쪽 신호등'을 모두 켰다.

좌회전이나 우회전이 아닌 양쪽 신호등을 모두 켰다는 것은, 비상 신호등이다. 차량은 계속 달릴 수밖에 없는 상황인데(경제회복을 위해 계속 돈 풀어야 한다.) 연료 게이지가 떨어져 가고 있다면 답은 뻔하다. 통상적인 정책으로 안 된다면 긴급 비상 주유인 긴급 비상 대책을 시행할 수밖에 없다. 이는 명분 쌓기다. 지하경제, 가계부채 모두가 명분용이다.

한국은행이 할 수 있는 비상대책은 한국은행법에 명시되어있다. 한은법 제47조의2(화폐단위) 항목에는 '1) 한국은행의 화폐단위는 원으로 한다. 2) 원은 계산의 단위가 되고 100전으로 분할된다.'라고 적혀있고, 이는 2012년 3월 21일 신설된 항목이다.《시사경제잡설》에서 말했듯이 리디노미네이션을 할 때 이중 화폐단위(달러/센트처럼) 도입 근거가 한은법에 마련이 되어있다는 것이다. 고로, 이주열 총재의 가계부채 경고음은 가계부채로 인한 위험성만을 이야기 한다기 보다는, 화폐개혁을 위한 명분 쌓기로 해석할 수도 있지 않을까?

그런데, 이해가 안가는 부분이 있을 것이다. 대부분은 화폐개혁을 한다고 가계부채가 없어지는 것은 아니지 않느냐며 왜 화폐개혁하면 가계부채 문제가 해결되는 것인지 이해가 안 간다고 한다. 화폐개혁을 해도 개인 등 경제주체가 갖고 있는 부채가 사라지거나 가벼워지는 것은 아니라는 입장이다.

화폐개혁은 우수리 절상 등의 현상으로 분명히 물가를 오르게 한다. 물가가 오른다는 말은 돈의 가치가 떨어진다는 소리다. 당연히 액면금액으로 표시되는 가계부채는 가벼워질 수밖에 없다. 지금 한국은행과 언론이 강조하고 걱정하는 가계부채의 종류는 주택담보대출이 주종을 이루고 있다. 그렇다면 화폐개혁이 시행되었다고 가장해 주택담보대출(가계부채)이 어떻게 되는지를 살펴보자.

화폐개혁이 시행되면 주택담보대출 대상인 주택가격은 크든 작든 오르게 된다. 앞서 말했듯 물가는 오르고 돈 가치는 떨어지기 때문이다. 특히 화폐개혁 초기, 즉《시사경제잡설》에서 말한 '단기효과'로 인하여 갑작스레 주택가격이 큰 폭으로 오를 수 있다. 이때 알아두어야 할 개념이 하나 있는데. 바로 '자산 = 부채+자본' 이다. 지금 가계부채 증가를 우려하는 측이 문제 삼고 있는 것은, 가계의 부채가 증가하면 수입은 일정한데 이자도 내야하니 가계의 자산 중 자본 항목이 줄어들어 쓸 돈이 적어지니 점점 경기침체가 악화된다는 논리다. 그런데 화폐개혁이 실시되어 주택가격이 오르면 자본 항목이 늘어난다. 그러면 가계 총 자산에서 부채 항목이 차지하는 비중이 적어지므로 화폐개혁이 실시되면 부채가 가벼워진다. 더 쉽게 이야기하자면, 4억 정도의 집을 3억 정도 대출을 받아 구입한 가계가 있는데 이때 다른 신용대출이 없다는 가정하에 가계 총 자산 4억 + 기타소득 = 부채 3억 + 자본 1억 + 기타소득이 된다. 가계는 부채 3억에 대한 이자를 내면서 생활비도 써야 하니 빠듯하다. 자본이 1억 + 기타소득이라고 해도 그 중 1억은 그림의 떡일 뿐이다. 그것을 활용하여 추가 대출 받기도 어려운 상황이다.

그런데, 화폐개혁이 되어 (계산 편의를 위해 화폐단위는 무시) 주택가격이 6억이 되었다면 어떻게 될까? 그럼 자본이 3억 + 기타소득이 된다. 가계의 순자산(자본 - 부채)이 껑충 오른다. 부채는 그대로이지만 총 자산에서 부채가 자치하는 비중이 작아지면서 가벼워지는 효과를 발휘한다. 더구나 늘어난 주택가격으로 인한 자본증가액 3억은 추가 대출의 담보가 될 수도 있어 쓸 수 있는 돈이 많아진다. 은행 입장에서도 가계의 부채비율이 70%에서 50%가 되어 아주 건실한 대출구조가 되니 그야말로 일거양득이다. 또한, 가계의 기타소득에도 큰 영향을 미친다. 앞서 화폐개혁은 물가를 올린다고 했는데, 그럼 월급은 그대로일까? 여러분의 매년 월급 인상분은 어떤 원리로 결정될까? 바로 물가 상승률이 어느 정도 반영되고 있다. 그럼 최저임금액도 가만히 있을까? 경기침체나 디플레이션이 무서운 이유는 바로 물가가 오르지 않아 월급을 올려줄 명분이 없다는 점이다. 그런데 화폐개혁은 이를 말끔히 해소시켜 준다. 즉, 가계의 여유가 많아진다.

이제 화폐개혁이 되면 왜 가계부채가 가벼워지는지, 한국은행이 왜 가계부채(특히 주택담보대출)를 강조하는지, 왜 언론들이 지금 가계부채 기사를 쏟아내는지를 이해할 것이다. 화폐개혁 또는 리디노미네이션은 그 개념을 이해하고 잘 대처하는 이들에게는 축복이자 만능에 가까운 해답이다. 물론 그 개념을 잘 모르는 이들에게는 지옥의 형벌일 것이다.

의외로 빨리 다가올
마이너스 금리시대

. . .

《시사경제잡설》을 보면 필자의 마이너스 금리 부분의 정의와 예상에 대한 글이 있다. 아직까지는 중앙은행과 시중은행 간의 마이너스 금리 적용(유럽, 일본)에 머물고 있는 형편이지만 이번 대세 상승장 사이클이 끝난 후 시중은행과 개인 간의 마이너스 금리 적용 시대가 펼쳐지리라고 예상했다.

시중은행과 개인 간의 마이너스 금리 적용은 경제 환경에 혁신적인 변화를 초래한다. 저축의 무의미, 투자의 필수불가결, 단 1원도 정부와 중앙은행의 감시를 피할 수 없는 상황, 자산 시장의 사이클 변환 속도의 스피드-업 등이 나올 수 있다. 낡은 경제지식으로는 눈뜨고 코 베이는 세상이 될 것이다. 미국을 포함한 선진국은 길어봤자 10~15년 후에, 한국을 포함한 중진국은 15~20년 후에 오지 않을까?(우리나라는 2018년까지 동전을 없애고 이후 순차적으로 현금 없는 사회를 구현할 계획이라고 한국은행이 밝혔다.)

　원래는 30년 정도 지나서야 오지 않을까 생각했지만 요즘 들려오는 소식을 보면 본격적인 마이너스 금리시대가 아주 빠르게 다가올 것 같다. 일반 사람들은 마이너스 금리시대가 다가온다고 말해도 피부로 체감하지 못해 '마이너스 금리? 웃긴 소리 하네. 정말 그런 시대가 온다면 난 은행에서 돈 다 빼서 개인금고에 전부 넣어놓거나 금으로 바꾸어 방구석에 모셔둘 거야. 은행만 망하는 거지.'라는 일차원적인 답변을 할지 모른다. 참으로 답답한 소리다.

　시중은행과 개인 간의 마이너스 금리 적용의 선결 조건은 '현금 없는 사회, 전자화폐의 정착'이다. 쉽게 말해 사람들이 은행에서 현금으로 돈을 빼지 못하게 만들어 놓는다. 뉴스기사 하나를 보자.

세계 중앙은행들이 비트코인과 비슷한 전자화폐 기술을 도입하려 한다고 뉴욕타임스(NYT)가 11일(현지시간) 보도했다.

중앙은행은 비트코인 자체보다 그 뒤에 있는 블록체인 기술을 원하고 있다. 현대 화폐거래 시스템은 A가 B에게 돈을 보낼 때 은행을 경유한다. 은행이 중간에서 모든 거래를 통제한다. 이에 비해 블록체인은 은행을 거치지 않고도 돈을 보낼 수 있다. A가 B에게 송금한다는 정보(블록)가 네트워크상 모든 참여자에게 발송됨으로써 블록이 끊임없이 결합(체인 형성)한 '분산원장(분산화된 거래장부 · distributed ledger)'이 만들어진다. 이 장부가 거래를 보증한다. 영국 중앙은행과 중국 인민은행 등

이 가장 적극적이다. (중략)

애초 비트코인은 중앙은행과 화폐 시스템을 불신하는 자유주의적 프로그래머들이 개발했다. 만약 중앙은행들이 성공한다면, 중앙은행의 힘을 약화시키려 도입된 비트코인과 블록체인 기술이 거꾸로 중앙은행의 힘을 극대화하는 데 쓰이는 역설이 벌어지게 된다고 NYT는 전했다.

— 중앙은행들, 1원까지 추적 가능한 전자화폐 도입 검토,
〈한국경제〉, 2016.10.12.

세계 중앙은행들이 너 나 할 것 없이 전자화폐 도입을 적극 추진하고 있다. 현금 없는 사회 만들기에 앞장서고 있는 것이다. 왜 이렇게 서두를까? 권력자의 입장에서 전자화폐는 경국지색의 미녀와도 같다. 권력자가 사람들의 경제활동을 손안에 두고 훤히 볼 수 있다는 것은 사회 통제력이 엄청나게 올라간다는 의미이다. 도저히 뿌리칠 수 없는 유혹이다. 또한 현재 유럽과 일본은 마이너스 금리, 미국은 거의 제로금리에 가까운 밑바닥 기준금리, 우리나라는 1%대 기준금리 시대이다. 이번 대세 상승장 사이클이 진행되는 동안 기준금리가 올라봤자 우리나라는 3%대, 미국은 2%대를 넘지 못할 것으로 판단된다. 비관론자들은 말도 안 된다고 하겠지만 저금리 기조는 아주 길게 갈 것 같다. 본격적인 마이너스 금리시대를 볼 때까지.

이런 상황에서 몇 년 뒤 경제위기가 도래하여 세계 각국 중앙은행이 금리 인하를 시행한다 해도 그 운용 폭이 좁아지고 효과도 미미해질 것이다. 이때 마이너스 금리라는 도깨비 방망이를 사용할 수 있는 환경을 만들어 두지 않고서는 답이 나오지 않는다. 자본주의 사회의 경기 사이클은 변함없이 돌고 돌기 때문에 중앙은행장들은 이미 그 예상을 하고 있다.

재미있는 사실은 전자화폐의 핵심기술인 블록체인 기술은 시중은행을 거치지 않고 중앙은행과 개인을 직접 연결하는 거래 환경을 만들 수 있으므로 지금까지의 일반적인 시중은행은 미래에 살아남지 못할 가능성이 있다. 은행원이라는 직업 자체가 몇 십 년 뒤에 대폭 없어질 공산도 크다. 다시 말해 시중은행이 살아남으려면 이제까지 편하게 장사하던 관행(수신업무나 대출업무)을 벗어나야 한다. 투자를 위주로 한 상태에서 P2P대출 등을 병행하는 영업방식으로 체질을 바꾸어야만 할 것이다.

또 일반 시중은행의 또 다른 먹거리도 있기는 하다. 대중은 마이너스 금리시대가 되면 '도대체 은행은 뭘 먹고 살까? 마이너스 금리인데 대출로 밥 먹고 살 수 있을까?'라는 생각을 하며 전자화폐 전면 도입 및 본격적인 마이너스 금리시대는 불가능하다고 말한다. 그런 현상 자체가 대공황, 파국으로 가는 길이라는 설명을 곁들인 비관론자 또는 잘 알지 못하는 자의 말에 고개를 끄덕인다. 하지만 그것은 착각이다. 또 다른 먹거리인 은행 수수료가 있다. 관련 기사를 보자.

일본 최대 은행인 미쓰비시도쿄UFJ은행이 독자 개발 중인 가상통화
'MUFG코인'을 내년 가을 일반인을 대상으로 발행한다. 정보기술(IT)을
활용한 금융서비스인 핀테크의 하나로 세계 최초의 은행판 비트코인
이다.

10일 아사히신문에 따르면 MUFG코인은 이용자가 은행 예금을 코인
당 1엔의 비율로 교환해 스마트폰 앱(응용프로그램) 등에서 사용할 수 있
다. 가상통화를 대표하는 비트코인과의 차이점은 은행이 MUFG코인
을 통합적으로 발행·운용하고 투기적 거래가 없다는 점이다. 비트코
인은 세계 1200만명이 이용하고 있다.

MUFG코인은 이용자끼리 약간의 수수료만 내면 손쉽게 거래할 수 있
어 회식 후 식대를 나눠서 낼 경우 등에 사용할 수 있다. 공항에서는
외화로 바꿔 인출할 수 있으며 환전 수수료도 일반 통화의 환전보다
쌀 것으로 예상되고 있다.

— **일본 최대은행, 내년 가상통화 발행**, 〈한국경제〉, 2016.06.10.

2016년 초에 은행을 통한 정식 가상통화, 즉 전자화폐 도입이 일본
에서 거론되었다. 그런데, 벌써 내년부터 장난감처럼 여겨지던 비트코
인 같은 가상통화가 일본 최대 은행을 통해 서비스 된다는 소식이다. 전
체 맥락이야 수차례 말해왔던 모습이므로 특별히 신기한 것은 없다. 여기
서 유심히 보아야 할 부분은 가상통화를 통해 은행이 어떤 수익을 올리느
냐이다. 위 기사의 밑줄 친 대목이 간접적으로나마 말해주고 있다. 가상

통화 사용에는 수수료가 따른다. 이게 미래 은행의 안정적인 주 수입원이
될 것이다.

세계 주요 국가 중앙은행들이 '현금 없는 사회'를 거론하면서 현금을
없애려 한다. 진행 속도가 빠른 유럽의 몇몇 국가는 이미 구멍가게에서조
차 현금 쓰기가 불편하거나 아예 사용이 불가하다. 우리나라는 진행 속도
가 늦어 2018년쯤 동전을 없애고, 그 뒤에 단계적으로 지폐도 없앨 계획
이라고 한국은행이 밝혔다. 현금이 없어지면 가상계좌를 통해 가상통화
인 포인트로 월급이나 장사 대금 등을 받는다. 개인 간의 거래도 계좌 간
거래나 포인트 거래를 통해서만 이루어진다. 손으로 현금을 만질 수는 없
다. 또한 가상통화나 전자화폐 거래는 기술 사용료라는 명목으로 모든 거
래에 수수료가 붙을 가능성이 크다.

수수료는 아주 작은 거래조차 적용될 것이다. 심하게 말하면(현실이 될
가능성이 다분), 부모가 자녀에게 용돈으로 만원을 주더라도 수수료를 내야
해서 정작 자녀는 구천 몇 백 원밖에 받을 수 없다. 마이너스 금리시대가
본격적으로 열리면 은행은 지금보다 더 부자가 된다는 말이다. 티끌모아
태산이다.

기술과 결합한 자본주의는 일반 사람들이나 비관론자가 걱정하는 모
든 문제를 무섭도록 기발한 방법으로 해결하고 있고 앞으로도 그럴 것이
다. 흔히 연예인 걱정이 가장 쓸데없는 걱정이라 말하는데, 강대국, 세계
대공황, 자본주의의 붕괴를 걱정하는 것도 정말 쓸데없는 걱정이다. 돈이
나 빨리 많이 벌 궁리를 하는 것이 정답이다.

현금이 사라지고 전자화폐로 모든 거래가 되는 시대에 마이너스 금리

가 적용된다면 개인은 '티끌모아 태산'이라는 전통적인 저축 개념을 버리고 무조건 투자에 나서야 한다. 투자하지 않으면 원금 보전도 힘들기 때문이다. 마이너스 금리 적용 자체가 소비와 투자를 촉진하기 위해 실시하는 정책이다. 멀지 않은 미래에 '투자'라는 개념은 개인에게나 은행에게나 필수불가결한 요소이자 목숨줄이 달린 상식이 될 것이다.

돈 풀기 유행의 끝자락에
국가나 개인의 부채는
어떻게 될까

. . .

2008년 금융위기 이후 시간이 지나면서 유행병처럼 번지고 있는 돈 풀기의 돈 풀기는 그 끝을 모를 정도로 치닫고 있다. 과연 이 돈 풀기가 언제 끝날까? 섣불리 예상하지 못할 지경이다. 돈 풀기가 너무 심해지면 결국 하이퍼 인플레이션으로 지구촌이 공멸한다고 보는 이들도 있다. 물론 필자는 그렇게 보지 않는다. 돈 풀기 유행의 끝은 전자화폐로 구현되는 세계 단일통화체제가 될 것이다.

그런데, 그런 미래에 과연 각국이 가지게 될 부채나 개인 부채(요즘 강조되는 가계부채 등)는 어떻게 될까? 각국의 부채 문제 그리고 개인 부채 문제 제기는 달러 붕괴나 디플레이션 공포, 하이퍼 인플레이션 우려, 비관론 등 이론에서 항상 등장한다. 어떤 식으로 하든 부채 처리가 되지 않는 경우에 모두가 공멸할 수 있다. 하지만 경제학을 책으로만 배워 논하지 말고 현실경제에 입각한 투자경험과 논리로 생각해보면 전혀 다른 결론이 나온다. 앙드레 코스톨라니라는 유럽의 전설적인 투자자가 생전에 그렇게 경제학자를 싫어하고 비판하며 우습게 본 이유가 있다.

앙드레 코스톨라니는 자신의 저서 3부작 중《실전 투자강의》에 나오는 '5천억 달러를 빌려 간 채무국이 갑자기 지불능력이 없어지면 어떻게 되는가?' 편에서는 사례를 들어 친절히 답을 써놓았다. 약간의 해설을 첨가해서 설명해 보도록 하겠다.

부채 문제를 논하려면 최종 채무를 걸머지는 자가 누구인가를 생각해 보아야 한다. 개인이나 기업이 돈을 빌린 채무는 은행의 자산이 된다. 그런데, 개인이나 기업이 파산해버리면 은행은 부실채권을 떠안게 된다. 은행은 지급준비율에 근거하여 원금(은행 자기자본) 대비 10배 이상의 대출을 한다. 즉, 시중은행은 중앙은행(한국은행)이 정한 지급준비율이나 콜금리로 빌린 돈을 가지고 대출 장사를 한다. 개인이나 기업이 파산하여 생긴 은행의 부실채권은 은행과 중앙은행의 관계에서 시중은행으로 인한 부채다. 이런 시중은행 부채는 중앙은행의 자산이 된다. 물고 물리는 관계다. 우리나라를 예로 본다면 한국은행(중앙은행)이 우리나라 모든 채무를 최종적으로 걸머지는 곳이 되는 것이다.

만일 한 국가가 자급자족 경제를 한다면 그 나라 중앙은행이 최종 채무를 걸머지는 곳이므로 채무로 인한 경제 붕괴는 절대 일어나지 않는다. 부채가 얼마가 늘어나든 간에 중앙은행이 발권력을 동원하여 돈을 뿌리면 그만이기 때문이다. 대차대조표상에서 자본항목을 늘려버리면(돈 찍어내기) 그만이라는 말이다. 고대, 중세, 근대시대에는 중앙은행이라는 제도가 없어 발행량이 제한된 실질가치를 지닌 화폐(금화, 은화)때문에 국가라도 무너질 수 있었다. 하지만 실질가치 화폐가 아닌 법화가 통용되는 현대에는 중앙은행의 발행량이 제한될 필요가 없기 때문에 절대 부도가 날수 없다.

그런데 현대에 자급자족하는 국가는 없다. 모든 나라가 무역이나 차관 등 여러 형태로 돈거래를 하고 있다. 어떻게 보면 각국 중앙은행이 앞서 말한 시중은행과 비슷한 입장이 되는 것이다. 다른 점은 돈 풀기를 아우르는 단독 중앙은행 제도가 없는 것이다. 그래서 그리스 파산이니 옛날 아르헨티나 멕시코 국가부도니, 우리나라 IMF 위기 같은 것이 나오게 되었다. 그런데 이야기 듣다 보니 뭔가 이상한 점이 느껴진다.

부도난 나라와 돈을 빌려준 나라는 어떻게 그 부채를 탕감했던 것일까? 우리나라가 IMF 위기를 벗어났다고 하며 돈을 다 갚았다고 하는데 국가부채를 갚았다는 소리일까? 읽다 보니 필자가 이상한 말을 하는 것처럼 느낄 것이라고 예상한다.

각국 중앙은행은 돈 풀기적인 차원에서는 앞서의 시중은행과 비슷한 처지 같으면서도 결코 그렇지 않다는데 함정이 있다. 여러분은 우리나라가 IMF 차관을 모두 갚았으니 나랏빚을 모두 갚았다고 알고 있을 것이다. 그 말은 맞기도하고 틀리기도 한다. 왜냐하면 우리가 갚은 것은 IMF로부터 급하게 빌려 썼던 돈(긴급 차관)이지 그전에 미국이나 일본 등 여러 나라와 돈거래에서 생긴 나랏빚을 갚은 것은 아니기 때문이다. 진짜 나랏빚은 바로 차관 계약이나 국채의 형태로 아직까지도 존재하고 있다. IMF 위기를 맞은 근본 이유는 그 차관 국채이자를 리볼빙 카드빚 갚는 것처럼 이자 돌려막기를 하는 과정에서 수중에 돈이(외화보유액) 순간적으로 모자라서 돌려막기가 막혔기 때문이다.

각 나라들 간의 차관으로 인한 국채는 굉장히 복잡하게 엮어져 있으면서 세계적으로 돌려막기 하고 있다. 여러분이 잘 알고 있는 미 국채가 바로 나라 '미국' 부채의 일종이다. 하지만 미국이 경제력과 국방력으로 G2로 군림하는 한 결코 미 국채는 갚을 필요도 없고(채권 발행 등을 통한 만기연장), 그 누구도 갚으라고 하지 않는다. 모든 나라가 마찬가지다. 채권이라는 형태로 존재하는 각 나라의 부채는 자기네 국가 내의 모든 채무를 포함하는 성격이 있다. 그 채권은 모든 나라가 서로 연결되어 짊어지면서 하나의 커다란 환상처럼 존재하지만 존재하지 않는 빚이 된다. 책으로만 경제를 배워 생각한다면 빚이 생기면 꼭 갚아야 한다고 말하지만, 결코 현실 경제는 그렇지 않다.

어떤 나라가 다른 나라나 금융기관, 개인으로부터 돈을 빌려 재정을 꾸리면서 발행해주는 것이 바로 '채권 = 국채'인데, 이것은 묘하게도 투자 상품이자 자산의 형태가 된다. 더 쉽게 이야기하자면 주식 시장이라고 생각하라. (엄밀히 말하면 주식과 채권은 다르다.) 기업(나라)이 주식(채권)을 발행해서 주식 시장(채권환시장)에 상장하면 사람들이 그 주식(채권)을 자기 돈을 주고 사는데, 그 돈은 기업(나라)의 자본금이 된다. 이때 기업이 주식(채권)을 발행해서 끌어모은 자금은 엄밀히 말하면 투자자의 돈이므로 기업(나라) 입장에서 빚, 채무이지만 현실에서는 빚으로 보지는 않는다. 주식(채권)은 시장에서 계속 거래되면서 여러 사람의 손을 끝없이 거친다. 그렇게 돌고 돌아 유가증권이라는 이름으로 자산이 되어버리니 얼마나 재미있는 자본주의 경제의 진실일까? 상식을 깨버린다.

지금 미국이 양적 완화하고 국채를 남발하는 것은 어떻게 보면 주식 시장에서 기업이 돈이 없을 때 유상증자를 하는 것과 같은 이치다. 기업이 유상증자에 성공하면 그 돈은 기업에 들어가서 자본금이 되지만 그것을 아무도 빚이라고 부르지 않는다. 알고 보면 투자자들의 피 같은 돈인데 말이다. 물론, 이때 간과하면 안 되는 것이 있다. 돈 풀기 유행 끝에 하이퍼 인플레이션이 닥친다면 가상숫자화폐 또는 새로운 기축통화 같은 방식이 쓰일 것이다. 그렇게 되면 각국의 중앙은행에 공급되면서 채권 차관계약 형식으로 묘하게 자산으로 탈바꿈하여 공중에 떠버린다(부채가 있는 나라가 나라로 존재하는 한 모라토리엄이든 뭐든 계속 살려준다). 최종 채무에 이르기 전에 개인이나 기업, 시중은행은 냉정한 칼날(파산, 부채압박)에 희생될 수밖에 없다. (이때 쓰러지는 개인이나 기업이 있는 반면 그 기회를 틈타 성공하는 개인이나 기업도 있다.)

그런데 희한하게도 나라의 부채라는 입장에서 보면 각 개인, 기업, 시중은행의 채무는 분명히 장부의 숫자상으로 존재하는 것임에도 불구하고 그 채무는 중앙은행을 거치고 국채라는 형태로 탈바꿈되면서 자산화되어버린다. 영원히 돌고 도는 차관 국채로 말이다. 그래서 개인은 거대한 경제시스템을 걱정할 것이 아니라 자기 자신이 살아남는 방법을 걱정하고 강구해야한다.

'뉴스테이' 등
민간임대와 장기렌터카

. . .

민간임대주택 시장이 눈앞의 현실로 다가오고 있다는 것을 이제는 모두가 느끼고 있을 것이다. 그런데, 뉴스테이(기업형 민간 임대주택)가 활성화되려 하자 사람들 사이에 희한한 논리가 생겨나 퍼지고 있다. 이제는 주거소유가 아닌 거주의 시대이며 집에 돈을 깔고 있을 필요가 없단다. 적어도 몇 년간은 월세 올려줄 걱정도 없으니 얼마나 좋겠냐며 홍보한다. 시세보다 싸게 살다 몇 년 뒤 분양전환 노리는 이점도 있단다. 민간 임대주택 시대가 마냥 좋아 보이는 사람이 생기고 있다. 더불어 '뉴스테이 같은 질 좋은 임대주택이 많이 생겨 주택 수요를 잡아먹으면 기존 집값은 내려갈 수밖에 없다.', '사람들이 집을 안 사기 때문에 당연한 거 아닌가.' 라는 괴상한 논리도 생겨났다.

필자는 그런 식의 논리를 믿거나 그럴 수도 있다며 이제 집값은 오르지 않을 것이라고 보는 사람들을 도저히 이해할 수 없다. 아니 어리석다고 표현하고 싶다. 이 글 제목처럼 뉴스테이 등 민간임대와 장기렌터카를 비교하며 생각해보라. 단번에 그런 생각들이 무엇이 잘못되었는지 알 수 있다. 뉴스테이 등 민간임대와 장기렌터카는 결정적인 차이점 하나(?)를 제외하고는 유사한 점이 많다.

신차(신규주택)든 중고차(구축)든 간에 개인이 소유하려면 목돈이 든다. 차량 할부(주택담보대출)로 산다 해도 그 월 불입금이 만만치 않다. 게다가 차량(집)은 사람의 신분을 나타낸다는 인식이 있어 렌트(교육·문화 환경이 좋은 중고급 임대)라도 좋은 것으로 타고 싶어 한다. 과거에는 기업에서 영업용으로 사용하는 렌터가(기숙사나 저소득층 용 임대)가 주를 이루었지만 요즘은 개인 장기렌터카(중고급 임대주택)도 활성화되고 있다. 장기렌터카는 많은 장점을 내세운다. 초기 부담금이 적고, 등록비 등 각종 세금이나 기타 유지비가 절감되어 월 사용료를 합산한다 해도 차량을 직접 소유하는 것보다 감가상각을 고려할 때 이득이 될 수 있다는 것이다. 이제 차량을 소유하는 것은 돈 낭비이고 구시대적 발상이라는 말도 나온다. 뉴스테이 관련 괴상한 논리라 칭한 부분과 거의 동일하다.

요즘 거리의 차들을 보면 '허허하하호호'라는 웃음으로 표현되는 번호판이 예전과 비교하면 월등하게 많이 보인다. 어찌 보면 합리적 소비처럼 보인다. 큰돈을 차량에 들여 타고 다닐 필요가 있느냐는 것이다. 마치 집에 돈을 깔고 살 필요가 있느냐는 말처럼.

이쯤에서 여러분에게 두 개의 질문을 던진다.

1) 장기렌터카가 호황을 맞이하면 신차나 중고차를 사는 구매수요가

줄어든다고 바꿔 표현할 수도 있을 것이다. 장기렌터카 호황이 온 지 몇 년이 흘렀다. 그렇다면 현시점에서 과연 신차 값이 떨어졌을까? 아니면 중고차 값이라도 떨어졌나?

2) 렌터카 회사들은 차량을 빌려 타는 것이 합리적 소비이고 많은 이점이 있다고 선전한다. 그런데 그것은 고객 입장이고, 렌터카 회사는 어떻게 돈을 버는 것일까? 단순히 차량 렌트비로 돈 번다고 보기에는 계산상 맞지 않아 보이지 않나?

먼저, 너무 쉬운 두 번째 질문에 대해 말해본다면 단기 렌터카는 그 차량 렌트 횟수에 따라 차량구입대금을 회수할 수도 있지만, 장기렌터카는 그와 달리 단기 대비 렌트비가 싸고, 고객 한 명에게 몇 년간 묶이기 때문에 렌트 기간을 합산한 금액이 차량구매가격에 못 미쳐서 렌트 자체로는 렌터카 회사가 돈 번다는 것이 언뜻 이해되지 않는 사람들도 있을 것이다. 이 원리는 아주 쉽다. 렌터카 회사는 장기렌트가 끝난 차량을 중고로 팔거나 렌트 고객이 렌트 기간이 끝난 후 인수하면서 내는 대금으로 짭잘한 수익을 낸다. 가령 쏘나타 1대를 3~4년 장기렌트 장사를 하면 그 기간 동안 사용료로 차 값의 70% 가까이를 뽑아내고, 중고로 팔거나 고객이 인수대금을 내면 다시 차 값의 50% 가까이, 또는 그 이상을 받아내기 때문에(결국 원래 차값의 120% 이상을 건짐) 렌터카 회사가 돈을 버는 것이다.

이 부분은 뉴스테이에도 약간은 다른 방식이지만 그대로 적용된다. 집값은 차 값 대비하여 고액이므로 임대료로 집값의 50~70% 이상을 뽑아내지는 못한다. 하지만, 집은 자산으로 잡혀 임대업자에게 여러 금융 혜택을 제공해준다. 대출이나 기타 금융수익을 말한다. 그리고 (앞서 말한 뉴스테이와 장기렌터카의 결정적 차이점) 결정적으로 차량은 감가상각하지만, 집은 감가상각이 되기는커녕 물가, 인플레이션에 맞춰 그 가격이 결정되므로 분양전환이나 매도를 할 때 엄청난 수익을 임대업자에게 안겨줄 수 있다.

기업형 민간임대업자가 자기 돈으로만 아파트를 지어 임대하는 것은 아니다. 결국 은행대출을 끼고 사업을 하는 것이다. 개인 임대업처럼 월세만 받아먹으려고 하는 사업이 아니다. 알고 보면, 기업은 인플레이션(앞으로 집값이 오른다)에 베팅하여 임대하는 것이고, 세입자는 디플레이션(경기 불황으로 집값이 내리거나 최소한 오르지 않는다)에 베팅하여 임차하는 것이다. 자본주의 사회에서 집을 사거나 임대주택에 들어가는 것 자체가 무서운 선택이다. 몇 년을 두고 베팅하는 도박이다. 자본주의는 기본적으로 도박성을 내재하고 있다. 순간의 선택이 몇 년, 몇십 년의 인생을 좌우한다. 꼭 집을 살 때만 그런 것이 아니라 모든 경제행위가 그렇다.

그런데, 과연 이런 선택은 정부와 기업이 이길 도박일까, 임대주택에 들어갈 서민이 이길 도박일까? 이런 질문을 하는 자체가 난센스다. 유사有史이래 역사가 이를 증명해왔고, 앞으로도 증명될 서민들의 잘못된 선택이다. 하지만, 세상에는 대중을 현혹하는 말들이 넘쳐난다. 언뜻 생각하면 맞을 것 같은 광고성 언론 기사나 전문가들의 잘못된 논리, '합리적'이라는 용어로 포장한 엉뚱한 계산 논리가 사람들을 속이고 있다.

마지막으로, 앞서 첫 번째 질문으로, 장기렌터카가 호황을 누리면서 차량 구매 수요가 줄어들 것 같은데 왜 신차 값은 내려가지 않고 오히려 나날이 올라가는 것일까? 아니 중고차 시세라도 내려야 하는데 왜 그렇지 않을까? 바꿔 말하면, 뉴스테이 등 기업형 민간임대가 활성화되면 집 구매 수요가 줄어들어 집값이 내릴 거라고 보는 것이 과연 타당한 논리일까? 사람들은 자본주의 경제, 인플레이션의 힘을 너무 우습게 여기고 있다. 그리고 차량이든 집이든 렌트(임대) 업자가 사업을 하기 위해 구매하는 것 또한 하나의 수요가 된다는 점을 너무 쉽게 간과한다. 장기렌터카 차량이 늘어서 원래 차량 구매 수요를 잡아먹을 것처럼 보이지만 실제로는 가수요를 늘리는 효과를 발휘했음을 직시해야 한다. 다시 말해 장기렌터카 회사 차량구매 수요가 원래 차량구매 수요와 합쳐져 기존 차량구매 수요가 100이었다면 그 후 120~130으로 늘었다는 소리다.

브렉시트Brexit와
블랙 스완Black Swan

■ ■ ■

브렉시트Brexit.

쉽게 말해 영국이 국민투표를 통해 국민의 의사를 물어 EU(유럽연합)의 탈퇴 여부를 묻는 것이다. 그 국민투표를 앞두고 경제 측면에서 많은 전문가는 엄청난 위험을 예고했다. 수많은 언론 기사들은 그런 전문가들의 비관적인 전망을 다투어 드러냈다. 하지만 2016년이 다 가고 2017년이 도래하는 이 시점에도 별다른 경제위기는 오지 않고 있다. 아니, 도리어 과장된 브렉시트의 위험성 때문에 세계 각국이 돈 풀기에 더 박차를 가하는 바람에 경제위기는 고사하고 자산가격의 상승만 부채질하는 꼴이 되고 있다. 수많은 전문가가 브렉시트를 블랙 스완에 비유하여 설명하였음에도 불구하고 말이다.

블랙 스완Back Swan의 정의를 알아보자.

블랙 스완Black Swan

도저히 일어날 것 같지 않은 일이 일어나는 것을 얘기하는 것으로, 월가 투자 전문가인 나심 니콜라스 탈레브가 그의 저서 '검은 백조(The black swan)'를 통해 서브프라임 모기지 사태를 예언하면서 두루 쓰이게 됐다. 그는 저서에서 검은 백조의 속성을 ① 일반적 기대 영역 바깥에 존재하는 관측값(이는 검은 백조의 존재 가능성을 과거의 경험을 통해 알 수 없기 때문) ② 극심한 충격을 동반 ③ 존재가 사실로 드러나면 그에 대한 설명과 예견이 가능 등으로 기술하고 있다. 원래는 검은 색깔을 가진 흑조(黑鳥)를 떠올리기가 쉽지 않은 것처럼 '실제로는 존재하지 않는 어떤 것' 또는 '고정관념과는 전혀 다른 어떤 상상'이라는 은유적 표현으로 서양 고전에서 사용된 용어였으나, 17세기 한 생태학자가 실제로 호주에 살고 있는 흑조를 발견함으로써 '불가능하다고 인식된 상황이 실제 발생하는 것'이란 의미로 전이됐다.

– 네이버 지식백과

지금부터 블랙 스완 같은 함정을 간단히 구별하는 법을 말해보겠다. 브렉시트를 예로 들어보자. 이 글을 읽는 당신이 보기에 그리 재산도 많지 않고 성공적 투자를 해오지 않은 주변인(보통 우리 같은 서민) 중에서 브렉시트라는 말을 조금이라도 알고 있다고 생각하는 사람 10명을 골라서 물어보라. 브렉시트에 대해 어떻게 생각하냐고 물었을 때 대중 10명 중에

7~8명이 걱정스럽다는 표현을 한다면 '브렉시트'는 블랙 스완이 될 수 없다. 대중이 위기라고 생각하는 재료가 진짜 악재가 될 확률은, 당신이 예수님이나 부처님을 현실에서 만나 그 손에 입맞춤 할 확률보다 적다고 단언할 수 있다.

진짜 블랙 스완은 모두가 알고 있지만 크게 걱정하지 않는 재료(뉴스, 상황)다. 영화 〈빅쇼트〉를 예로 들면, 당시 미국에서 부동산이 계속 오르고 스트립걸 마저 부동산 투자를 할 정도의 상황이라는 것은 모두가 걱정할 재료였지만, 실제로 그것이 터진다고 걱정하는 사람은 별로 없었다. 영화 주인공들 같은 소수를 빼고 말이다.

지금 우리나라는 어떨까? 부동산은 이제 대세 하락기에 접어들었다거나 주식 시장도 대폭락한다고 말하며 경제위기를 걱정하는 이들이 소수인가, 아님 다수인가? 서민들이 경제 걱정을 하고 있는가, 하지 않고 있는가? 당신 자신은 어떤가? 바꿔 말하면, 영화 〈빅쇼트〉를 보고 난 느낌이 어떤가? 자신이 엄청나게 큰 비밀을 알게 된 것 같은 기분이 드는가? 인터넷에 〈빅쇼트〉 감상 후기를 찾아보면 온 천지에 세계경제를 걱정하는 논조의 글이 넘치고 있다. 그렇다면 지금은 블랙 스완이 올 시기가 아니다. 고작 영화 한 편에 감동받아 위기감을 느낄 정도라면 말이다. 투자가 그리 쉽다면 어느 누가 돈을 못 벌겠는가. 싸구려 감상에 좌지우지될 정도로 돈으로 이루어진 투자 시장이 갈팡질팡한다면 얼마나 투자가 쉬울까.

타인에게 그렇게 묻기 좀 그렇다면 더 쉬운 방법은 인터넷 검색을 이용하는 것이다. 이 역시 브렉시트를 예로 들어본다면, 지금 당장 검색창에 '브렉시트'라고 검색어를 쳐보아라. '최신순'보다는 '정확도'로 검색해보아라. 그리고 통합검색 결과를 살펴, 블로그 / 뉴스 / 게시판 / 웹문서 첫머리, 즉 가장 먼저 도출되는 검색결과에 주목해보라. 아마 대부분이 공포감 어린 뉴스기사나 블로그 글, 게시판 글이 뜰 것이다. 왜 그럴까? 이는 《시사경제잡설》에서도 설명했지만 요즘 검색 기능이(사람들이 많이 찾는 검색결과를 먼저 보여주기) 알고리즘을 채택하고 있기 때문이다. 또는 당신이 걱정되어 허구한 날 부정적이고 비관적인 글에 혹하여 그것을 클릭하는 순간 그 클릭 횟수가 쌓여서 당신이 즐겨 찾는 검색결과와 유사한 것들만 보여주기 때문이다.

더 쉽게 말하면 대중이 많이 보는 논지의 글이 가장 눈에 잘 띄게 검색결과로 도출된다는 말이다. 그러니 모두 엉터리다. 언론 기사에 속지 않으려면 검색을 할 때, 검색어를 여러 가지로 바꾸어 해보아야 한다. 예를 들어, 브렉시트를 검색한답시고 달랑 '브렉시트'만 검색어로 넣지 말아야 한다. 그런데, 이렇게 말한다고 '브렉시트 영향, 브렉시트 파장, 브렉시트 문제, 브렉시트 가능성' 등의 유사한 단어 조합으로 검색어를 넣어보라는 소리가 아니다. 비슷한 결과가 도출되도록 단어 조합을 하라는 것이 아니라 숨은 뜻이나 다른 속내 힌트가 될 만한 글이 검색결과로 나오도록 머리를 굴려 검색어를 쳐야 한다는 뜻이다. '브렉시트 과장' 같은 식으로 말이다. 요즘 인터넷 검색은 당신이 찾는 경향대로 결과물을 보여준다. 사용자의 노력이 필요하다.

참고로 필자도 꽤 고액의 정보지를 받아본 적 있지만, 가장 중요하게 생각하고 기준으로 삼는 정보는 일반 신문이다. 왜냐하면 고액의 정보는 확인 작업을 거치기 애매하지만, 일반 신문들의 기사 내용은 자기 스스로 머리만 잘 굴리면(행간 읽기) 확인 작업을 거치기 쉽기 때문이다. 다수에게 전달된 일반 신문 기사 정보는, 결국 알려질 대로 알려진 정보인 점을 전제를 깔고 있기 때문에 그것을 살짝 비틀어보면 숨은 의미가 고액의 정보지보다 더 잘 판독된다. 비밀정보는 진짜 사실(진실이라고 말하지는 않겠다)이라는 전제를 깔고 전달되는 것이어서 진위 판별이 더 어렵다는 모순이 있다. 비싸다고 다 좋고 진실이라는 보장은 없다.

사상 유래 없는
돈 풀기 시대에
알아두어야 할 상식

■ ■ ■

2008년 금융위기 이후 전통이론과 배치되는 현상이 자주 나타나고 있다. 대표적인 것이 채권과 주식의 동반 상승세다. 먼저 기사 하나를 보자.

글로벌 주식과 채권 시장 사이에 막대한 불일치가 일어나고 있다. 주가가 오르는 때에 채권값은 떨어진다는 상식이 이번에도 여지없이 무너졌다. 브렉시트(영국의 유럽연합 탈퇴)가 결정된 이후 급락했던 주가가 일주일만에 이전 수준을 회복한 가운데 국채가격도 계속해서 사상 최고치(수익률 사상 최저치)를 경신 중이다.

채권 시장은 금융 위기를 불러온 리먼 사태 당시의 오류를 범하지 않으려는 반면, 주식 시장은 여전히 위험 불감증을 즐기고 있다. 채권 시장 흐름을 근거로 일각에서는 미국이 1년 내에 침체에 빠질 가능성이 60%에 달한다고 전망한다.

■ **"귀막은 증시 랠리 건전하지 않다"**

브렉시트는 리먼사태와 다르다. 하지만, 주가는 비슷하게 움직였다. 지난 주 스탠다드앤푸어스(S&P) 500지수는 브렉시트 소식에 급락했다가 일주일만에 이전 수준으로 다시 회복했다.

지난 2008년 주식 시장은 리먼사태가 금방 끝날 것이라며 속단하는 역사적 오류를 범했다. 이번 브렉시트 사태에서도 비슷한 모습이다. 각국 중앙은행들이 구제에 나서 이지머니(easy money, 완화정책)가 시장에 쏟아져 나올 것으로 기대한다. 그 결과 채권 시장에서는 이례적이면서 동시에 우려스러운 움직임들이 나타나고 있다.

브렉시트 국민투표 이후 주가가 회복하는 동안에도 미국 국채금리는 계속 떨어졌다. 지난 1일 30년 만기 미 국채 금리는 새로운 최저점을 찍었고 영국과 일본 국채 역시 마찬가지였다. 채권 시장은 중앙은행들이 브렉시트로 인한 경제적 여파를 우려해 저금리정책을 장기화할 것으로 예상한다.

이는 리먼사태와는 사뭇 다르다. 리먼 파산 직후 국채 금리와 주가는 동시에 반등했다. 채권 투자자들도 주식 투자자들처럼 리먼문제의 여파가 장기화하지 않을 것이라고 오판했던 것이다. 하지만, 이제 채권 투자자들은 더 이상 오류를 범하지 않겠다는 모습이다. 미

국채의 10년물과 2년물 금리 격차는 브렉시트 직후 좁아졌다가 잠깐 다시 벌어진 후 이제는 다시 줄어 들며 평탄화하고 있다.

이러한 수익률곡선을 토대로 도이체방크가 고안한 모델에 따르면 앞으로 12개월 안에 미국에서 침체가 발생할 확률은 60%에 달했다. 6월 중순의 55%보다 높은 것으로 2008년 8월 이후 최고치다.

주식과 채권 시장의 막대한 간극에 대해 월스트리트저널(WSJ)은 '건전하지 않다'고 진단했다. 그러면서 WSJ는 채권 시장이 글로벌 경제가 둔화하고 있다는 경고음을 보내고 있지만, 주식 시장은 손가락으로 귀를 막은채 이러한 경고를 듣지 않고 있다고 비유했다.

■ '안전우선' 투자에도 잠재위험

WSJ는 유틸리티, 필수소비재, 헬스케어, 통신과 같은 이른바 경기방어주 우선의 주식 투자 역시 막대한 손실을 볼 수 있다고 경고했다. 더 큰 위기가 오면 국채 금리가 튀어 오르고 그러면 심지어 방어주를 포함한 주식 전반이 타격을 입을 수 있기 때문이다.

WSJ는 안전 우선의 보수적인 자세로 투자하고 있는 사람들이 잘못될 수 있는 근거로 3가지 큰 위험을 들었다.

먼저, 브렉시트가 유럽의 위기로 전염될 가능성이 크다는 것이다. 당장, 이탈리아 은행의 부실이 수면 위로 떠오르며 유럽연합(EU)과 정면으로 충돌했다. 유럽중앙은행(ECB)은 4일 이탈리아 3대은행에 대한 부실채권을 40% 줄이라고 명령했지만 정부는 예금자 피해는 불가하다고 맞서고 있다. 10월에는 상원의 특권 축소를 묻는 개헌

국민투표가 이탈리아에서 실시된다.

다음은 중앙은행의 실탄 소진에 대한 우려가 다시 부각될 수 있다는 점이다. 유럽과 일본의 마이너스 금리로 미국은 지난해 12월 이후 긴축을 단 한 번도 실시하지 못했다.

마지막으로 정부가 중앙은행의 조언을 받아 들여 마침내 재정부양을 시작할 수 있다. 지난주 영국은 2020년까지 예산균형을 이루겠다는 기존의 계획을 폐기했다. 일본은 지난 5월 소비세 인상을 재연기했고 유로존은 올해부터 긴축을 완화하기 시작했다.

– 주식과 채권 동반상승 '막대한 불일치' 승자는 누구?,

〈뉴스1〉, 2016.07.05.

위 기사 내용처럼 최근까지 선진국을 중심으로 한 글로벌 투자 시장에서 채권과 주식의 동반 상승세가 빈번하게 나타나고 있다. 이는 주식과 채권은 반대로 움직인다는 아주 기본적인 전통이론과 배치되면서 투자자들에게 많은 혼란을 주고 있다.《시사경제잡설》에서도 인용한 앙드레 코스톨라니의 달걀 이론에서도 채권과 주식은 반대로 움직일 수밖에 없는 순서로 돌아가고 있는데 말이다.

이런 주식과 채권의 동반 상승세에 대한 해석은 두 가지로 나타난다. 먼저, 인용기사에서처럼 주식 시장을 부정적으로 보는 이들(채권투자자 또는 주식 하방세력)은 채권의 상승세를 주主로 두고 주식이 같이 상승세를 보이는 것은 미쳤다고 본다. 그나마 안전자산이라 여기는 채권에 돈이 몰려 상승세를 나타내는 것은 글로벌 경기가 불황이고 앞으로 나아질 기미가 없는 것을 나타내거나 아직 주식 시장이 오를 때가 아닌 것을 말하는데, 주식 시장이 비이성적으로 오르고 있으니 곧 주식 시장이 폭락할 것이라고 보고 있다.

이와 반대 입장(주식상방투자자)은 주식을 주主로 두고 해석을 한다. 글로벌 채권 시장은 이미 버블 막장임에도 불구하고 계속된 위기 우려감 때문에 돈이 더 들어가 상승세를 보인다. 하지만 결국 안전자산에서 위험자산으로 돈이 옮겨갈 수밖에 없으므로 채권은 곧 버블이 꺼지면서 하락세를 보이고, 주식은 계속 올라간다는 해석을 하고 있다. 누구 말이 맞을까?

또 다른 현상도 있는데, 바로 금과 은이다. 금은 몇 년 전 고점을 치고 반 토막 났다가 브렉시트를 앞두고 올해 반등세를 보였고, 은 또한 마찬가지로 상승세를 보였다. 지금은 박스권에 갇혀 지지부진하게 움직이고 있지만, 금과 은은 대표적인 위기상황의 대체 투자자산으로 채권/주식과 정반대의 방향성을 보인다는 것이 전통이론이다. 비관론자들이 세상이 망한다면서 금 투자를 역설하고 있듯이 말이다. 비관론자들은 이를 두고 금과 은을 뺀 나머지 투자자산(채권/주식/부동산)이 상승세를 보이는 것은 부양책에 의한 마지막 작업일 뿐이고, 금과 은의 상승세가 진짜라며 곧 세상은 부채 한계점을 드러내 경제위기가 올 것이라고 말한다. 즉, 계속 위기 우려감이 나타나면서 돈이 풀리자 희한하게도 채권/주식/금/은 모두 동반 상승세를 나타내는 기현상이 벌어져 투자자들이 이제까지 책으로 배우고 써먹었던 투자 기준들이 무너지기 시작한 것이다. 그러니 각자 입장에 따라 온갖 해석이 나올 수밖에 없다. 왜 그런 것일까?

　이런 현상들은 기존에 있던 경제학이나 투자 관련 책으로 해석하려 한다면 영원히 할 수 없다. 여러 전문가들이 각자의 투자 포지션에 따라 나름의 해석을 내놓는 것도 주관적이라 답이 될 수 없다. 해답의 핵심은 바로 '돈'이다. 모두가 염려하던 브렉시트라는 이벤트는 결국 돈을 푸는 계기가 된 것뿐이다. 브렉시트가 주는 경기불황 염려증(건강염려증과 유사) 때문에 인류 역사상 최대로 돈이 풀린 현 시점에서 돈을 더 풀게 된 것이다. 향후 몇 년간 어느 정도의 주식/부동산 가격 상승이 나올지 이제 아무도 예상하지 못할 정도다.

　하지만 비관적이거나 회의적인 생각에 사로잡혀 있는 사람들은 지금도 '경기'가 얼마나 어려우면 저렇게까지 돈이 풀어질까? 돈 푼다고 경기불황이 해결될까? 돈으로 떠받친 주식/부동산 상승세가 얼마나 갈까? 라는 참으로 묘한 생각에 사로잡혀있다. 아마 대중도 그렇게 생각하고 있을 것이다. 이것은 어리석은 생각이다.

　여러분은 '돈'이 무엇이라 생각하는가. 사람들은 왜 돈을 모으려고 애쓰는 것일까? 필자는 돈을 주식/부동산 등과 같이 하나의 상품으로 본다. 돈이 다른 상품들과 다른 점은 다른 물건과 교환할 때 그 편리성이 뛰어난 물건이라는 것뿐이다. 돈은 영원한 가치를 보증하지 않는다. 어제의 천 원과 오늘의 천 원의 가치는 동일하지 않다. 아주 간단한 생각이지만 이것만 명확히 알아도 자본주의 사회를 살아갈 때 바보처럼 당하지는 않을 것이다. 여러분이 주식이나 부동산을 사면서 돈을 지불하는 것은 물물교환과 진배없다. 돈이라는 상품을 주식/부동산과 교환한 것이다. 우리는 보통 불황이라 돈이 안 벌린다고 한다. 이 말을 바꿔 말하면 대중은 경기가 좋으면 돈이 저절로 생겨나는 줄 안다. 돈은 경제활동으로 창출되는 어떤 가치라고 착각한다.

돈은 법정화폐일 뿐이다. 돈은 생산 활동으로 생겨나는 가치가 아니라, 중앙은행에서 종이에 문양을 찍어 만들어내는 하나의 상품이다. 우리가 생산 활동의 가치를 돈이 가지는 교환성의 편리함 때문에 돈으로 환산하여 말할 뿐인데, 사람들은 돈이 진짜 가치라고 생각한다. '돈'과 '값어치(가치)'는 분리해서 생각해야 한다. 중앙은행이 돈을 풀면 시중에 돈이라는 상품이 흔해지면서 돈의 가치는 떨어진다. 나날이 가치가 떨어지는 상품을 수중에 가지고 있다면 여러분은 어떻게 하겠는가. 그냥 무작정 가지고 있을까? 뭔가 가치가 유지되거나 올라가는 상품과 바꾸고 싶은 충동이 일어나지 않을까?

그래서 시중에 돈이 풀린다는 신호가 나오면 주식/부동산이 올라갈 수밖에 없다. 이런 메커니즘에 경제와 경기라는 관점이 끼어들 틈이 어디 있겠는가. 돈이 흔해지고 잘만 돌아가게 된다면(다른 상품과 물물교환을 많이 하게 되면) 그 거래 흐름으로 경기가 좋아진다. 알고 보면 모두가 잘 만들어진 착각일 뿐이다.

비관론에서 돈을 풀어도 경기가 좋아지지 않는다며 결국 다 망할 것이라고 말하는 상황, 즉 일본 버블 붕괴 이후 수십 년간을 다른 식으로 정의하면 '돈의 버블'시대라고 볼 수 있다. 일본은행이 돈을 미친 듯이 풀고 있는데도 사람들은 버블붕괴 경험 때문에 돈이라는 상품이 최고인줄 알고 돈만 수중에 가지고 있었던 것이다. 이는 채권버블이나 주식버블, 부동산버블이라는 말과 다를 바 없다. 채권이 마이너스 상황인데도 사람들이 채권이 그나마 안전하다고 채권을 계속 사고 수중에 보유하는 채권버블, 주식이 상승에 상승을 거듭하여 현실적 기업 가치를 수백, 수천 배 뛰어넘었음에도 더 오를 것이라며 돈보다 낫다고 주식을 더 사는 주식버블, 집값이 오르고 또 올라 이것은 정말 아니다 싶어도 사람들이 집은 가치가 영원하다고 믿는 부동산버블. 이런 상황들과 일본 버블붕괴 이후 시중에 그렇게 돈이 풀려도 돈만이 안전하다고 믿어 거래 흐름이 끊기면서 경기 침체가 온 상황(돈의 가치가 과대평가 된다.)은 서로 같은 의미를 가진다.

돈이라는 상품에서 '가치'를 빼고 바라보면 된다. 지금 세계 각국이 미친 듯이 돈을 풀고 있는 것은 바로 '돈의 버블'이 오는 것을 막기 위해 돈의 가치를 인위적으로 떨어뜨리는 행위다. 사람들이 돈을 버리고 다른 상품(주식/부동산)과 교환하도록 만드는 것이 그들의 목적이다. 전 세계는 이미 1920년대 대공황에서 시중에 돈이라는 상품이 부족하여 디플레이션이 발생하면 돈을 풀면 회복된다는 것을 배웠다. 1990년대 일본 버블붕괴 이후 상황에서 돈이라는 상품이 부족하지 않아도 사람들이 돈이 최고인줄 알고 돈만 수중에 소유하려들면(돈의 버블) 위험한 상황이 온다는 것을 배웠다. 그래서 2008년 금융위기 이후 바로 돈을 풀어 시중에 돈이라는 상품이 부족하지 않게 만들고, 사람들이 돈이 최고라 생각하지 않게 만들기 위해 초기부터 전무후무한 통화 공급으로 돈에 대한 믿음을 저버리게 만들어 인플레이션(물가 상승. 돈보다 다른 상품이 낫다)를 일으키려 하는 것이다.

이러한 배움의 노력은 선진국에서 (제로금리 + 양적 완화 + 마이너스 금리 등을 통해) 이미 돈은 한낱 종이에 불과하다는 것을 깨닫게 만들었기에 돈의 버블이 오지 않았다. 대신 채권버블이 먼저 왔으며, 그 후 점차로 주식/부동산으로 그 불이 옮겨 갔고, 신흥국은 아직 충분한 돈 풀기가 안 된 상황이라 사람들이 돈에 대한 믿음을 저버리지 않는 바람에 지지부진해진 것이다.

2008년 금융위기 이후 선진국부터 '돈의 버블(현금이 최고다)'이 오는 것을 막기 위해 무한정으로 돈을 풀었다. 정말 사상 유래 없는 돈 풀기다. 이는 이제까지 적당히 한정된 양의 돈 풀기만 해왔기 때문에 그 돈들이 투자심리와 경기 사이클에 따라 금과 은에서 채권으로, 주식/부동산으로 옮겨 다니면서(모든 투자자산을 올릴 만큼 충분한 돈 풀기가 없었음) 나왔던 전통이론(채권과 주식은 반대다. 금과 은은 위기상황에서 빛을 발한다)이 맞아 들어갈 수 없게 만든다. 이 모든 것은 돈이 너무 많이 풀렸기 때문이다. 예전에는 돈의 양이 지금처럼 많이 풀리지 않아 여러 투자 상품을 찾아 전전하고 상승세가 나타났다 사라졌다 하면서 순차적으로 돈들이 옮겨 다녔다. 그러나 지금은 일시에 너무 많은 돈이 풀려 모든 투자 상품(금과 은/채권/주식/부동산)에 전부 들어가서 상승세를 보인다. 그러므로 순차적 상승세가 아니라 동시 다발적 상승세다. 한마디로 돈(현금) 대비 모든 투자자산이라는 등식이 성립하고 있으니 휴지가 되어가는 돈(현금)만 아니라면 모든 투자 상품이 상승세를 보일 것이다.

물론 이와 같은 현상이 영원히 지속하지는 않는다. 현재 투자자들이 돈을 버리고 모든 투자 상품에 드는 바람에 전통이론에 배치된 모든 상품의 동반 상승세가 나타나고 있다. 이는 투자심리의 불안정성에 기반한 것이기 때문이다. 즉, 도대체 무엇이 진짜 주요 투자 상품인지 알 수가 없어 각자 자기가 믿고 있는 논리대로 각각의 상품에 드는 상황인 것이다. 중구난방이다. 이런 혼란은 조만간 정리될 수밖에 없다. 돈은 여러분의 생각보다도 많이 똑똑한 녀석이다.

현재 금과 은, 채권 등이 주식/부동산과 글로벌적으로 동반 상승세를 보이고 있다. 하지만 이미 금과 은, 채권 등은 사상 최고점을 찍고 하락하여 반등세를 보이거나 고점 놀이를 보이는 것에 반하여 주식/부동산은 그 뒤를 이어 상승세를 보였다. 아직 돈 풀기에서 사상 최고점을 보이고 있지는 않기 때문이다. 여유가 남아있는 위험자산이 매력적으로 보이는 것은 뻔하다. 단지 그나마 안전자산이라는 개념으로 무장된 금과 은, 채권 등에서 위험자산인 주식/부동산으로 옮겨 가는데 투자자들의 확신이 부족할 뿐이다. 투자는 모든 것이 심리로 귀결된다.

그래서 선진국에서 돈이 흘러넘치다 못해 썩어 문드러질 지경이라 그 돈들이 신흥국으로 몰려올 기세고, 신흥국 자체적으로도 돈 풀기에 나서고 있으므로 비관론자들이 바라는 '돈의 버블(디플레이션? 공황? 경기침체?)'은 전혀 올 기미가 없다. 주식/부동산 동반 버블(채권은 이미 버블 후 박스권으로 접어듦)이 다가올 미래가 남았다는 말이다. 앞으로 몇 년간 현금을 최고로 치고 쥐려고 하는 것은 바보 인증에 불과할지도 모른다.

PART 2

돈과 투자 시장에 대한
잡설

'경기'가 '돈'에 얽매여 움직이는 것이지
'돈'이 '경기'에 얽매여 움직이는 것이 아니다.

돈과
투자 시장이란?

. . .

사람들을 울리고 웃기는 돈과 투자 시장. 아래 문장의 괄호 안을 채워
보자.

투자 시장이란 (   )의 희망을 안고 내려가고, (   )의 불안을 먹고 올라가는
괴물

우선 생각나는 답이 무엇인가?

여러 가지 표현이 있을 수 있지만 답은 '대중'이다. 바로 여러분 자신
과 같이 투자에 있어 그리 밝지 못한 사람들을 말한다. 냉혹하지만 이것
이 현실이다. 우리가 처음 돈에 대해 고민하다 재테크를 한다고 투자 시
장을 기웃거리다보면 반드시 겪게 되는 과정이다. 주식과 부동산 등 어

떤 투자 시장을 막론하고 대중이 희망을 품고 올라가기를 기대할 때는 올라가는 척하다 하염없이 내려가고, 불안감에 떨며 보유 물량을 던지고 난 후에는 희한하게도 그 불안의 벽을 타고 시장은 올라간다. 한마디로 환장할 노릇이라는 말이 입에서 절로 나온다. 왜 그런 것일까?

답은 의외로 간단하다. 우리가 너무 투자 시장에 대해 모를 뿐만 아니라 시장의 속성도 이해하지 못한 채 항상 엉뚱한 타이밍에 들어가기 때문이다. 인간의 습성과는 거의 정반대로 움직이는 투자 시장의 속성을 제대로 알지 못하고 이제껏 자기가 경험하며 살아온 인생의 지혜가 맞다 우기다 된통 당하는 것이다. 사람이라면 누구나 돈을 많이 가지길 원한다. 그런데 누군가 돈을 버는가 하면 누구는 잃는 곳이 투자 시장이다. 그래서 투자 시장은 인간성에 위배되는 원리가 지배하는 곳이 될 수밖에 없다.

그런데 누구나 많이 가지길 원하는 돈이란 것이 도대체 무엇일까? 당장 당신의 지갑 안에 고이 모셔져 있는 지폐가 돈일까? 아니면 은행통장에 찍힌 숫자? 정말 돈이 어떤 것이라고 한 문장으로 규정지을 수 있는 사람이 있을까? 아마 돈이란 무엇인가에 대해 정의를 정확히 내리려면 백과사전 분량의 책을 한 권 써야 할지도 모를 일이다. 조금 안다고 자부하는 사람들에게 정말 돈이 무엇인지 물어보면 '교환가치'라고 답하기도 한다. 물물교환 시대를 거쳐 상거래가 발달하면서 거래의 편이성을 위해 중간매개체로 가치교환의 증표로써 생겨난 것이 돈이라는 소리다. 그것이 돌이나 조개였다가 청동이나 구리, 쇠로 된 주화가 되었다가 현재 지폐의 모습으로까지 진화된 것이 돈이다. 즉, 돈을 상징하는 물질은 여러 모습으로 변해왔지만 변함없는 것은 거래를 하기 위한 가치의 증표로서 돈의 존재 가치를 설명할 수 있다는 것이다. 이는 거래 수단이라는 속성이 돈의 가장 큰 본질이라는 말인데 현대로 올수록 돈은 수단이 아닌 목적이나 기준이 되어가고 있는 것은 아닌가 하는 생각도 한다. 삶을 규정짓는 가치척도가 돈이 되고 있다. 집이나 자동차뿐만 아니라 우리 신체는 물론이고 인간행동의 대가도 돈으로 매겨진다. 이 세상 모든 것이 돈이라는 미명하에 몇 단위의 숫자로 표기되고 있는 것이다.

최근 그 숫자(돈)는 선사시대 이래로 여러 가지 물질(조개, 청동, 종이)의 형태를 벗어나 자유로이 세상을 돌아다니고 있다. 데이터data의 형태를 가진 채 전산망을 종횡무진으로 날아다닌다. 요즘 젊은이들은 지폐의 형태를 띤 현금보다는 각종 카드card나 페이pay 형태의 지불 수단 하나로 모든 거래를 한다. 이제 돈은 형체가 없다. 그저 관념으로 이루어진 거래 수단이자 목적이며 가치척도의 기준이 되었다. 지금에 와서 돈을 정확히 무엇이라 정의 내려야 할까? 솔직히 필자도 잘 모르겠다.

투자자 입장에서 돈과 투자 시장에 대한 정의를 명확히 하고 싶지만 깊이 생각하다보면 더 헷갈리는 것이 사실이다. 그래서 겨우 말할 수 있는 것은 돈과 투자 시장이 움직이는 원리에 대해 몇 가지를 말할 수 있을 뿐이다. 이번 단원을 보다보면 필자의 전작 시사경제잡설 편에 나왔던 글들이 보일 것이다. 워낙 중요한 것들이라 다시 적을 수밖에 없었음을 양해 바란다. 내용이 거의 그대로지만 추가 내용이 달린 부분도 있으니 귀찮다 생각 말고 읽어주기 바란다.

돈의 신神과
인간사이의 게임,
투자 시장

. . .

필자가 이상한 이야기 하나 할까 한다.

옛날 옛적에 돈의 신神이 있었다. 돈의 신은 인간들에게 투자 시장이라는 묘한 것을 만들어 주면서 게임 하나를 하자고 했다. 투자 시장에 돈을 집어넣고 일정기간만 참고 지내면 무조건 높은 수익의 돈을 마지막에 안겨주는 게임이었다. 인간들은 탄성을 지르며 무조건 하자고 했다. 일도 안하고 그냥 돈을 집어넣은 채 일정기간만 참으면 높은 수익의 돈을 준다고 하니 세상에 이보다 쉬운 일이 어디 있냐는 것이었다. 도리어 인간들은 너무 자기들에게 유리한 게임이 아니냐며 돈의 신에게 되물을 지경이었다.

돈의 신은 정말 사실이라며 친절하게도 언제든지 인간들이 넣어둔 돈이 어떤 식으로 불어나는지를 전광판으로 볼 수 있도록 해준다고 했다.

그 전광판은 깜박깜박 거리며 숫자가 늘어났다 줄었다 하지만 결국 마지막에는 인간들에게 줄 높은 수익의 돈을 의미하는 숫자가 찍힐 것이라고 말했다. 전광판에 돈을 의미하는 숫자가 중간에 깜박거리며 늘어났다 줄었다 하지만 그것은 아무 의미가 없고 마지막에 찍힐 숫자가 인간들에게 주어질 돈이라는 것이었다. 그리고 인간들이 혹시라도 투자 시장에 맡긴 돈이 불안해지면 언제든지 돈을 뺄 수도 있다고 했다. 돈이란 부모나 처자식에게 맡겨도 불안한 것이니 아무리 돈의 신이 마지막에는 수익을 보증한다 하더라도 불안하면 돈을 빼라는 것이었다. 단, 조건은 돈을 뺄 당시 전광판에 깜박거리며 찍힌 숫자대로 돈을 준다는 것이었다. 물론 맨 마지막까지 참아서 받을 돈이 제일 크겠지만, 그 중간에 전광판이 깜박거리면서 돈이 약간씩 불어나거나 줄어들 때도 있는데 그 불어나는 순간을 잘 잡아 돈을 넣었다 빼는 식으로 잔재주를 피워도 된다는 것이었다. 그러다가 손해나는 것은 어쩔 수 없지만.

인간들은 돈의 신이 제시한 게임 조건을 듣고 웃으면서 '일정 기간 눈 딱 감고 참고 지내면 무조건 높은 수익의 돈을 준다는데 그것도 못 참아? 미쳤다고 중간에 힘들게 머리 아파가며 돈을 넣었다 뺐다 해? 아차 실수 해서 타이밍 못 맞추면 내 피 같은 돈이 줄어들 텐데? 이거 가만 보니 돈의 신이 내 돈 안 주려고 수 쓰는 거구만. 친절한 척 깜박거리는 전광판 보여준다지만 사람 마음 흔들리게 하려는 거네. 그런 바보 같은 짓을 왜 해? 그냥 참고 지내면 되지'라고 생각하면서 게임을 당장 하자고 했다. 돈의 신은 씩 웃으며 커다란 전광판을 잘 보이는 곳에 세우고 돈을 거두기 시작했다. 커다란 스피커로 깜박거리는 숫자를 실시간 중계해주는 것은 덤이었다.

'오늘은 갑자기 숫자가 엄청나게 쪼그라들었습니다! 위험합니다! 참고 지낼 때가 아닙니다!'

'오늘은 숫자가 갑자기 팍 늘었습니다! 내일은 줄어들지 모릅니다. 일단 뺐다가 다시 넣으면 더 좋을 거 같지 않나요? 기술도 필요합니다. 참는 게 능사가 아닙니다!'

전광판 옆 스피커는 계속 참는 것이 다는 아니라며 참지마라 목청을 높였다. 인간들이 끝까지 참으면 돈의 신神은 약속한 돈을 주어야 하니까.

참으로 이상한 이야기 같을 것이다. 세상에 돈을 넣어두고 참고 지내기만 하면 돈이 불어나는 게임이 있고 실제로 돈을 준다고 하니 말이다. 그런데 그것이 바로 투자 시장이다. 모든 경우에 그런 것은 아니지만 자본주의가 부채로 굴러가는 구조라서 대부분 참기만 하면 현물 자산은 화폐가치 하락을 보전하며 수익을 안겨준다. 투자 시장에서 사람이 할 일은 돈을 집어넣고 참기만 하면 된다. 엄청 간단한 조건으로 들리지만 이것이 말처럼 쉽지 않다. 물론 거시적으로 경제 상황을 살펴 3~5년 정도의 기간만 '장기'로 보고 참는다는 전제이다. 아무리 장기투자라 하더라도 경기를 보면서 해야 한다. 무작정 평생 참으라는 것이 아니다.

애초 돈의 신이 투자 시장을 만들 때는 간단한 규칙만 존재했지만 세월이 지나면서 시장 참여자들 스스로 온갖 게임 규칙을 만들어내어 자꾸 눈이 가고 손이 가서 돈을 가만히 놔두기 힘들어지고 있다. 오죽하면 주식 시장 격언에 우량주 사서 수면제 먹고 몇 년 푹 자고 나면 부자가 되어 있을 것이라는 말이 있을까. 주식이든 부동산이든 간에 투자 시장 전광판 (주식 호가창, 네이버 부동산앱 등)을 보고 있으면 자기도 모르게 그 깜박거리는 숫자에 현혹되어 온갖 걱정이 되고 손대기 십상이다. 그 이상한 이야기가 진짜 말이 될 조건인 '어떤 경우에도 돈을 넣어둔 현물자산이 없어지지 않는다는(부도나 파산 등) 대전제'가 충족되는 투자 상품이라면 그리고 자본주의 경제가 지속되는 한 나라가 망하지 않으면 인플레이션으로 붉어날 수밖에 없다.

오늘도 돈의 신은 사람들 눈과 귀에 열심히 전광판과 확성기를 들이댄다.

'참는 게 능사가 아니다! 요령껏 움직여라! 3~5년 뒤를 어찌 믿나? 지금 당장 눈앞의 작은 이익을 거두는 게 가장 확실하다! 나라가 절단날 수도 있다. 지구촌이 붕괴할 수도 있다. 계좌 손실을 최소화하라!'

온갖 비관적인 악재를 들먹이며 투자금에 손을 대라고 사람들을 유혹하고 있다. 물론 사람들은 눈앞의 호가창과 그런 외침들에 우왕좌왕하면서 속 타고 있다. 종잣돈이 적고 투자할 수 있는 시간이 한정되어 있는 입장에서는 두려움이 클 수밖에 없기에.

돈이 스스로 움직이는 진짜 원리

. . .

평범하게 세상을 살아가는 주변 이웃들이나 자기 딴에는 똑똑한 척하는 사람들과 경제와 돈에 대해 이야기하면 답답함을 느낄 때가 있다. 그들 스스로는 세상과 돈에 대해서 잘 알고 있다는 듯이 말하며 착각하는 것을 볼 때면 안타깝다는 생각이 든다. 특히 정의로운 듯 돈을 경멸하면서도 돈을 갈구하는 그들의 이중성을 볼 때면 기분이 착잡하다.

"지금 경기가 얼마나 불황인데 부동산, 주식이 오른단 말이야? 폭락 안하는 것만으로도 용하다." "요 몇 년 사이에 집값이 1억씩 오른다는 게 말이 돼? 이게 정상이야? 이건 비정상이야. 이 사회가 엉망이야." "수출도 잘 안 되고 내수경기도 엉망인데 무슨 투자를 해? 지금은 마지막 불꽃이야! 곧 경제위기야!"

정말 경제와 돈에 대해서 알고 말하는 것일까? 여태껏 단편적인 시선으로만 경제를 본 자신을 모르고 세상을 향해 울분만 토해내면 어쩌라는 말인가. 경제와 돈에 대해 공부한다며 관련 책을 봐도 시중에 유행하는 달콤한 위안과 감성을 건드리는 책만 본다. 사람이 돈을 움직이는 줄 안다. 알고 보면 돈은 스스로 움직이는 것인데.

좀 과장되게 말한다면, 돈은 경제 환경이나 경기 상황에 좌지우지 되지 않는다. 적어도 투자 시장 관련 측면에서 돈은 그 자신의 원리에 의해 스스로 움직인다. 수출, 내수, 불경기, 호경기 이런 변수에 종속되어 움직인다고 볼 수 없다. 모든 변수는 생각하기 나름이고 핑계 삼기 나름이다. 수출, 내수, 불경기, 호경기 등 일반 사람들이 중요하다고 여기는 변수를 완전히 무시하고 돈이 스스로 움직이는 원리대로만 세상을 바라봐도 무리가 없고 오히려 세상이 더 잘 이해된다.

무수히 많은 돈의 원리가 있지만 가장 기본적이면서도 중요한 원리 하나만 알아보자. 이 원리는 코스톨라니 달걀 모델을 이해하는데도 필수이다.

당신이 수중에 현금 1억을 가지고 있다고 가정하자. 1억을 가지고 그냥 저금할까. 어디 투자해볼까 생각을 하며 신문과 TV 뉴스를 보는데 이런 뉴스가 나온다.

> 지난해 우리나라의 2인 이상 가구의 월평균 소득은 430만2352원(통계청)으로 전년보다 3.4% 늘어났다. 10년 전인 2004년의 278만8461원

에 비해서는 151만3891원 많아져 연평균 4.4% 증가했다. 소비자물가 상승률은 2005년부터 지난해까지 평균 2.7% 상승해 명목소득이 표면상으로는 더 많이 늘어났다. 하지만 국민이 체감하는 소득과 물가는 확연하게 차이가 난다. 무엇보다 주거비 상승에 따른 부담이 커졌다. 서민에게 가장 큰 영향을 주는 전세와 월세 상승이 물가지수에는 제대로 반영되지 못하고 있기 때문이다.

– "'쓸 돈이 없다'… 전월세난 · 고령화로 얇아진 지갑",

〈아시아경제〉, 2015. 10. 19.

위 뉴스 한 대목을 보고 드는 생각이 있다면 어떤 것인가? 시중의 돈이 어떻게 움직일까? 아니, 어떻게 움직였는지 짐작은 가는가?

저 뉴스에서 가장 중요한 것은 '소비자물가 상승률'이다. 소비자물가지수가 전년 대비 얼마나 변화했는지 퍼센트(%)로 나타낸 지수이다. 소비자물가 지수는 또 무엇일까? 쉽게 말해 소비자, 즉 우리들이 일상생활에서 쓰는 상품, 서비스 등 선정된 재화의 가격 지수를 나타내는 것이다. 그럼 소비자물가 지수를 다른 말로 뭐라고 할까? 바로 '인플레이션 수치'라고도 말한다. 인플레이션의 원뜻은 '상대적 화폐가치 하락'을 말하는 것이지만 통계상 소비자물가 지수로 많이 나타낸다. 소비자물가 상승률은 바로 인플레이션 수치라고 할 수 있다. 뉴스 기사에서 2005년부터 2014년까지 소비자물가 상승률이 평균 2.7% 상승했다는 말은 2005~2014

년 사이 평균 인플레이션 수치가 2.7%라는 말이고, 이는 매해 평균 상대적 화폐가치 하락이 2.7% 발생했다는 말이 된다. 아까 당신이 수중에 가지고 있던 현금 1억을 2005~2014년까지 그냥 개인금고에 고이 모셔두었다면 매해 평균 2.7% 화폐가치 하락이 되어왔다는 것이다. 그런데 이 부분에서 착각하면 안 되는 것이 있다.

매해 평균 2.7% 화폐가치 하락(=인플레이션 수치 또는 소비자물가 상승률)은 '단리'가 아니라 '복리'이다. 복리의 개념은 알 것이다. 2005년에 1억이 -2.7% 화폐가치 하락을 당했다면 실질가치는 9천7백3십만 원이다. 다음해인 2006년에 또 -2.7% 화폐가치 하락을 적용 계산할 때는 1억 원금에서 계산하는 것이 아니라 2005년에 -2.7%만큼 화폐가치 하락 당한 9천7백3십만 원을 원금가치로 보고 거기에서 다시 -2.7% 화폐가치 하락을 계산한다는 말이다. 시중은행의 예·적금이 보통 단리이자인 것과 달리 인플레이션 수치는 '복리' 개념이라는 것이 중요하다.

이런 배경지식을 가지고 다시 생각해보자. 당신의 수중에 있는 현금 1억은 가만히 개인금고에 모셔두기만 하면 인플레이션 때문에 매해 복리 개념으로 가치가 뚝뚝 떨어진다는 것을 알게 되었을 때 어떻게 할까? 이 글 첫머리에 말한 똑똑한 척만 하는 사람이라면 '닥치고 현금'을 외치면서 계속 들고 있을 수도 있겠지만, 보통은 다른 궁리를 하지 않을까? 수중에 있는 현금의 가치를 보전해야 한다는 생각을 당연히 할 것이다. 바로 '화폐가치 보전'을 하기 위해 필연적으로 '투자' 행위가 나오게 되는 것이다.

서민이라면 먹고 죽으라 해도 돈이 없다고 말하듯이 별생각 없겠지만, 우리 사회 대부분 부를 거머쥐고 있는 부자들 입장에서는 '화폐가치 보전'이 대단히 중요한 관심사다. 그래서 부자들은 수중에 있는 돈을 굴리거나 분산 유치나 투자를 한다. 이것은 반드시 계산적으로 움직인다기보다 본능적으로 되는 면도 있다. 세금 절약도 있고. 그런데 이것이 부자들이 개인적으로 똑똑해서가 아니라 부자들이 가진 엄청난 돈이 저절로 똑똑한 사람들(투자자, 은행PB, 자산관리자, 세무사 등등)을 불러들여 스스로 움직이는 것이다. 한마디로 돈이 사람들을 모이게 하고 움직이게 하는 것이라 말할 수 있다.

다시 당신 수중의 1억 현금을 생각해보자. 앞서 말한 매해 평균 −2.7%라는 복리개념의 화폐가치 하락이 만만치 않다는 것은 이제 알 것이다. 그럼 1억의 가치를 지키기 위해 우선 무엇을 해야 한다고 생각하는가? 보통 서민이라면 우선 '은행'을 생각한다. 바로 저금이다. 은행 예·적금도 하나의 투자 상품이니까 나쁘다 할 수는 없다. 이자를 주니까. 서민들은 별다른 생각 없이 그냥 은행에 돈을 넣어두거나 조금 높은 이자를 준다는 상품을 찾으면 뿌듯한 기분에 웃음을 지을지도 모른다. 그러나 부자 입장에서는 현금 1억을 은행에 맡길 때는 현금가치 보전이 우선이므로 무조건 이자가 높다는 말에 웃을 수 없다. 매해 평균 −2.7%의 복리개념의 화폐가치 하락을 은행 예·적금이 보전해주어야만 돈을 넣어둘 가치가 있다.

은행 예·적금 상품의 금리가 소비자물가 상승률(=인플레이션 수치 또는 화폐가치 하락)보다 높아야 된다. 인플레이션 수치는 복리개념이므로 은행 예·적금상품 중 복리이자를 주는 상품을 찾고 싶지만, 요즘은 없다. 쉽게 말해, 매해 평균 −2.7%라면 은행 상품 중에 3% 금리에 돈을 넣어두겠다고 생각하면 당신이 서민이라는 반증이다. 은행 예·적금은 거의 모두 단리 상품이다. 1억을 넣어두어 3%를 주는 상품이라면 약속된 기간이 지나면 3백만 원(3%)만 붙고, 다시 약속된 기간이 지나도 아까 화폐가치 하락 때의 복리처럼 불어난 1억3백만 원의 원금에 3% 이자를 더 주는 것이 아니라 원래 원금 1억의 3%인 3백만 원만 또 준다. 게다가 은행 예·적금 상품은 세전 수익이 아니라 세후 수익을 따져야 한다. 너무 기초 개념이라 설명하는 것도 우습지만 중요한 부분이다.

매해 평균 −2.7%의 화폐가치 하락을 보전하기 위해서는 은행 예·적금 상품 금리가 (단리개념, 세후수익 기준) 최소한 5%를 넘어서야 한다. 보통은 이런 말을 들어도 별생각 없겠지만 수중에 가진 돈이 상당히 많다면, 가만히 앉아서 사라지는 돈 가치가 만만치 않기 때문에 소비자물가 상승률(인플레이션 수치)과 은행 예·적금 상품을 비교할 때 화폐가치 보전이 안 되면 은행에서 돈을 빼서 투자 상품 쪽으로 돌릴 수밖에 없게 된다. 이때 경제 상황이나 경기는 아무 상관이 없다. 불경기든 호경기든 별 관계가 없다. 오직 돈 가치가 보전 되느냐, 안 되느냐가 가장 중요한 기준 중 하나일 뿐이다.

그래서 불경기에 정부가 재정정책으로 돈을 풀고 한국은행이 금리 인하 하여 은행 예·적금 상품 금리가 바닥을 기면 돈이 저절로 은행을 벗어나 수익을 내는 투자 상품으로 움직일 수밖에 없다. 그럴 때 투자 상품이 부동산이 될 수도 있으며, 주식이 될 수도 있고, 채권도 되는 등 어떤 상품이든 간에 화폐가치 하락을 이겨내는 수익을 주는 상품 쪽으로 돈이 몰려가게 된다. 이 부분이 불경기에 집값이 오르고 주식 시장이 상승하는 이유 중 하나가 되기도 한다.

　또한 그런 투자 상품들이 짭짤한 수익을 준다는 소문이 퍼지면 점점 더 은행이나 개인금고에서 탈출하는 돈들이 몰려든다. 그리고 계속 상승세를 나타내는 바람에, 박탈감만 느끼면서 아무것도 모르고 돈과 그리 친하지도 않은 서민들 입에서 이 글 첫머리에 나온 "지금 경기가 얼마나 불황인데 부동산, 주식이 오른단 말이야? 몇 년 사이에 집값이 1억 이상 오른다는 게 정상이냐? 비정상이야! 이 사회가 엉망이야."라는 신세 한탄만 하는 말이 나오는 것이다. 얼마나 서글프면서도 답답한 일인가.

시중에 회자되는
코스톨라니 달걀 모델의 오류

. . .

사람들은 글이나 도표가 활자화되어 책으로 나오거나 인터넷 게시판 등에 올라오면 쉽게 믿어버리는데, 그런 것은 정말 조심해야 한다. 만일 자신이 알고 있는 진리나 사실과 다른 것이 책이나 인터넷에 나오면 그것이 왜 그렇게 되고, 정말 이것이 맞는 말인가? 진짜 사실인가를 따져 봐야 한다. 앙드레 코스톨라니Andre Kostolany의 투자 3부작을 정독해보면 시중에 떠도는 코스톨라니 달걀 모델에 오류가 있음을 알 수 있다. 우선 시중에 회자하는 코스톨라니 달걀 모델을 보자.

대다수가 원본 코스톨라니 달걀 모델이라고 알고 있는 그림이다. 언뜻 보면 오류가 없어 보인다. 원래 코스톨라니 달걀 모델의 취지는 금리 향방에 따른 투자 시기를 논하자는 것인데, 시중에 떠도는 달걀 모델도

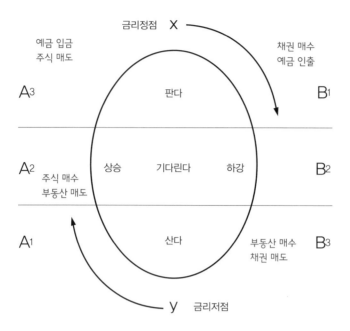

금리정점　X

예금 입금
주식 매도

채권 매수
예금 인출

A3

판다

B1

A2

상승　기다린다　하강

B2

주식 매수
부동산 매도

A1

산다

부동산 매수
채권 매도

B3

y　금리저점

그 취지에 맞는 것 같이 보인다. 하지만 진짜 오류가 없을까? 앙드레 코스톨라니가 직접 쓴 책《돈, 뜨겁게 사랑하고 차갑게 다루어라》에 나오는 '코스톨라니의 달걀'이라는 대목에 실려 있는 원본을 찾아보았다.

깔끔하다. 아니 앞서 시중에 떠도는 달걀 모델과 비교하니 무엇인가 허전해 보인다. 원본 달걀 모델 그림 자체에는 채권 매수, 부동산 매수 같은 항목이 없다. 못 믿겠으면 도서관에라도 가서 그 책을 직접 찾아보기를 바란다. 원본에는 깔끔한 달걀 모델 그림 밑으로 긴 해설이 적혀있다. 아마도 시중에 떠도는 달걀 모델 그림에 있는 설명은 후세가 원저의 해설

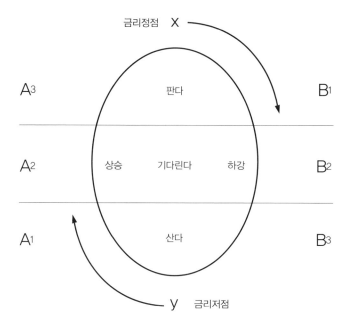

금리정점　X

A₃　　　판다　　　B₁

A₂　　상승　기다린다　하강　　B₂

A₁　　　산다　　　B₃

y　금리저점

앙드레 코스톨라니, 《돈, 뜨겁게 사랑하고 차갑게 다루어라》, 미래의창, 2001.

을 보고 핵심이랍시고 적어 놓은 것이 아닌가 하는 생각에 해설을 꼼꼼히 읽어보았다.

　그런데 다르다. 해설과 시중에 떠도는 달걀 모델 그림 자체에 있는 항목들이 다르다. 바로 '부동산 매수, 부동산 매도' 항목이 원본에는 없다. 원본 책 전체를 뒤져보아도 그런 설명은 없다. 사실 앙드레 코스톨라니는 유럽의 전설적인 투자자로 평생토록 거의 모든 분야(주식, 채권, 선물 등)에 대한 투자 경험이 있지만, 유일하게 해보지 않은 투자 분야가 바로 부동산이다. 오죽하면 코스톨라니 본인이 책을 쓰면서 부동산에 대하여는 모른다고 고백했겠는가. 앙드레 코스톨라니가 애초 달걀 모델을 만들어낼 때 부동산 항목은 계산에 아예 넣지 않았다고 보아야 한다.

> 나는 이 영역에 대한 경험이 전혀 없지만, 부동산 투자는 일반투자와
> 완전히 다르다는 것은 알고 있다. 나는 항상 증권, 외환, 원자재 등의
> 동산에 투자해왔다. (중략)
> 난 이 영역의 전문가가 아니므로 그치는 것이 좋을 거 같다. 내 영역은
> 역시 주식이기 때문이다.
> – 앙드레 코스톨라니, 《돈, 뜨겁게 사랑하고 차갑게 다루어라》,
> 미래의창, 2001.

발췌한 위 대목은 앙드레 코스톨라니의 투자 3부작 중에서 유일하게
부동산에 관해 적혀있는 내용이다. 코스톨라니 스스로 부동산은 모른다
고 고백한 것이나 다름없다. 동산과 부동산은 완전히 다른 투자 영역이기
때문이다. 원저의 코스톨라니 달걀 모델 해설 대목들을 전부 찾아보아도
부동산 매수와 매도에 대하여 적혀있는 대목이 더는 없다.

> 나는 모든 투자 시장(주식, 채권, 원자재, 보석 등의 투자가 이루어지는 시장)의
> 장기변동을 강세장과 약세장으로 구분한다. 강세장과 약세장은 각기
> 세 가지 국면으로 구분할 수 있다.
> – 앙드레 코스톨라니, 《돈, 뜨겁게 사랑하고 차갑게 다루어라》,
> 미래의창, 2001.

위 코스톨라니 달걀 모델에 대한 앙드레 코스톨라니의 글(밑줄 부분)을 봐도 부동산 항목은 없다. 이쯤 되면 황당하다. 코스톨라니 본인은 달걀 모형에 부동산을 대입하지 않았는데 왜 시중에 회자하는 모든 달걀 모델에는 부동산을 매수하여 매도한 후 주식 투자라는 항목이 들어가 있는 것일까?

각종 투자 서적을 생각해보면, 최초로 '부동산 매수, 매도' 항목이 덧붙여진 코스톨라니 달걀 모델이 나온 책은 바로 그 유명한 시골의사 박경철의 《부자경제학》이다. 대히트를 친 책이었다. 시골의사 박경철은 《부자경제학》 '투자의 두 축, 금리와 인플레이션' 대목에서 앞서 시중에 떠도는 코스톨라니 달걀 모델을 보여주고 B3 국면에서 금리 저점을 지나 A1 국면으로 갈 때 상황을 자기 나름의 논리로 푼다고 금리와 임대수익률의 관계로 설명하며 부동산 매수, 매도 항목을 집어넣었다. 부자의 돈이 움직이는 속성의 논리를 설명하기 위함이었다. 부동산 항목을 코스톨라니 달걀 모델에 집어넣은 것은 시골의사 박경철의 작품이다. 《부자경제학》이 대히트를 치면서 인터넷에 무분별하게 그 그림과 설명이 인용되어 떠돌기 시작하면서 원본 코스톨라니 달걀 모델을 제치고 부동산 항목이 들어간 달걀 모델이 정본처럼 여겨지게 된 것으로 추측된다.

물론 시골의사 박경철의 생각이 맞을 수도 있다. 하지만 부동산 투자를 해본 경험과 학습을 바탕으로 풀어보면 앙드레 코스톨라니가 부동산은 동산 투자와 다르다며 아예 달걀 모델에 집어넣지 않은 것이 합당한 처사였다. 억지로 넣을 필요가 없었다. 굳이 부동산 항목을 넣는다고 해도 시골의사 박경철의 위치 선정은 잘못되었다.

새로운
앙드레 코스톨라니
달걀 모델

▪ ▪ ▪

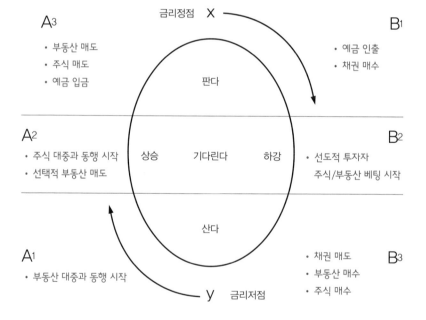

A₃
- 부동산 매도
- 주식 매도
- 예금 입금

금리정점 X

B₁
- 예금 인출
- 채권 매수

판다

A₂
- 주식 대중과 동행 시작
- 선택적 부동산 매도

상승   기다린다   하강

B₂
- 선도적 투자자
  주식/부동산 베팅 시작

산다

A₁
- 부동산 대중과 동행 시작

y 금리저점

B₃
- 채권 매도
- 부동산 매수
- 주식 매수

앞서 밝혔듯이 앙드레 코스톨라니의 원저原著에 있는 달걀 모델 그림은 깔끔하다. 주렁주렁 항목이 달려있지 않다. 시중에 떠도는 코스톨라니 달걀 모델은 시골의사 박경철의 작품이 퍼진 것이라고 추측하여 그의 생각이 틀렸다고 말한다면 그에 대한 합당한 설명이 있어야 한다. 직접 만든 신新 코스톨라니 달걀 모델을 보면서 지나온 경험을 토대로 각 국면을 설명해본다.

1) 우측 B1 국면

예금 인출, 채권 매수 권유 국면으로 최근 시기로 말한다면 2008년부터 2009년이다. 금리정점 X지점은 호경기가 불경기로 바뀌기 시작하는 순간이라 보면 되고, 우측으로 흘러내리는 화살표(금리 인하)를 따라 불경기가 심화하는 중이다. 이때 정부 당국은 확장적 재정, 통화정책을 점진적으로 실시한다. 보통 서민들은 불경기가 시작되면 지갑을 닫지만, 충분한 여유 자금이 있는 부자들은 정부 당국의 금리 인하 등 확장적 통화정책에 의한 화폐가치 하락 보전을 위하여 예금을 인출하여 투자 상품을 기웃거린다. 불경기 시작과 더불어 금리 인하가 되면 수익률이 올라가는 채권투자를 금융기관들이 부자들에게 많이 권장한다. 이 단계의 채권투자는 대중적으로 알려지지 않는 경우가 많고, 차후 금리 바닥이 가까워올 때(B3 또는 A1 국면) 도리어 대중을 총알받이로 만들려고 대대적으로 채권투자를 권유하며 광고한다.

주식 시장은 폭락한다. 하지만 시장이 계속 하락할 기세로 내려가다가도 다시 반등하여 박스권에 돌입한다. 이때 시장의 대형 매물을 값싸게 받으며 단기적인 시세 변동에는 무관심한 채 차근차근 주식 매수를 하는 곳은 연기금이나 외국 대형 자본들이다. 그들의 투자금은 덩치가 크고 장기 비전을 갖고 움직이므로 몇 년에 걸쳐 매수할 필요성이 있어서 주식 시장이 일순간 대폭락하여 모두가 공포에 떨고 있어도 가격 메리트가 생기면 스스럼없이 주식 매수에 나선다. 증권사 등 기관은 개인과 다를 바 없는 고점 매수, 저점 매도 행태를 보인다.

2) 우측 B2 국면

선도적 투자자 주식/부동산 베팅 시작 단계로 시기상으로는 2010년부터 2012년 시기라고 볼 수 있다. 이 국면은 체감 불경기가 계속 깊어지는 중으로 공포감이 극에 달한 상태다. 하지만 정부 당국의 가속되는 금리 인하로 실물 경기침체와는 달리 투자 시장은 달아오르기 시작한다. 항상 명심할 것은 '돈'이 있고 난 후 '경기'가 있다는 점이다. 불경기인데 어떻게 오를 것이라 보고 투자할 수 있느냐고 반문할 수 있으나 돈과 경기의 선후관계를 생각하면 일단 돈이 풀리면 투자한다는 마인드가 중요하다. 그 관계를 바꾸어 생각하여 경기가 안 좋으면 돈이 안 돈다는 식으로 판단하면 안 된다.

이때는 대다수가 실물 경기침체에 겁을 먹고 있으므로 투자에 나서는 이들은 대담한 선도적 투자자들이다. 여기서 '선도적 투자자'란 여윳돈이 많거나 투자 마인드로 무장한 진정한 투자자들을 말한다. 2010~2011년에 걸쳐 수도권 부동산 시장 침체와 상관없이 지방 부동산 시장에서는 선도적 투자자들의 투자로 급등세가 나와 현재까지 주도주로 매김하고 있다. 여윳돈이 많은 부자는 이 국면에서 수익보다는 화폐가치 하락에 따른 손실 보전에 중점을 두지만 선도적 투자자는 가격 메리트가 생긴 자산 매입으로 발생할 미래 수익에 중점을 둔다. 선도적 투자자들 중에는 단기로 치고 빠지는 투기꾼도 물론 있다. 주식 시장은 B1 구간의 폭락 후 박스권에서 급등세를 보이며 올라오기도 하고 슈퍼박스권에 갇혀 출렁거리며 움직이기도 한다. 대중은 아직 부동산/주식에 관심이 없다.

3) 우측 B3 국면

채권 매도, 부동산 매수, 주식 매수 권유국면. 2013년부터 현재 진행 중인 국면으로 추측한다. 이 국면의 항목은 그 순서(채권 매도/부동산 매수/주식 매수)도 명심해야 한다. 코스톨라니의 원저에는 금리 저점 Y, 즉 금리가 인하되다가 더 이상 인하되지 않는 바닥 상황인 달걀 아랫부분에서 일반인에게 권유하는 투자 시기가 A1국면이다. 시중에 떠도는 코스톨라니 달걀과 동일하다. 물론 부동산 항목은 아예 없다.

그런데, 코스톨라니 투자 3부작 책을 가만히 읽다 보면 반드시 A1 국면이 아니라 B3 국면에서도 사라고 되어있다. 약간 헷갈리는 설명인데, 코스톨라니는 일반인 기준에서는 금리 저점을 확인 후 인상 시점에 이르러 투자하는 것이 안정감 있는 투자라고 생각하여 A1 국면에서 주식투자를 권유했지만, 한편으로는 'High risk, High return'이라고 B3 국면에서도 해볼 만하다고 가능하면 투자하라고 권유했다. 그런데, 시중에 떠도는 코스톨라니 달걀 모델은 무조건 주식투자는 A1국면이라 정해놓고 부동산과 주식은 양립할 수 없다고 가정한 채로 B3에서 부동산 투자 후

A1에서 부동산은 매도하고 주식투자로 바꾸라며 억지로 꿰맞춘 것은 논리 오류라고 하지 않을 수 없다. 이 부분은 시골의사 박경철의 금리와 임대수익률 관계로 설명될 수 없다.

투자 역사를 되돌아보면 부동산 매수와 주식 매수는 그 시작 시기가 대부분 같거나 주식투자가 좀 늦더라도 A1 국면은 아니었다. 단적인 예로 2005년~2007년 주식/부동산 동반 대세 상승장을 어떻게 봐야 할 것이며 만일 2017년부터 주식/부동산 동반 상승장이 또 나온다면 시중에 떠도는 잘못된 달걀 모델로 어떻게 설명할 수 있을까? 많은 이들이 잘못된 자료 때문에 얼마나 고민했을지 생각하면 조금 답답하기도 하다.

B3 국면은 체감경기는 불경기지만 각종 경제통계지표는 좋게 나오는 등 그 속내는 경기가 좋아지고 있는데 아직 실생활에서 피부로 체감하지 못하는 시기다. 경기반등이 시작하는 시기라고 보면 된다. 대중은 자신들이 경기회복 기미를 느끼지 못하므로 여전히 투자에는 무관심하다. 이때 '대중은 항상 틀리다. 성공하려면 대중과 반대로 가라'라는 영원한 투자 시장의 진리대로 행하여야 한다. 주변에서는 전부 투자자를 미친 사람 취급하더라도 홀로 뚜벅뚜벅 걸어야 한다. 금리가 바닥인데 잠시의 시장 출렁임을 못 견딘다면 도대체 언제 투자한단 말인가?

앞서 이 국면의 항목 순서도 유념해야 한다고 했는데, 그 이유는 채권매도 후 부동산 투자를 먼저 하고, 그다음 주식투자를 하는 것이 대체로 맞았기 때문이다. 부동산은 금리 바닥이 오기 훨씬 전부터 보통 상승한다. 또한 부동산 특성상 한번 상승하기 시작하면 웬만해서는 크게 출렁임 없이 계속 오르는 경향이 있다. 하지만 주식 시장은 그렇지 않다. 금리 인하가 완전히 멈추어 바닥이라는 인식이 확고해지면 본격적으로 대세 상승하는 경우가 많다. 그전에는 상승해도 박스권에 갇혔다. 예를 든다면 노무현 정부 시절 2004년 11월이 마지막 금리 인하였고 그 후 1년여 동결되다가 2005년 11월이 되어 첫 금리 인상이 있었다. 당시 부동산 시장은 이미 2001~2003년 1차 상승기를 보여주었고 마지막 금리 인하 후 2005~2007년 2차 상승기를 보여주었다. 반면에 주식 시장은 2004년까지 종합주가지수 1000을 고점으로 하여 박스권에 갇혀 움직이다가 마지막 금리 인하가 있은 후 동결 기간인 2005년 초부터 본격적으로 상승했다.

2010년대도 마찬가지다. 부동산 시장은 수도권 침체는 아랑곳없이 2010년부터 지방 시장이 타오르기 시작했다. 웬만한 지방 광역시 중소형 아파트는 2015년까지 대부분 두 배 가까이 올랐다. 주식 시장은 종합주가지수 2100 정도를 고점으로 박스권에 갇혀있다. 2015년 12월 미국 금리 인상 시작을 기점으로 우리나라도 금리 바닥이 나오는 중이다. 달걀 모델 아래 꼭짓점이다. 2017년부터 주식/부동산 동반 상승장이 기대되는 이유 중 하나이다. 코스톨라니 달걀 모델만 정확히 이해해도 얼추 시장의 큰 흐름을 짐작하기에 부족하지 않다. 채권 매도 항목은 당연히 금리 저점이 와서 앞으로 금리 인상이 된다면 채권에 대한 메리트가 떨어지므로 매도하는 것이 맞다. 재작년부터 많이 듣던 '그레이트 로테이션(채권에 주식으로 자금 대이동)'이 앞으로 일어난다면 바로 국면 B3와 금리 저점 Y에 걸쳐 시작되는 것이다.

4) 좌측 A1 국면

부동산 대중과 동행 시작 국면. 2000년대로 말하면 2004년 말 ~2006년 초반이라 보면 된다. A 국면들부터는 2010년대는 진행 중이므로 2000년대로 예를 들며 설명한다.

금리 저점 Y에서 연결되는 A1국면은 금리 동결 구간과 첫 금리 인상이 합하여진 구간이다. 2004년 1년 내내 주식이나 부동산이나 모두 침체장이었다. 하지만 2004년 11월 마지막 금리 인하가 나오고 2005년 접어들자 주식/부동산 동반 상승장이 나오기 시작했다. 동결 구간에서 슈팅이 나온 것이다. 위 달걀 모델을 보면 코스톨라니 원본에는 없는 항목이 있다. '부동산 대중과의 동행 시작' 항목이다.

2005년 금리 동결 구간에서 앞으로 금리 인상만이 남았다는 분위기는 대중이 저금리로 이제까지 부동산값이 폭등했으니 이제 금리 인상만 되면 하락할 것이라는 망상을 품게 했다. 코스톨라니 달걀 모델을 모르거나 이해하지 못한 이들의 착각이었다. 그러다가 미국 금리 인상도 되고 우리나라도 금리 인상이 시작된다는데도 부동산이 꺾일 줄을 모르자 그때야 대중도 폭등하는 부동산에 달려들기 시작했다. 바로 앙드레 코스톨라니가 말한 '대중과의 동행기간', 위 달걀 모델에서 달걀 중간의 '기다린다' 항목을 말한다. 수익 극대화를 위하여 대중이 투자에 달려든다고 바로 매도하지 말고 일정 기간 동행하여야 한다는 것이다. 주식 시장은 아직 위험성이 크다는 일반의 인식 때문에 상승세를 보여도 대중이 동참하지 않는다.

그럼 여기서 의문? 금리가 올라가기 시작한다면 대출 문제도 그렇고 시중 통화량이 줄어들기 시작한다는 말이므로 화폐가치도 복원되기 시작한다는 것인데 어찌 상승세가 계속 연출되며 부동산에 있어 대중과 동행이 시작된다는 것인가? 그리고 주식은 아무리 위험성 때문이라도 해도 왜 아직 대중과 동행이 안 되는 것인가?

당연한 의문이다. 이때 필요한 것이 돈이 움직이는 간단한 원리에 대한 생각이다. 소비자물가 상승률(인플레이션 수치 또는 화폐가치 하락)이 시중금리보다 클 때는 잠겨 있던 돈이 튀어나온다는 원리다. 금리 저점 Y와 A1 국면의 시중금리가 어떤 상태일까? 보통 역사상 최저금리이다. 경기 사이클상 금리 바닥이 나올 때는 항상 그전 사이클에 비하여 금리를 더 내린 상태이기 때문이다. 사상 최저금리에서 조금 올라가 보았자 예전과 비교하면 아직 최저금리 상태인 것은 당연하다. 그 반면에 인플레이션 수치(소비자물가 상승률 또는 화폐가치 하락)는 어찌 될까? 상승 폭이 확대되고 있을 것이다. 경기회복은 곧 물가 상승, 인플레이션이니까. 즉 금리 인상 속도보다 물가 상승, 인플레이션 속도가 더 빠르고 폭이 크다는 것이 요점이다. B3 국면까지는 아직 경기회복이 가시화되기 전이니 시중금리와 화폐가치 하락 정도(소비자물가 상승률 또는 인플레이션 수치)의 차이가 아주 크지는 않았는데, A1 국면부터는 그 차이가 점점 벌어지는 것이 피부로 느껴지기 시작하면서 대중들도 알게 되는 것이다.

이 부분에서 인플레이션 수치는 복리개념, 시중금리는 단리개념인 것을 알아야 한다. 3억짜리 집이 3%물가 상승률에 따라 2년 오른다면 첫해는 3억의 3%가 더해지면 집의 가치가 3억9백만 원이지만, 그다음 해는 3억9백만 원의 3%이므로(복리) 3억1천8백27만 원이 된다. 하지만 3

억 현금을 은행에 넣어둔 상태라면 금리 인상으로 3% 이자를 준다고 해도 첫해 3억9백만 원, 그다음 해도 단리이자이므로 3억1천8백만 원이 되면서 앞서 물가 상승률과 27만 원의 차이가 난다. 현실에서는 물론 상승 폭 차이가 더 나므로 차이가 훨씬 크다. 이런 차이는 금리 인상 시기로 접어들기 시작하면서 화폐가치 하락 보전 개념을 넘어서 탐욕의 원리, 수익 추구개념이 나오게 한다. 기대 인플레이션 심리이다. 그리하여 사람들은 점점 돈을 벌게 할 투자대상으로 모여들게 된다.

특히 부동산은 주식과 다르게 이미 B2, B3 국면에서 1차 상승을 하면서 사람들에게 상승세를 확인시켜 준 상태에서 금리 바닥이 오고 인상 시기로 접어들었음에도 고꾸라지지 않고 상승세를 이어가는 바람에, 대중들도 이제는 부동산 상승세에 대한 믿음을 가지고 내 집 마련하거나 투자에 뛰어들기 시작한다. 닫아놓았던 지갑을 열기 시작하는 것이다. 또한 부동산은 주식과 다르게 현물이 존재한다는 점과 잘못되면 그냥 살아버리거나 전월세를 준다는 생각이 결합하여 안정감을 주어서 주식보다 투자대상으로 먼저 선택받는다. 반면에 주식은 B2, B3국면에서 폭락 후 반등을 하였지만 대세 상승을 하지는 못하고 박스권에 갇히거나 출렁거리며 사람 진을 뺐다. 그래서 아직 사람들에게 부동산 1차 상승장처럼 확신을 주기 힘들다. 확신이 없는 상황에서 일반과의 동행이 나올 수 없다. 2005~2007년을 대세 상승장 당시 주식을 모르다가 처음 한 사람들이 보통 언제 주식투자 관련 서적을 사고 투자하기 시작했을까? 2004년 11월의 금리 바닥(Y) 이후 2005년의 큰 상승세(A1)를 보고 난 후인 2006~2007년(A2~A3)이다.

5) 좌측 A2 국면

주식 대중과 동행 시작, 선택적 부동산 매도 항목. 2006년 초중반부터 2007년 초반에 해당하다. 이제 본격적으로 금리 인상이 연속적으로 나오고 경기가 회복되면서 사람들도 경기회복을 체감하는 국면이다. 연속된 금리 인상에도 불구하고 경기 활성화로 돈이 더 잘 돌게 되면서 대중들 과반수가 과감하게 지갑을 여는 시기이다.

사실은 이때부터 서민들은 지갑을 닫고 소득을 모아(종잣돈 마련하려는 서민은 이때 예금 시작해야. 위 달걀 모델의 A3 국면 예금 입금은 부자와 투자자 입장임) 다음 불경기 때 투자를 해야 하건만, 서민들은 부자와 반대로 이때 예금을 깨기 시작한다. 남들 돈 벌었다는 배 아픈 소식에 너도나도 투자에 뛰어드는 것이다. 어설픈 투자 관련 서적 몇 권 읽고. 2006년에 부동산으로 돈 벌었다는 소리에 집 산 분들 꽤 될 것이다. 주식도 슬슬 바람 불면서 많이들 시작했다.

각설하고, 이 부분에 코스톨라니의 원본에 없는 말이 있다. '선택적 부동산 매도'. 이 항목은 부동산 매매를 하면서 느낀 바가 있어 집어넣었다. 초보 투자자나 내 집 마련만 목표인 분들은 잘 모르시겠지만 다주택자나 전문투자자 입장에서는 보유물량의 처분 가능 시간과 세금 문제를 생각하지 않을 수 없다. 즉, 막바지 A3 국면에서 한꺼번에 보유물량을 처리하려하면 주식투자와는 다른 부동산의 특성상 시간에 쫓기기도 하고 양도소득세나 국세청 조사 문제가 걸려 힘들 수도 있기 때문이다. A2와 A3 국면의 물리적 시간이 얼마나 될지 아무도 장담 못 하기도 하고. 그러므로 주식과 부동산의 매수, 매도 시작점과 종착점은 같아서 총 길이는 같지만, 부동산 특성상 각자의 보유물량에 따라 '선택적'으로 보유물량을 처분하는 시기는 조금 일찍 가지는 것이 좋다. 그런데 부동산 보유상황이 여러 경우가 있어 일률적으로 말할 수는 없기에 선택의 문제가 된다는 것이다.

6) 좌측 A3 국면

드디어 마지막 국면이다. 주식 매도, 부동산 매도, 예금 입금 항목. 2000년대로 말하면 2007년부터 2008년 초반을 말한다. 이제까지의 설명을 다 이해했다면 이 국면에서 필자가 더 설명할 것이 없다.

이 국면에서는 호경기란 것이 확실하게 사람들에게 인식되어 대중 전부가 주식과 부동산의 상승세에 장밋빛 환상을 품고 투자에 뛰어드는 국면이다. 금리 인상은 계속 연거푸 되면서 경고음을 내지만 사람들은 콧방귀도 안 뀐다. 왜냐하면 물가 상승률이 상대적으로 더 빠르고 높게 올라가기 때문이다. 경기과열이다. 대중은 자기 돈 전부를 투자하는 것은 물론이고 높은 대출금리도 불사하며 생빚 내어 주식과 부동산을 산다. 그런데, 그렇게 할 바에는 금리 인하 되는 B 국면들이나 금리 바닥 Y지점에서 싼 금리로 대출 받아 투자하는 것이 맞지 않을까? 그런데 왜 서민들은 금리가 낮을 때는 두려움에 떨다가 정작 금리가 많이 올라간 후 주식과 부동산이 불꽃놀이를 할 때 겁도 없이 그럴까? 달걀 모델 이야기를 듣고 나니 이러한 형태가 황당하다 생각되지 않는가? 이해되지 않는다. 다른 사람들이 앞서 국면들에서 돈 벌었다는 소리에 배 아픔과 탐욕에 눈이 멀었다고 생각할 수밖에 없다.

이제까지 차분히 대중과 동행하던 투자자는 이 국면에서 탐욕에 눈먼 대중들에게 주식과 부동산을 매도하여 넘기면서 현금을 챙겨 예금 입금을 한다. 금리가 올라가면서 호경기가 서서히 잦아들면 시중금리가 물가상승률과 같거나 넘어서며 예금이 더 훌륭한 투자 상품이 되기 때문이다. 더구나 이때 시중은행에는 특판 상품 어쩌고 하면서 고금리 상품도 많이 나와 선택의 폭이 넓다. 가끔 단기복리 상품도 나온다. 우리 서민들은 예·적금을 단순히 저축의 도구로 생각하지만 투자자 입장에서는 예·적금은 투자 상품의 일종이다. 경기 사이클에 따라 이 국면에서는 예·적금이 수익률 면으로 볼 때 주식이나 부동산보다 더 낫기에 예금입금 항목이 금리 고점 X지점까지 해당하는 것이다. 이러한 상황들이 이어지면 결국 호경기는 불경기로 바뀌고 다시 금리 정점 X와 B1 국면으로 넘어가면서 무한 반복하는 이것이 바로 달걀 모델이다.

마지막으로 눈치 챘는지 모르겠지만 일반 상식과 다른 점이 달걀 모델에서는 예금 기간이 의외로 짧다. 대부분 투자 기간이다. 물론 예금을 하나의 투자 상품으로 취급하기 때문이다. 종잣돈이 없는 사람은 먼저 종잣돈이 마련될 동안은 예·적금으로 전 국면을 보내야 한다. 여윳돈도 없으면서 투자하는 것은 자살행위다. 2000년대 예를 든 부분을 보고 2010년대도 비슷할 것이라고 생각하면 안 된다. 하나의 예시일 뿐이다. 각 사이클마다 국면 길이는 똑같을 수 없다. 앙드레 코스톨라니가 말했듯이 국면의 길이는 정해져 있지 않고, 법칙도 없으며, 오직 노련한 투자자의 경험에서 우러난 감각으로만 파악할 수 있다.

참고로, 2016년 말 또는 2017년 초반은 코스톨라니의 달걀 모델에서 아래 꼭짓점이라 본다. 시사경제잡설(앞선 대목)에서는 B3국면 진행 중이라며 약간 불분명하게 말했지만 이 시점에 이르러서는 거의 단언할 수 있는 상황이다. 2016년 말 도널드 트럼프 미국 대통령 당선 영향 등으로 달러 강세가 지속될 것처럼 보이지만 일시적인 달러 강세 현상일 뿐이라 본다. 달러 강세는 거의 끝나가고 있다. 2017년 초반부터는 미국이 금리 인상을 하건 말건 원화 강세현상이 나올 것이다.

10월은 올해 들어 달러 상승 폭이 2번째로 큰 달로 기록될 것으로 보인다. 이는 미국 연방준비제도(Fed·연준)가 12월에 기준금리를 올릴 것이라는 기대 때문이다. 하지만 달러가 앞으로는 대폭 오르지 않을 것이라는 신호가 곳곳에서 감지되고 있다고 WSJ은 지적했다.

우선 최근 소비자 신뢰나 물가 상승률 등의 지표가 부진하다. 경제 성장 둔화는 연준이 내년에 금리를 추가로 인상할 여력을 제한하고 이는 달러의 추가 상승을 막을 것이라고 애널리스트들은 내다봤다. 일부 애널리스트들은 6년에 가까운 달러 강세장이 종착역에 도달했다고 경고한다…(중략)

미국 경상수지 적자가 2분기에 작년 동기보다 22% 증가했다는 점도 경고 신호다. 과거에도 경상수지 적자가 대폭 늘었을 때 달러가 고점에 도달했다. 달러 강세로 외국에서 미국 제품의 가격이 비싸진 탓에 지난 2년간 경상수지 적자는 증가 추세였다.

달러 강세가 멈추면 미국 기업들의 이익이 늘어나고 그에 따라 주가가 상승한다. 또한, 달러로 표시되는 석유와 다른 원자재 가격도 올라가게 돼 원자재에 의존하는 신흥국에 도움이 된다.

기사의 내용에 핵심적인 답이 있고 이 책 뒷부분에 상세 설명을 해놓았다. 점진적이고도 완만한 미국 연방준비제도FED의 금리 인상 기조는 달러 강세가 아니라 달러 약세를 부른다. 바꿔 말하면 원화 강세인데, 그렇다고 수출 악화로 인한 경기불황이니 하는 바보 같은 생각은 하지 말자.

2017년 이후 몇 년간 신경 쓸 코스톨라니 달걀 모델의 금리 방향은 한국은행 금융통화위원회가 결정하는 기준금리다. 앞으로 금리 인하를 한 번 더 할지 안 할지는 필자도 알 수 없으나 그와 상관없이 현시점이 달걀 아래 꼭짓점 부근인 것은 확실하다. 부동산 시장은 지난 몇 년간의 지방 전성시대를 거치고 수도권 상승장이 와서 전국이 다 상승한 형국으로 전성기를 구가하고 있다. 아마 내년에는 지방이 약 1년간에 걸친 조정장세를 완료하고 재상승하면서 수도권을 포함한 전국 동반 상승세(2010년대 제2상승기)를 보여줄 것이다. 주식 시장은 2016년 한 해는 박스권에 갇힌 모습을 보여주었지만 2017년엔 역대 최고치를 갱신하며 부동산 시장과 함께 놀라운 상승세를 보여줄 것이라고 생각한다. 2017년 중반을 지나면서 A1 국면 진입이 본격화되어 부동산 시장은 대중과의 동행이 시작되고, 주식시장에서는 아직 대중이 갈피를 잡지 못하여 올라가는 주가를 쳐다보다가 뒤늦게 서서히 참여하리라 본다. 투자의 시대가 열리는 것이다.

대중의 잘못된
경제 공부

. . .

경제 관련 책들을 보면 경제에 무슨 공식이 있는 것처럼 쓰여 있다. 대중은 금리가 오르면 어떻고 내리면 저렇고, 환율이 오르면 환율이 내리면, 공급이, 수요가, 인플레이션이, 디플레이션이 이러쿵저러쿵 한다. 과연 이런 가정법적인 공식들이 다 맞는 것일까? 정말 경제는 공식들로 이루어져 있고 파악될 수 있는 것일까?

가정법적인 경제 공식들로 경제현상 관련 설명이 채워진 책들이 우리 주변에 넘쳐나는 것은 오래된 주입식 교육의 잘못된 습성 탓이 아닐까. 알려주는 사람이나 받아들이는 사람이나 이제껏 교육 받은 대로 답처럼 딱 떨어지고 문제풀이가 한 번에 가능한 경제 공식을 알기를 원해서 원래는 답이 도출될 수 없는 경제 상황을 공식화하여 설명하는 것일지도 모른다. 그래서 경제 교육 내지 공부의 최종 소비자인 대중에게 주어지는 경제지식이 도리어 경제현상을 잘못 보게 하는 단초가 된다. 사실 경제현상이 그런 공식들로 다 설명이 된다면 경제학자는 모두 떼돈을 벌고 있어야 맞지 않을까? 하지만 그렇지 않다는 것을 우리는 안다. 짧은 인생이지만 수십 년 살다보면 세상이 책대로 움직이지 않는다는 것을 느끼게 된다. 하지만 '전문지식'이라는 말 한마디에 무장 해제되어 경제현상을 있는 그대로 보지 못한다. 물론 깊이 공부한 자들은 그 논리 과정을 이해하고 있지만 보통 사람들에게 입 아프게 말해줄 의미를 찾지 못해 설명해주지 않는다. 심하게 말하면 말해도 모른다는 식이다. 그냥 너희들은 주어지는 답만 외우기에도 벅차니 그냥 그렇게 살라는 식이다. 어떨 때는 고의적으로 사람들의 잘못된 경제인식을 이용하거나 유도하여 자기가 뜻한 바대로(개인 출세 또는 조직의 목적) 몰아가는 경우도 많다.

　예로부터 고매한 경제학자들이 창안한 경제현상을 설명하는 공식들이 틀린 것은 아니다. 개중에는 세월이 흐르면서 틀린 공식이 있다는 것도 밝혀지지만 말이다. 그런데 그 공식이 나오게 된 이유와 그 중간 논리 과정을 이해하지 못하고 단순히 그 공식의 답만 외워 경제현상에 응용하려드는 것이 잘못 되었다. 경제는 인간의 삶과 활동에서 비롯된다. 무수히 많은 변수가 존재하고 공식의 답이 도출되기까지 과정이 더 중요할 때도 많다. 또한 모든 공식은 일장일단이 있어서 그 반대의 답이 맞을 때도 있는 등 아리송한 공식이 바로 경제 공식이다.

　가령 환율 문제를 예로 들어 설명해본다면(금리 문제 등 다른 경제현상도 마찬가지), 다음과 같다.

환율 강세가 되면(가치절상) 수출에 악영향이 오고 외국인 자금이 빠져나가서 우리나라 경제에 악영향을 끼치는 것이 아닌가?

이 말은 맞다.

수출 주도형 개방경제를 추구하는 우리나라에 환율 강세 현상은 안 좋은 것이 사실이다. 그런데, 이런 풀이는 학생시절 정치·경제 과목 문제풀이나 금융관련 자격증 공부에나 적합하다. 환율 강세가 나올 때 최종 결과만 말한 답으로는 현실 경제현상을 이해할 수 없다. 환율 약세 상태에서 환율 강세가 될 때 그 시대적 상황이나 기업들의 기술수준과 대처방법에 따라 수출에 악영향이 오기까지 걸리는 시간은 천차만별이다. 우리나라에 투자한 외국인들이 돈을 빼가는 시점이나 그 속도 또한 마찬가지로 딱 이렇다고 규정지을 수 없다. 최종적으로 환율가치 상승이 적정 수준을 넘어 경제에 악영향을 미치기 전까지 걸리는 과정도 복잡하고 그 시간이 몇 년 이상 걸리는 것이 태반이다.

그 과정에 걸리는 시간 동안 경제가 더 발전하고 주식과 부동산이 끝없이 올라갈 수도 있는데 최종 공식 답인 '환율 강세가 되면 경제에 안 좋다.'라는 말에만 집착하여 하늘만 쳐다보며 기다리다가는 평생 부자가 될 수 없다. 또한 환율이 강세가 되는 것이 도리어 경제에 좋은 경우도 있다. 환율이 너무 약세일 때는 수입물가가 비싸져 수출은 잘 될지언정 내수가 엉망이 되면서 경제에 악영향이 미치기도 한다. 뒤집어서 말하면 환율이 강세가 되면서 수입물가가 싸지고 진행되는 통화 강세를 보고 외국인들이 돈을 들고 몰려와(환율 강세 과정과 걸리는 시간에 포인트를 맞춘 투자) 시중에 돈이 흘러넘치게 되면서 경제가 발전하기도 한다.

경제 공식은 '이렇게 되면 저렇게 된다.'라는 수학 공식처럼 받아들이면 안 된다. 현실은 실험실처럼 제반 조건이 정해져 있는 것이 아니기 때문에 변수에 따라 결과 도출이 상상을 초월할 때도 많다. 복잡하게 꼬여 있고 많은 변수를 계산해야 하는 중간 과정이 더 중요할 때가 많은 것이 경제 공식이다. 내가 시중의 경제관련 책들을 보면서 가장 불만인 것이 그 부분이기도 하다. 너무 단답식이거나 왜곡된 설명(자세한 풀이가 없음)이 눈에 많이 보인다.

현시점, 즉 필자가 주장하는 경기 사이클상 이제 회복 단계 또는 비정상적인 버블 태동기 진입 단계를 보고 비관론자들이 펼치는 주장을 들어보면 경제변수에 대하여 단편적으로만 보고 해석하는 실수가 많다. 그들 주장을 합리화하기 위하여 경제 공식의 한 단면만 끌어와 보여주며 '보이지? 이렇다니까. 그래서 안 좋은 거야.'라는 식이 대부분이다. 거기에 그럴듯하게 전문적인 해설(용어해설만 장황함)까지 곁들이면 대중은 고개를 끄덕거리고 그럴 수도 있겠다며 불안에 떤다. 이는 꼭 비관론자에게만 해당되는 경우는 아니다. 차후 경기 사이클상 호황기 고점, 앞으로 몇 년 후에 나올 상승기 막장에 낙관론자들도 똑같은 우를 범할 것이다. 경기 고점에서는 낙관론이 잘 먹히기 때문이다.

대중에게 널리 전파되는 경제현상 해설이나 주장은 항상 알아듣기 쉽고 단편적인 것이 잘 먹히기 때문에 단답식의 경제 공식으로 장황하게 말을 하는 것이다. 좀 복잡하고 뭔가 보기에 꼬여 있으면 짜증이 나기 때문에 대중은 외면해버린다. 사람은 무리 지으면 아무리 똑똑하더라도 바보가 된다는 것은 수많은 실험에 의해 증명되었다. 왜 아돌프 히틀러 Adolf Hitler의 카리스마 넘치는 연설을 만들어 준 파울 괴벨스Paul Joseph Goebbels가 대중에게 연설할 때는 동어반복을 강하고 자주하는 것이 가장 효과적이라고 했겠는가. 대중은 단순한 것을 좋아한다. 그래서 투자 시장에서 대부분 복잡한 과정의 논리보다는 이해가 쉽게 되고 강한 주장이 잘 먹혀들어 대중은 항상 투자 진입이나 매도 시기를 놓치고 총알받이가 되는 것이다.

금리가 오르면
투자나 경제에
좋지 않다?

. . .

최근 여러 기사나 인터넷 게시판 등을 보면 미국이든 우리나라든 간에 금리 인상이 되면 경제에 안 좋으므로 아파트 값과 주식이 모두 하락하여 무리한 투자자들이 모두 망한다는 글을 쉽게 볼 수 있다. 또는 금리 인하가 계속되거나 금리 인상을 못하고 동결한다는 것은 결국 현재 경기가 좋지 않아서 그런 것이므로 주식과 부동산도 오를 수 없다는 글도 있다. 반대로 금리가 낮아지는 것은 주식과 부동산에 좋다고 하거나 금리가 올라도 경기회복이 된다는 징표이므로 주식과 부동산에 좋다는 글도 심심찮게 보인다. 과연 어느 쪽이 맞는 것일까?

글 그 자체로만 본다면 모두 틀린 말이 아니다. 주입식 교육의 폐해인지 모르겠으나 배운 대로만 말하는 사람들 입장에서는 최선의 말이다. 하지만 현실과 견주어 봤을 때 도대체 어떤 것이 맞는지 알 수 없다. 알고 보면 아주 간단한 이치임에도 사람들은 책에서 배운 문구나 주워들은 말을 그대로 믿고 현실의 경기 상황은 아랑곳하지 않은 채 떠든다.

여기서 '금리'는 가스레인지 불 위에 물이 담긴 솥단지로, '경기'를 개구리로 비유하여 설명해보겠다. 아마 읽고 나면 너무 간단해서 헛웃음이 날 수도 있다.

일단 개구리는 냉혈동물이라 기본적으로 차가운 물을 좋아한다. 경기와 투자자산(부동산 주식) 또한 차가운 물(저금리 상황)을 좋아한다. 뜨거운 물(고금리 상황)에서는 개구리가 죽을 터이니 경기와 투자자산도 뜨거운 물에서는 맥을 추지 못한다는 기본적인 가정을 알아두자. 우선 일반적인 경기 상황, 즉 호경기도 불경기도 아닌 어정쩡한 단계(미지근한 물)부터 설명을 해본다.

미지근한 물이 담긴 가스레인지 불(2단) 위 솥단지에 개구리(경기, 투자자산)를 넣으면 어떻게 될까? 금방 죽지는 않지만 움직임이 활발하지도 않다. 앞서 말했듯이 개구리는 냉혈동물로 차가운 물을 좋아하니까. 이때 가스레인지 불 조절 손잡이를 쥐고 있는 사람(정부, 중앙은행)이 개구리가 활발하게 뛰어노는 것을 보고 싶어(정권 차원이든 외부적 변수 때문이든 경기 활성화를 원할 때) 가스레인지 불을 1단으로 낮추다가(금리 인하) 나중에는 완전히 끄는(초저금리) 상황을 만들기도 한다.

개구리는 물이 식으면 수영하기 시작한다. 즉, 경기가 회복의 기미를 보이기 시작하고 주식과 부동산 등이 슬슬 올라간다. 솥단지 안에서 살살 수영하는 개구리를 보던 사람은 개구리가 더 활발하게 노는 것을 보고 싶다는 생각에 솥단지를 차가운 바람이 부는 바깥에 내놓기도 한다. 제로금리도 불사하는 상황이다. 개구리는 더 신이 나서 힘차게 놀게 된다. 경기 활성화 및 주식과 부동산의 대세 상승기이다. 이때쯤 호경기가 진행되면서 인플레이션이 발생한다. 아까 그 사람은 개구리가 너무 힘차게 놀다가 솥단지 밖으로 튀어나갈까 봐(경기 과잉) 찬바람에 뇌주었던 솥단지를 다시 들고 들어와 가스레인지에 올려놓는다. 첫 금리 인상 시행이다.

그런데 솥단지 안의 개구리가 찬바람 쐰 기운이 남아있어 힘이 넘치는 바람에 계속 솥단지 밖으로 뛰쳐나가려고 하면 솥단지를 뚜껑으로 덮고 다시 가스레인지 불을 켜게 된다. 점진적 금리 인상 시행을 말하는 것으로 한두 번의 금리 인상만으로 경기과열을 잡기 힘들다. 부동산이 고점을 향해 계속 올라간다.

솥단지 안의 물이 데워지기 시작할 테니 개구리가 힘이 빠져야 하지만, 찬바람 맛을 본 개구리는 힘이 남아돌아 도리어 데워지는 솥단지를 탈출하려고 한다. 거듭된 금리 인상에도 경기가 죽지 않아 인플레이션 우려가 심각해지고 주식과 부동산도 과열되는 것이다.

그러자 그 사람은 과감히 가스레인지 불 온도를 3, 4단 연속으로 확 올린다. 물이 팔팔 끓기 시작한다. 바로 큰 폭의 금리 인상이다. 개구리는 결국 탈출하지 못하고 죽기 직전 단계까지 간다. 경기침체와 더불어 주식, 부동산 등 투자자산도 대폭 하락한다. 불경기의 시작이다.

개구리가 죽으려 하자 화들짝 놀란 그 사람은 당황한다. 개구리를 죽일 생각까지는 없었기 때문이다. 얼른 가스레인지 불을 확 꺼버리고(큰 폭 금리 인하 시행) 물을 호호 불며 식혀본다. 통화확장정책과 재정정책을 동시에 실시하는 상황이다. 하지만 죽기 직전인 개구리가 금방 살아날 리 만무하다. 경제위기급 불경이다. 불을 확 꺼버려도 물이 금방 식지 않자 솥단지를 찬바람에 다시 내놓는다. (계속된 금리 인하, 제로금리) 그제야 개구리는 기력을 회복한 듯 미약하게나마 움직인다. 경기회복 기미를 보이는 것이다. 하지만 개구리가 다시 죽을지도 모른다는 두려움이 생긴 그 사람은 냉장고에서 얼음을 가져와 솥단지에 넣는다. 최근 미국이 처음 실시하여 이슈가 되고, 이제 모든 선진국이 시행하는 양적 완화이다. 그러자 개구리가 살아나 헤엄치기 시작한다.

하지만 그냥 찬바람에 내놓았던 때보다 개구리가 활발하지 못하다. 죽다 겨우 살아났으니 당연하다. 그 사람은 생각한다. '아! 내가 아까 전에 너무 급하게 불을 확 올렸구나. 이제는 그러지 말아야지. 가스레인지 불을 올릴 때 천천히 올려야지! 그래야 개구리가 물 온도에 적응할 수 있을 거야.' 이렇게 경기과열 우려 때문에 급하게 큰 폭으로 금리 인상한 것을 반성하고 다음부터는 점진적이고 완만한 인상 폭으로 시행할 것이다.

그 사람은 얼음을 너무 많이 넣었나 싶어 얼음은 빼고(양적 완화 종료) 개구리가 완전히 기력을 회복할 때까지 찬바람을 즐기도록 놔둔다. 제로금리 유지 상황이다. 나중에 개구리가 다시 너무 힘이 뻗쳐 솥단지 밖으로 나가려고 하면 가스레인지 불을 천천히 올릴 것을 다짐하면서 말이다. 다음부터는 무한 반복이다.

경기 사이클과 금리의 관계가 이런 식이다. 무조건 금리를 내린다고 금방 경기가 살아나는 것도 아니고, 금리를 올린다고 금방 죽는 것도 아니다. 타이밍과 속도의 미묘한 조합이다. 당시 경제 상황과 더불어 고려해야 한다. 위 개구리 우화는 일반적인 경기 사이클뿐만 아니라 최근 제로금리 양적 완화 경우까지 모두 포함하여 설명한 것이다.

　이쯤 이 책을 읽다보면 현시점이 어떤 지점인지 어렴풋이나마 알게 되지 않나? 미국이 금리 인상 기조를 지금 어떻게 가져가고 있나? 가스 불을 확 올려 개구리를 죽이려 하려는 것이 아닌 건 알 것이다. 아주 살살 가스 불 손잡이를 올릴까 말까 제스처를 취하며 미세하게 올리고 있다. 우리나라는 어떠한가? 기준금리 1.25나 1.0이나 매한가지로 기축통화국이 아닌 것을 감안하면 거의 제로금리에 가깝다. 필자가 장담컨대 앞으로 2~3년간 한국은행은 절대로 기준금리를 급격하게 올리지 않을 것이다. 이번 경기 사이클 장세가 끝날 때 최고 기준금리는 3%대를 넘기 힘들 것이다. 이래도 지금 무엇을 해야 할지 모르고 비관론에 빠져 있다면 답이 없다.

News란
무엇인가

■ ■ ■

News를 우리는 보통 새로운 소식을 뜻하는 명사이자 대중매체라 알고 있다.

그런데 원래 뉴스는 새로운 소식을 전달하기 보다는 심층 분석 보도 위주였고 엘리트들의 전유물이었다. 대중민주주의가 발달하면서 한 언론사가 경쟁에서 이기기 위해 소수보다 다수를 노린 박리다매 형식의 저가 신문을 발행하면서 본격적으로 대중 속으로 파고들었다. 언론사들은 소수 계층에게 비싼 값으로 신문을 적게 팔기 보다는 아주 싼값에 대중에게 팔아 구독자 수를 늘려 광고단가를 높이는 것이 훨씬 이득이라는 것을 깨달았기 때문이다.

그런데, 언론사들이 저가 신문을 발행하다보니 문제가 한 가지 생겼다. 그전까지는 엘리트 위주로 발행되던 신문의 인기 기사들을 대중은 선호하지 않았던 것이다. 아무리 심층적인 정치, 경제, 사회 분석 보도를 해도 대중은 외면했다. 글이 길기만 하고 재미가 없다는 이유였다. 그래서 언론사들은 그전까지의 보도 형태를 완전히 바꾸어 가십 위주의 가벼운 기사를 전면에 배치하며 대중을 꼬드겼다. 특히 살인이나 강간 등 충격적인 뉴스들을 속보로 내보내거나 판매부수 추이로 미스터리 또는 공포 위주로 엮은 기사를 대중이 요구한다는 것을 알아낸 후 이런 기사를 중점적으로 보도하기 시작했다. 대중은 복잡하거나 긍정적인 기사는 재미없어 한다는 사실이 입증된 순간이었다.

처음에는 신문의 일부만 차지하던 대중적인 보도 형태가 점차 전면을 차지하게 되었다. 그리고 언론사들은 또 하나 깨달은 사실이 있었는데, 바로 언론 기사로 대중을 조종할 수 있다는 것이었다. 이것은 아주 혁신적인 생각이었다. 대중은 아주 쉽게 물들며 너무도 간단히 서로를 전염시키는 성질이 있다. 아무리 말이 안 되더라도 전면에 반복적으로 언론 기사를 내보내면 대중은 이 기사를 믿어버리거나 최소한 그런 쪽으로 생각한다. 이것은 뉴스에 두 가지 측면이 존재하게 된 이유가 된다.

이는 언론사가 뉴스를 만들 때는 판매부수나 시청률 때문에 대중이 알고 싶어 하거나 선호하는 것을 주로 찾아내어 보도하는 수동적 측면과 대중을 언론사가 어떤 의도를 가지고 한쪽으로 몰아가기 위해 집중적으로 길게 반복하여 보도하는 능동적인 측면 등이 혼재하는 것을 말한다. 수동적인 측면과 능동적인 측면을 정확히 가려내기는 오래된 경험 없이는 어려울 때가 많지만 최소한 대중이 무엇을 어느 쪽으로 선호하는지는 알 수 있다. 이는 투자자에게 아주 중요한 힌트가 된다. 즉 투자자 입장에서는 능동적, 수동적 측면을 가릴 필요 없다. 결국 대중은 의도하든 안하든 이미 몰려다니거나 다닐 것이니 어떤 입장을 취하고 있는지는 뉴스에서 간단히 알아낼 수 있다. 물론 그 대중과 반대로 가기가 용이하다는 것이다.

예를 들면 현재 대중이 경제 관련하여 낙관과 비관 두 가지 관점 중 어디를 취하고 있는가를 알려면(물론 이보다 더 복잡한 사안도 파악 가능) TV 뉴스를 보면서 전체 뉴스 방송 시간에서 경제 관련 낙관 보도 시간 할당량이 많은지, 비관 보도 시간 할당량이 많은지를 재어보면 된다. 신문에서는 기사의 개수, 1면 뉴스의 성격, 몇 단 기사로 취급되는지 등을 보면 된다(이래서 종이신문이 좋다).

인터넷 기사는 조금 애매한데 (네이버나 다음 등의 포털이 전면에 내세우는 뉴스를 어떻게 골라내는지 그 시스템을 알기 어려움) 역시 대중에게 많이 보이고 선택되어지는 것이 대중의 취향이나 몰려 있는 성향을 나타내는 것이므로 눈에 잘 뛰고 검색결과 첫머리에 나오는 것을 파악하면 된다. 이는 뉴스에서 무책임하게 낙관적인 기사와 비관적인 기사를 뒤섞어 보도하여(중립성이니 자기는 전달자일 뿐이니 책임 없다?) 도대체 뭐가 진실이고 거짓인지 헷갈릴 때 그 속내를 파악하는 데 아주 유용하다.

상아로 만든
젓가락 이야기

. . .

옛날 중국 은나라 주왕이 코끼리 상아로 젓가락을 만들자 기자가 두려워 말했다고 한다.

상아 젓가락을 만들면 국을 흙으로 만든 오지그릇에 담을 수 없고, 반드시 뿔이나 주옥으로 만든 그릇이 있어야 할 것이다. 주옥 그릇이나 상아 젓가락을 사용하면 반찬은 콩이나 콩잎으로는 안 되고 반드시 쇠고기나 코끼리 고기, 표범 고기를 차려 놓아야 할 것이다. 그런 고기를 먹게 되면 아무래도 짧은 털가죽 옷이나 초가집에서 살 수 없는 노릇이니 반드시 비단옷을 입어야 하고, 고대광실에서 살아야 할 것이다. 이와 같이 모든 것을 상아 젓가락의 격에 맞추다 보면 천하의 재물을 총동원해도 모자랄 것이다.

기자는 이 말을 남기고 은나라를 떠나 머나먼 동쪽 나라로 망명하였다. 그 후 은나라는 실제로 기자의 말대로 멸망하였는데, 이는 은나라 주왕과 달기의 호화스러운 생활('주지육림'이라는 고사성어를 만들어 낸 일화)과 폭정 때문이었다.

위 이야기는 유명한 '한비자'에 나오는 고사이다. 이 일화를 두고 많은 해석과 교훈적인 글이 나왔다. 어린이용 책까지. 여러 해석 중에서 필자가 가장 마음에 들어 하는 것은 '기자의 통찰과 예측'이다. 기자는 주왕이 상아로 젓가락을 만들었다는 단 하나의 힌트로 먼 미래를 내다본 것이다. 투자자가 가져야 할 가장 큰 덕목이다. 하루에도 셀 수 없이 쏟아지는 각종 정보 다발에서 미래를 내다볼 수 있는 단 한 줄을 찾아내야 하는 것이다. 상상력을 토대로.

물론 이런 생각은 필자가 먼저 한 것은 아니다. 유럽의 전설적인 투자자 앙드레 코스톨라니가 이미 '뉴스는 투자자의 도구, 투자는 상상력이다.'라는 말로 표현하였다. 필자가 주로 시중에 누구나 볼 수 있는 뉴스나 각종 잡정보를 가지고 투자 예측을 하게 된 계기는 미국의 전설적인 투자자 제시 리버모어 Jesse Livermore 이야기 때문이다. 아니 정확히는 제시 리버모어가 들려준 다른 투자자의 이야기였다. '어느 주식투자자의 회상'이라는 제시 리버모어와의 인터뷰를 소설 형식으로 펴낸 책에 보면 짧은 이야기가 있다. 제시 리버모어는 인터뷰 도중 다른 투자자들 이야기를 많이 하였는데, 그중에는 특이한 투자자가 한 명 있었다. 제시 리버모어 자신도 놀랄 정도로 뛰어난 투자자라며 칭찬한 그 투자자는 평상시 산 속 오두막에 기거한다. 외부와의 소통은 오직 3일이 지나 배달되어오는 신문밖에 없다. 다시 말해 시장의 소식을 알 수 있는 것은 오직 3일이나 지나 오두막에 전해지는 정보지로서 가치가 떨어지는 신문뿐인 것이다. 정보의 신속성이나 희소성, 비밀 보안성의 견지에서 보면 아무짝에도 쓸모 없는 종이 쪼가리에 불과하다. 하지만 그 투자자는 3일 지난 신문을 찬찬히 읽으면서 그 속에서 금맥을 캐낸다. 개별로 보이는 사건들 간의 연관성이나 단 한 줄의 기사 속에 숨은 진실을 통해 미래를 내다보는 것이다. 통찰과 예측이다. 산 속 오두막 투자자는 신문을 보다가 상상력을 통해 뭔가가 보이면 잠시 산을 내려와 시장에 투자(매수) 한 후 다시 산으로 간다. 자신이 생각한 시장 시나리오에만 집중할 뿐 다른 잡다한 정보나 소식에 휘둘리지 않는 것이다. 차후 수익을 거둘 때가 되었다고 생각이 들면 산을 내려와 매도하여 수익을 취한다.

필자는 그 이야기와 앙드레 코스톨라니의 말을 연결 지어 생각해보면서 과연 이것이 가능한 일인가? 하는 의문이 들었다. 투자 시장에서는 남보다 먼저 뉴스를 알아내려고 모두가 혈안이 되어 남들이 모르는 무엇인가를 알아내는 것이 힘이지 않나. 속도와 희소성(비밀 보안성)이 생명인 것이 바로 투자 시장이다. 그런데 모두에게 공개되는 뉴스만으로 투자가 된다? 그것도 3일 지난 신문 쪼가리를 보고? 몇 십 년 전이라 그런 것이 아닌가? 현대에서는 인공지능 컴퓨터가 투자 시장을 주무를지도 모르는 판국인데 그것이 될 법한 소리일까? 주식이든 부동산이든 간에 치고 빠지기(단타 개념)에서는 그 이야기가 맞을 수 없다. 결국 추세매매 내지 중장기 투자에서만 가능한 것은 확실하다. 그렇다면 대중에게 전해지는 뉴스 기사란 것이 대부분 진실도 아니고 가공되어진 허접한 정보일 경우가 태반인데 어떻게 거기에서 투자 포인트를 집어낼까? 설사 기사의 행간을 잘 읽어내어 투자 포인트를 읽어낼 정도의 실력을 갖춘다 하더라도, 과연 그렇게 알아낸 투자 포인트가 현실성이 있을까?

수많은 경제학자와 투자자들이 엄청난 공부를 하고, 뭔가 남이 모르는 수식과 패턴, 정보를 발견하거나 알아내기 위해 노력하는 이유는 바로 일반인에게 공개된 정보로는 시장에서 성공할 수 없기 때문이다. 그러니 아무리 생각해도 이해가 되질 않았다. 그런데, 문득 머리를 스치는 생각 하나. 과연 거래 시장의 매수와 매도를 통한 투자란 무엇인가? 투자 시장은 어떤 식으로 성립되나? 사는 자와 파는 자가 있어야 시장은 성립된다. 시장에 존재하는 투자자는 모두가 정보를 얻고 싶어 한다. 또는 정보를 생산해내어 자신에게 유리하게 만들고 싶어한다. 작게는 주변 사람들을 끌어들이거나 다른 쪽으로 모는 말장난을 하고 크게는 정부 인사나 정책을 직접적으로 움직이려고 작업하기도 한다. 모두가 그렇게 노력하는 이유는 시장에 돌고 있는 돈, 엄밀히 말해 다른 사람들의 돈, 더 정확히 말해 어떤 한방이 있을까 해서 불나방처럼 모여드는 투자금을 자기가 많이 가지기 위해서다. 즉, 투자는 다수를 의도하는 방향으로 움직이게 하여 희생시키는 바탕으로 소수가 돈을 버는 것임을 부인할 수 없다.

그렇다면 이때 의도하는 방향이란 무엇인가. 소수가 노리고 있는 쪽과 반대의 방향일 경우가 많지만 어떨 때는 같은 쪽으로 오도록 만드는 방향일 때도 있다. 알고 보면 투자는 시장을 상대로 하는 것이 아니라 사람들을 상대로 게임하는 것과 마찬가지다. 다수를 상대로 말이다. 다수를 움직이려면 다수에게 무엇인가 말을 해야 한다. 그때 이용해야할 것은 무엇일까? 바로 대중매체다. 대중에게 던져지는 수많은 뉴스 말이다. 투자란 것은 상대가 존재해야, 정확히는 남의 돈이 시장에 들어와야 되는 것이므로 그럴듯한 정보가 던져지듯이 대중에게 주어질 수밖에 없다. 돈을 가지고 오라는 유혹이 필요한 것이다. 그렇다면 유혹을 위해 어느 정도 괜찮은 정보를 포함한 뉴스 기사를 생산해내야 한다. 그래서 역설적으로 대중들에게 던져지는 대중매체를 통한 뉴스 기사는 허접한 쓰레기가 아니다. 더구나 시대가 발전하면서 이런 투자 시장 원리가 시스템화 되어 즉각적으로 정보가 생산되고 대중에게 전달되므로 그 중요성은 날로 커진다고 볼 수 있다.

알고 보면 수많은 경제원리와 수급, 엄청난 정보가 완전히 녹아들어 제공되는 최종 결과물이 바로 대중매체인 뉴스 기사다. 사람들이 그것을 모를 뿐이다. 최종 먹잇감인 대중의 돈을 따먹기 위하여 적당한 진실과 그럴듯한 사실, 은밀한 거짓말을 뒤섞어 뉴스 기사를 생산해내는 것이다. 꼭 의도적이라기보다는 시스템화 되어있다고 볼 수 있다. 대다수 경제학자들이 그 어려운 공부를 하고도 투자 시장에서 실패하는 이유가 바로 이러한 부분을 거꾸로 생각해서였다. 시장의 기본 원리를 망각한 채 뉴스의 재료인 경제현상이 이루어지는 원리에만 집착하여 탐구하기 때문이다. 사람을 알려하지 않고 말이다. 일반 사람들 중에서도 좀 똑똑하다며 경제학자와 똑같은 실수를 해서 실패하는 경우가 부지기수다.

이제는 제시 리버모어가 감탄한 산 속 오두막 투자자의 3일 지난 신문 이야기와 앙드레 코스톨라니의 '뉴스는 투자자의 도구'라는 말이 이해간다. 명민한 투자자라면 '한비자'에 나온 기자의 상아 젓가락 일화처럼 통찰과 예측을 발휘하여 뉴스 기사를 잘근잘근 먹으면서 그 속에 숨은 금맥과 투자 포인트를 집어낼 수 있어야 한다. 그게 투자자의 기량이다. 허접한 경제 관련 지식이 중요한 것이 아니라.

루비니
패러독스

■ ■ ■

2008년 금융위기를 예측하여 '닥터 둠'이라 불리는 유명한 비관론자 누리엘 루비니Nouriel Roubini 교수. 사람들은 루비니 교수가 우리나라 비관론자들처럼 항상 어두운 미래 전망이나 현재 경제의 잘못된 실상에 대해서만 말하고 있을 것이라 생각하지만 전혀 그렇지 않다. 어느 신문 사설의 한 대목을 보자.

미국 증시 거품 논쟁은 2012년 8월로 거슬러 올라간다. 당시 유명했던 빌 그로스와 워런 버핏 간 '주식숭배 종료' 논쟁을 요약하면 이렇다. 그로스는 주식 숭배는 끝났다고 단언하면서 채권에 투자할 것을 권했다. 버핏의 생각은 달랐다. 주식을 사두는 것이 유망하다고 말하면서 자신이 운영하는 벅셔해서웨이 주식 보유 비중을 대폭 늘렸다.

그 후 잊혀가던 이 논쟁이 꼭 1년 만에 같은 비관론자인 마크 파버와 누리엘 루비니 간에 벌어졌다. 파버는 "주가가 '비이성적 과열'을 우려할 만한 수준"이라고 평가했다. 주가의 고공행진을 떠받쳐온 '부채의 화폐화'는 더 이상 추진하기 어려워 1987년 블랙먼데이 때처럼 주가가 폭락한다는 것이 그의 주장이었다.

하지만 동일한 상황에 대해 루비니 교수의 견해는 달랐다. 2013년 4월 열린 밀컨 콘퍼런스(일명 미국판 다보스 포럼) 이후 "앞으로 2년 동안 주식이 가장 유망하다"며 "투자자에게 주식을 가능한 한 많이 사둘 것"을 권했다. 그 후 헤지펀드 거물인 데이비드 테퍼를 비롯해 증시 낙관론이 줄을 이었다.

'루비니 패러독스'라 불릴 만큼 예기치 못한 시각이라 그 배경에 대해 궁금해하는 사람이 많았다. 루비니 교수는 증시 낙관론에 대해 '경제 정상화 역설'을 들었다. 3년 전 물가 안정 속에 주가가 많이 올랐지만 경기는 기대만큼 회복하지 못했다. 지금도 마찬가지다. 이런 상황에서는 금융완화 정책이 지속될 수밖에 없다는 것이 증시 낙관론을 펼친 배경이다. 오히려 경제가 정상화되면 출구전략을 추진할 수밖에 없고, 이 과정에서 거품이 붕괴해 투자자는 커다란 손실을 입을 수 있다는 얘기다. 직장인이 최근처럼 생애가 길어진 시대에는 만년 과장에 머물러 있는 게 좋을지 모른다는 것과 같은 이치다…(후략)

– "한국경제 미국 증시 거품 논쟁… '서머랠리' vs '제2 블랙먼데이'",
〈한국경제〉, 2016. 07. 24.

루비니 관련 신문 사설의 한 대목을 보고 어떤 생각이 드는지 모르겠다. 일반적인 사람들 생각으로는 이해하지 못할 법한 이야기다. 2013년에 루비니가 미국 증시 낙관론을 펼친 것이 지금에 와서 보면 맞았다는 단순한 사실이 중요한 것이 아니라 시장 전망을 어떤 식으로 해야 하는지를 모범 답안으로 보여주었다는 점이 중요하다.

루비니 교수는 모두가 알다시피 비관론자의 대명사였다. 하지만 그는 단순한 비관론자라 불릴 경제학자는 아니다. 어떻게 보면 아주 현실적인 투자자의 시각을 갖고 있는 전문투자자라고 봐야 한다. 2013년 당시 미국 증시 전망을 하면서 일반적인 경제학자나 전문가라면 알지 못할 중요한 핵심 두 가지를 전문투자자의 시각으로 알아보고 낙관론을 펼쳤기 때문이다.

첫 번째, 돈의 힘을 과소평가하지 않았다. 투자 시장은 '돈질'이 중요하지 경제 상황이 중요하지 않다는 투자자의 시각을 말한다. 보통의 경제학자로는 이해하기도 인정하기도 힘든 부분을 루비니는 인정하고 적극 활용하였다. 극단적으로 말해 다른 잡다한 경제지식은 투자에 필요하지 않다. 돈이 풀리면 주식과 부동산이 오른다. 돈이 줄어들거나 막히면 떨어진다. 아주 단순한 진실이다. 머리 아프게 어려운 말 쓰면서 열심히 이론적인 설명을 하는 자는 자기 합리화 또는 잘 모르고 이야기한다고 해도 무방하다. 그래서 어설픈 투자자나 비관론자는 항상 뭔가 이유가 있고 불평하고 걱정하며 말이 많다. 투자자는 경기나 수출입, 소득수준 같은 여러 경제지표에 신경 쓰지 말고 오직 돈의 향방에만 신경 쓰면 된다.

두 번째, 루비니 패러독스의 본질인 '경제 정상화의 역설'이다. 다시 말해 정부 당국의 정책이 미치는 영향을 계산에 넣어 현실적인 경제학의 적용을 보여주었다는 것이다. 작금의 우리나라 부동산 시장을 설명할 때 비관론자들이 주로 하는 말이 있다. 바로 정부가 정책적으로(금리 인하, 경기 부양책 등) 시장을 떠받치기 때문에 무너지지 않고 있을 뿐이지 결국 붕괴하게 될 것이라는 주장이다. 필자는 그런 주장을 하는 비관론자들을 보면 안타깝다는 생각이 든다. 경제란 것이 무엇인가. 시장이란 것이 무엇인가. 사람들의(경제주체, 시장주체) 활동이 모여 이루어진 것이 아닌가. 정부 당국도 엄연한 경제주체이자 시장참여자인 것은 기초상식이 아닌가. 경제 전망을 할 때 온갖 경제통계지표나 산술적인 수급 상황만 보고 판단하는 것은 학교 시험 칠 때나 하는 행동이다. 경제학이 맨 처음 모습은 사라지고 온갖 화려한 데이터 해석에만 집착하는 바람에 수학이 되어버렸다. 루비니는 그렇지 않았다. 미국 정부 당국과 연방준비제도이사회FRB의 행동을 염두에 두고 경제 전망을 했다. 미국 증시가 올랐다고 해도 경기는 기대만큼 회복되지 않았으므로 정책적으로 증시를 꺼뜨리지 않을 것이라 계산했다. 이것이 진짜 경제학이다. 경제는 인간의 여러 활동이 모여 이루어진 것이라는 가장 기본적인 진리를 외면한 채 화려한 수식 차트나 통계지표에만 얽매여 상상력 없이 그 해석에만 열중하는 것은 가짜 경제학이다. 참고로 통계지표는 과거를 볼 때는 신기할 정도로 잘 맞아들어 가지만 현재나 미래에 대입하여 적용하려 하면 항상 오류가 난다. 왜 그런 것일까? 그 이유는 과거 통계는 당시 모든 경제, 시장참여자들의 행동이 반영된 완벽한 결과이지만 현재 통계는 아직 반영되지 않은 미완의 상태이기 때문이다. 정부 당국의 정책 효과나 사람들의 행동 변화로 통계가 시간이 지나면서 얼마든지 바뀐다는 이야기다.

루비니의 경제 정상화의 역설을 필자가 말한 두 가지를 활용해서 보면 이해가 갈 것이다. 경기가 좋아지기 때문에 증시/부동산이 오르는 것이 아니다. 경기가 좋아지라고 정부 당국이 돈을 풀기 때문에 증시/부동산이 오르는 것이다. 시간이 지나면서 경기가 좋아지면 상승작용이 일어나 더욱 오르는 것일 뿐인데, 사람들은 경기가 좋아지면서 오른다고 착각하는 것이다. 경기가 활성화되어 경제 정상화가 이루어지면 정부 당국은 경기과열을 염려하게 된다. 그런 정부 당국의 태도는 돈줄 죄기라는 형태로 시장에 영향을 미친다. 돈이 떨어지면 경제 전반에 활력이 떨어진다. 우리는 착각하면 안 된다. 경제활동이 돈을 만들어 내는 것이 아니다. 돈이 경제활동을 만들어 낸다.

투자를 처음 접할 때 일반 사람들이 가장 빈번히 하는 실수가 학문적으로 접근하는 것이다. 경제이론에 얽매여 경기 그 자체, 호황과 불황에 집중하는 우를 많이 범한다. 그래서 서민들은 불황기에 주식과 부동산이 오르는 것을 아무리 설명해도 이해하지 못한다. 이 부분을 머리로 깨달았다 해도 브렉시트Brexit처럼 이벤트성 악재가 터지면 사고가 정지되면서 (언론의 영향이 큼) 돈의 흐름을 보는 것이 아니라 그저 걱정과 두려움에 휩싸이기만 한다. 경기불황에 주식/부동산이 오르나, 브렉시트 같은 악재가 터진 후에 시장이 오르나 매한가지 원리다. 브렉시트 이후 돈이 마를 것이라는 예상과 달리 세계 각국에서 돈을 더 풀자 염려와 달리 시장이 상승한 것이다. 돈이라는 것은 정확히 돈 따라 움직인다.

과거 악재나 경제위기 상황을 돌이켜 생각해보자.

IMF 외환위기, 정부의 외화보유액이 바닥났고 시중 유동성이 줄어들었다. 한마디로 우리나라에 돈의 씨가 말라서 시중에 돈을 풀 수가 없어 IMF에 손을 벌리면서 온 외환위기다. IMF가 돈을 빌려주자 주식 시장이 급반등 했다. 하지만 IMF가 고금리 정책을 요구하여 시중 유동성이 크게 늘지 못하자 주식 시장은 고점 1000에 막혀 수년을 박스권 장세를 보였다.

LTCM 파산사건, 1998년 롱텀 캐피털 매니지먼트라는 미국회사가 파산하면서 연결된 파생 상품 연쇄 부도로 세계경제가 위기에 빠진 사건이다. 2008년 미국 투자은행 리먼 브러더스 파산으로 촉발된 금융위기와 유사한 점이 있다. 당시나 2008년 금융위기 때나 공포감의 핵심은 경제 붕괴였다. 투자자들이 파산하고 손실을 메움으로써 시중의 돈이 마를 것이라는(자금회수, 외자 유출, 신용경색) 위기감이었다. 이때도 미 연준의 세 번에 걸친 연속 금리 인하 등 전 세계 중앙은행의 돈 풀기가 나오자 시장은 급반등하여 전고점을 갱신했다.

2001년 911테러, 충격적인 뉴스였다. 테러 공포로 인한 세계경제 위축, 세계전쟁이 일어날지 모른다는 불안감에 우리나라 시장은 전 종목 하한가, 세계 주식 시장이 전부 폭락했다. 테러 다음날도 앞으로 세계경제가 위험해지리라는 공포가 엄습하였고 시장은 폭락했다. 그러자 당시 앨런 그린스펀Alan Greenspan 미국 연준 의장이 금리 인하를 시사했다. 연속적인 금리 인하가 나왔다. 우리나라도 마찬가지였다. 911테러 여파는 딱 이틀 갔다. 시장은 돈이 풀린다는 소식 하나에 급반등하여 그전 고점을 갱신했다. 이외에도 무수히 많은 사례가 있지만 그만 줄인다.

마지막으로 다시 말하면, '경기'가 '돈'에 얽매여 움직이는 것이지 '돈'이 '경기'에 얽매여 움직이는 것이 아니다. 참고로, 우리나라도 2017년부터 루비니 패러독스가 나타날 것으로 생각된다. 몇 년 동안 디플레가 염려되는 저물가 저성장 기조 속에서 돈을 많이 풀었으나 기대만큼 경기는 회복되지 않았다. 이런 경우 정부의 금융완화책은 지속될 수밖에 없다. 탄핵 등 정치혼란상도 일조하여 그런 상황을 부추길 것이다. 주식/부동산이 오른다고 볼 수밖에 없는 현실이다.

투자자로서 가져야 할 마인드

나 자신의 고정된 마인드는 없다.

나 자신의 생각은 버리고 오직 대중과 반대로 감에 집중한다.

대중의 생각을 알아채고 그 반대가 나의 기본 마인드다.

그러나

대중과의 동행 부분도 놓치면 안 된다.

물론 대중과의 동행은 낙관일 때이지 비관일 때가 아니다.

낙관의 정점이 오기 직전에 대중을 버리고 감에 집중한다.

이는 직관에 의존할 일이지 산수算數에 위탁할 일은 아니다.

PART 3

정치판 이야기
– 개헌과 통일

거대한 정치 이벤트에 혹하여 자기 앞길이나

가정경제를 놓치는 우를 범하여서는 안 된다.

정치판 이야기를
하기에 앞서

. . .

《시사경제잡설》에서 정치 파트를 쓸 때 고민이 많았다. 과연 생각한 그대로 써도 되는 것인가. 너무 적나라하게 쓰면 삼국지에서 나오는 '계륵' 일화의 일개 부하 장수 '양수'처럼 능력도 안 되는 자가 너무 나대는 걸로 여겨져 괜한 비난과 오해를 사는 것은 아닐까.

이런저런 고민 끝에 정치 파트를 가장 무난하면서도 받아들이기 쉬운 시나리오로 쓰면서 핵심(개헌)은 남겨두는 쪽으로 결정했다. 하지만 의외로 그런 부분 때문에 비난을 가장 많이 받았다. 새누리당이 총선에서 승리하지도 않았고 거대 야권이 탄생하면서 오히려 필자의 예상 시나리오와 다르게 정국이 흘러가는 것으로 보이기 때문이었다. 하지만 이 글을 쓰는 시점에 흘러가는 정국을 보면 묘하게도 개헌을 향해 치닫고 있는 것을 대부분 깨닫고 있을 것이다. 이제는 능력 안 되는 필자 같은 이들이 자기 멋대로 말한다 해도 대세에 영향이 없고 얼마든지 그런 정치 시나리오가 있을 법하다며 받아들일 만한 환경이 되었다 본다.

투자자는 투자를 위한 정국의 흐름만 보면 되는 것이지 깊숙이 파고들어갈 필요 없다고 생각한다. 투자를 할 때 정부정책의 흐름이 중요하기에 집권 세력과 정치판을 알고자 하는 것이지 정치를 하기 위한 것이 아니니까. 다른 이들은 필자가 친정부적이거나 보수 편향적이라는 오해를 할지 모르겠으나 그저 현실주의자일 뿐이다. 그리고 필자의 글이 현 정권을 옹호만 하지도 않았다. 솔직히 현 대한민국 정치권에 진정으로 국민을 위하는 정치 세력이 있기는 한가? 여당과 야당 어느 곳이든 자신들의 권력욕을 위해 노력할 뿐이라고 본다. 정치는 중국 고대 요순시대를 빼고는 쭉 그래왔다고 생각한다. 그래서 노상 요순시대 정치를 찾지만 그런 시절은 결코 오지 않는다. '각자도생'이라는 말을 누가 만들었는지 모르겠으나 시대적으로 너무나 잘 맞는 말이다.

2016년 4월
총선 이야기
・・・

《시사경제잡설》을 보면 2016년 4월 총선에서 새누리당의 압도적 승리를 이야기하며 그 후 개헌이 될 것이라고 했다. 기본적인 시나리오였다. 투자자 입장에서 정부정책의 연속성과 개헌 후 정국을 생각할 때 가장 무난한 스토리이기 때문이다. 물론 결과는 아니었다. 야권의 승리였다. 그런데 진정 거대 야권의 탄생일까? 새누리당, 더불어민주당, 국민의당으로 정치판이 3당 체제가 된 것처럼 보인다. 삼국지에 나오는 제갈공명의 천하삼분지계 같다. 국민의당의 정치적 색깔이 무엇일까를 생각하면 거대 야권이라 부르기 모호한 지경이다. 뉴스에서는 항상 거대 야권이라 하지만.

지금 정치판의 시계는 개헌을 향해 돌아가고 있다. 우리나라가 공화국 체제로 접어든 이후 제2공화국 시절 잠시 의원내각제를 한 것을 빼면 지금이 진정한 왕권정치王權政治에서 신권정치臣權政治로 넘어가는 과도기다. 이를 누군가가 의도적으로 만들어 가는지 시대가 필연적으로 그렇게 흘러가고 있는지는 알 수 없다. 아무튼 모양새는 기가 막히게 잘 맞아 들어가고 있다. 만일 2016년 4월 총선에서 새누리당이 압승을 하고 이원집정부제나 의원내각제 개헌을 추진했다면 국민의 반대에 부딪혔을 수 있다. 그런데, 3당 체제가 되면서 정치 세력들 간 연립정부를 통한 개헌 추진 및 집권이 되더라도 큰 거부감이 없는 상황이 되었다. 묘한 상황이다.

2014년 말 김무성 전前 새누리당 대표가 언급한 '오스트리아식 이원집정부제'가 바로 다당제를 기반으로 한 정치체제다. 현재 오스트리아는 사민당과 국민당으로 형성된 대연정 체제다. 그러고 보니 안철수를 중심으로 호남 세력과 합쳐져 만들어진 당도 '국민의당'이다. 아무튼 이원집정부제나 의원내각제로의 개헌은 양당제보다 다당제가 기본이고 국민의 저항이 적을 것이라고 누구나 예상할 수 있다.

그럼 이쯤에서 가상의 정치 드라마 이야기를 하나 해보겠다. 분명히 말하지만 이것은 백퍼센트 가상 정치 드라마다.

정치판은 음모로 점철된 치열한 생사의 현장으로 각 세력이 살아남기 위해 피 튀기는 정치 암투를 벌인다. 그 암투에서 중요한 역할을 하는 자들을 옛날부터 '책사'라고 불렀다. 조선시대 수양대군을 옹립하여 세조로 만든 한명회 같은 책사. 그런 책사들이 현대에도 있어 정치판을 주무르고 있다면 차기 정치판을 개헌에 이어 이원집정부제나 의원내각제로 만들기로 작정했다는 전제하에 이번 총선 결과를 어떻게 나오도록 만들어야 했을까? 답은 국민의 손으로 정치판을 만들었다고 할 법한 상황이 나와야 한다는 것이다. 준엄한 국민의 심판 어쩌고 하는 것 말이다. 차후 국회 주도의 개헌에서 국민의 저항을 줄여야 하니까. 그게 바로 진보와 보수로 대변되는 양당체제를 오스트리아식 같은 다당제로 만들 초석인 3당 출현이다. 협의 정치라는 좋은 말로 포장되는 정치판을 만드는 것이며 개헌 단추를 꿰기 전 가장 선결과제이다. 그래서 이번 제20대 총선은 중요했다. 이는 여야 막론하고 개헌이라는 목표, 왕권정치에서 신권정치로 넘어가는 과도기에서 정치 세력들 간에 암묵적으로 합의된 것으로 어느 한 세력이 주도했다고 말하지는 않겠다. 시대적 요청이 그렇게 만들었을 수도 있다.

새누리당과 새정치민주연합(더불어민주당 전신)으로 양분된 정치판을 천하삼분지계에 의해 제3당을 출현시키려면 그만한 정치 세력이 필요하다. 대중적 인지도와 더불어 지역적 기반(우리나라 정치적 현실에 비추어 어쩔 수 없는 선택)도 있는 정치 세력의 필요. 바로 토크 콘서트를 시작으로 대중적 인지도를 높이며 정치판의 신데렐라로 부상했던 안철수를 중심으로 한 세력과 호남이라는 지역적 기반을 가진 세력의 합작품인 '국민의당'이다. 애초 야권 대통합이라며 안철수 진영이 친문 세력(문재인 계파)과 호남 계파로 이루어진 민주당과 합작할 때부터 예정된 수순이었을지도 모른다. 어찌 하나의 산에 호랑이 두 마리가 살 수 있을까? 또한 호남 계파는 노무현 대통령 탄핵이라는 원죄를 안고 있어 노무현 대통령의 후계자 문재인이 대권을 거머쥔다 해도 찬밥 신세가 될 수 있으므로 야권 분열은 불 보듯 뻔한 일이었다. 누군가 거기에 명분을 던져주고 자금을 대어준다면 언제든 3당 출현은 기정사실이었다고 해야 한다. 돈 보다 중요한 것은 명분이었다. 국민의 선택이라는 명분. 그것을 갖추기 위한 이벤트가 2016년 4월 제20대 총선이었다.

결과는 환상적이었다. 국민의당은 호남을 지역적 기반으로 한 제3당으로 당당히 정치판에 얼굴을 내밀었고 더불어민주당은 수도권에서 약진하면서 위세를 갖춘 제1야당이 되었다. 새누리당이 참패 아닌 참패(?)를 하면서 국민은 들떴다. 자기의 소중한 한 표로 정치판이 절묘한 균형을 이뤄 뿌듯함이 들 정도였다. 하지만 과연 이것이 국민의 진정한 선택의 결과일까? 만일 정말 하늘이 내린 뜻이라면 대한민국은 이제 이원집정부제 내지 내각제의 정치 형태를 가진 국가가 되는 것은 어쩔 수 없는 미래이다. 제3당 출현이 차후 대연정을 통한 개헌 후 장기 집권을 내다본 정치판 책사들의 작품이라고 해도 마찬가지기는 하지만 말이다. 정치드라마 시나리오로 이야기를 하려해도 거북스럽기는 마찬가지다. 참고로 뚜렷한 대권 후보가 없는 호남 세력 입장에서는 안철수를 대통령으로 만들기보다는 대연정을 통한 집권 세력에 한 축을 담당하는 것이 더 매력적인 일이라는 것은 부인할 수 없다. 그래서 노무현 대통령 시절 불발된 대연정이 지금은 실현될 수 있다.

시대적 요청,
개헌이라는 이름

■ ■ ■

최순실 국정농단 사태.

이 글을 쓰고 있는 2016년 11월 TV, 신문 등 모든 언론에서 시끄럽게 떠드는 것은 최순실 관련 뉴스 보도다. 투자자 입장에서 그 진위 판별에는 관심이 없다. 관심이 있다면 정말 기막히게 시대적으로 개헌을 진행해야 하는 정국이 되어가고 있다는 것이다. 애초 필자가 일개 개인 투자자임에도 불구하고 정치판이나 개헌 관련 이야기에 관심을 기울이고 쓰는 이유는 투자를 할 때 정부정책의 연속성이나 화폐개혁이라는 커다란 이벤트가 과연 실현 가능한가를 따지기 위함이지 정치권을 비판하거나 옹호하기 위함이 아니다. 투자자는 정치에 회색이어야 한다는 것이 필자의 소신이다. 시대의 흐름을 따라가기 위해 정확히 분석하려고 노력할 뿐이다. 거기에는 좋고 싫음이 없다. 책상에서 경제를 논하는 사람들은 숫자 싸움이나 탁상공론에 열을 올리며 정부정책이나 그에 따른 투기 현상을 비난하며 정상적인 경제 흐름이 아니라고 토로하지만, 그 또한 경제의 한 부분이고 당연히 계산에 넣어야할 요소이다. 그런 부분을 배제하고 경제를 말한다는 것이 우습다.

각설하고, 최순실 사태로 말미암아 현 정권이 위험에 빠진 듯 보인다. 특히 박근혜 대통령은 식물 대통령이 되어가고 있다. 그런데 여기서 잠깐 생각을 돌려보자. 앞서 제20대 총선 관련 이야기를 하면서 작위적이든 하늘의 뜻이든 간에 정치판이 개헌을 향해 돌아가고 있다고 했다. 그런데 현직 대통령이 정치를 잘해 경제가 살고 국민이 만족하고 있다면 이원집정부제나 내각제로의 개헌이 가능할까? 턱없는 소리일 것이다. 역사적으로 볼 때 왕권정치에서 신권정치로의 혁신적 변화가 오려면 민중^(백성)의 허락 아닌 허락(?)이 있어야 했다. 정치체제의 변화가 쉬운 것이 아니기 때문이다. 왕이 정치를 잘해 백성이 살만한데 그 밑의 신하들이 작당하여 신권정치로의 변화를 모색하면 그것이 용납될까? 거센 백성의 저항에 부딪힐 것은 뻔한 일이다.

《시사경제잡설》에서 TV 드라마를 들먹이며 말했던 부분을 떠올려보자. 〈정도전〉이나 〈육룡이 나르샤〉라는 드라마에서 정도전이라는 불세출의 인물은 조선을 개국하며 신권정치를 꿈꿨다. 왕은 군림하나 통치하지 않는다는 드라마 속 대사처럼. 당시 조선 태조 이성계는 정치가였을까? 아니다. 무인에 가깝다. 정도전이 이성계를 새 나라 조선의 왕으로 옹립하고 자신이 꿈꾸는 이상향의 통치 형태를 만들려고 했다. 드라마에서는 정도전의 꿈이 태종 이방원의 무력에 의해 무너진 것으로 표현되어 있지만 필자의 생각으로는 조선 최고의 왕이었던 세종대왕 때문에 정도전이 꿈꿨던 조선초기 신권정치의 이상이 실현되지 못했다고 본다. 태종 이방원의 무력으로 잠시 기세가 꺾였지만 세종대왕이라는 걸출한 조선의 왕이 나타나지 않았다면 다시금 의정부와 육조 중심의 신권정치(이원집정부제나 의원내각제 형태)가 부활했을 것이다. 세종대왕 치세를 통해 백성이 살만해져 왕권이 강화되는 바람에 신권정치가 끼어들 틈이 없었던 것이라고 봐야 한다. 세종대왕 이후 문종과 단종을 거치면서 일시적으로 왕권이 약화되었었다. 당시 수양대군이 사사로운 권력욕이든, 신권강화에 격분한 나라를 위한 마음이든 간에 김종서 등 신하들을 처단하며 집권하여 재차 왕권을 강화할 수 있었던 것도 세종대왕의 치세를 거치면서 왕권 강화 체제가 나쁜 게 아니라는 백성의 믿음(?)이 있었기 때문이라 생각한다. 지금과 비교하여 음미해볼 만한 사항이다

현 정부 들어 드라마에서 가장 많이 다룬 조선시대 임금인 선조는 어떠했는가? 현명하고 훌륭한 정치를 했다고 볼 수는 없다. 임진왜란 후 조선은 왕권정치에서 신권정치로 이행하는 상황이었다. 바로 붕당정치의 기틀이 확립된 시대였다. 왕이 현명하고 정치를 잘하면 왕권 강화가 되므로 신권정치는 들어설 여지가 없다. 아니 독재정치를 하는 카리스마가 넘치는 왕이라 해도 신권정치는 어불성설이다. 군사정권 시절을 떠올려 보면 쉽게 이해가 갈 것이다.

최근 언론에서 연일 나오는 국회 주도의 이원집정부제나 의원내각제로의 개헌. 우리나라 현대 정치사에서 국민에게 가장 익숙한 정치 형태인 강력한 대통령제를 생소한 이원집정부제나 의원내각제라는 새로운 정치

형태로 바꾸려면 현직 대통령이 어떤 대통령이어야 할까? 현명하고 국민이 살만한 정치를 하는 대통령이라면 개헌이라는 말 자체가 나올 수 없다. 또는 독재에 가까운 카리스마 넘치는 대통령이라 해도 개헌이 되기는 쉽지 않다. 고로 개헌이 되려면 적당히 불통(?)이라는 오명과 함께 대통령제의 제도적인 문제점이 드러나야 한다. 현직 대통령이 인기가 있거나 실정失政이 없다면 개헌 명분이 서지 않는다. 한마디로 대통령제는 독선적인 정치나 비선실세의 문제점이 있으므로 새로운 정치 형태가 필요하다는 공감대가 형성되어야 개헌을 할 명분이 만들어진다. 이 부분 때문에 필자는 최순실 국정농단 사태가 기막힌 시점에 터졌다고 평가한다. 세간에서 말하는 여러 음모에 의해 그렇게 되었든 하늘의 뜻에 의한 시대적 요청이든 간에 최순실 사태는 박근혜 대통령의 콘크리트 지지율을 무너뜨렸고 일개 사인私人의 국정 개입 논란으로 대통령제의 폐단을 적나라하게 보여주었다. 훗날 대한민국 정치사가 쓰인다면 최순실 사태는 신의 한수(?)로 기록될지도 모를 일이다. 그래서 작금의 정치판이 개헌을 향해 치닫고 있는 것은 인위적이든 자연적이든 간에 시대적 요청이라 볼 수밖에 없다.

우리나라 대중은 역사적으로 왕권정치나 대통령제에 익숙하다. 지금 당장 이원집정부제나 의원내각제 형태를 띤 개헌을 한다고 할 시 반대 여론이 높을 수 있다. 익숙하지 않은 것은 배척당하기 때문이다. 하지만 지금처럼 강력한 대통령제의 여러 문제점이 드러나면 여론이 어떻게 형성될까? 이미 언론들을 보면 대통령제의 폐단으로 몰아가고 있다. 정치권의 개헌 요구를 집권 기간 내내 '개헌은 블랙홀'이라며 거부하던 현직 대통령이 비선실세 사태를 맞이하여 개헌 카드를 끄집어냈지만 공은 국회로 넘어갔다. 개헌으로 우리나라 정치체제가 어떻게 바뀔지는 불 보듯 뻔하다. 이원집정부제 아니면 의원내각제다. 원래 개헌한다면 4년 중임 대통령제가 가장 국민이 익숙해하고 선호하는 정치체제지만 시대적 요청으로 신권정치 시대가 도래하는 것이다.

이원집정부제와 의원내각제, 둘 중에서 어느 정치체제가 개헌 시 선택될 것인가 묻는다면 당연 이원집정부제이다. 그 둘은 비슷하면서도 대통령의 역할과 권한 및 각료(장관) 선출에서 큰 차이가 있다.

의원내각제에 있어서 대통령은 상징적인 존재에 지나지 않는다. 어떤 정치적 지분도 없다. 외치(외교, 안보)와 내치(경제, 사회) 모두를 의회 다수당에서 선출된 총리가 도맡아 한다. 내각 각료 또한 의회 다수당 의원들이 맡을 수 있다. 핵심은 내각과 의회가 정치적 책임을 동시에 진다는 점이다. 필자는 이점 때문에 의원내각제는 이루어지지 않는다고 본다. 집권세력이 중간에 선거가 아닌 다른 정치적 사건으로 정권을 뺏길 위험성이 상존하기 때문이다. 어떤 정치 세력도 그 위험성을 염두에 둔다면 의원내각제를 선택하지는 않을 것이다. 또한 우리나라 실정에 비추어 상징적인 존재로 대통령을 놔두는 것은 조선朝鮮의 왕통도 인정치 않는 마당에 말이 안 된다. 더구나 개헌 작업이 진행되면서 진짜 허수아비가 될 대통령 자리를 누가 맡을 것인가? 정치권의 개헌 합의는 이루어지기 힘들다.

이원집정부제는 대통령의 정치적 지분이 있다. 일단 내치는 내각 총리에게 전권을 주지만 외치는 대통령의 몫이 된다. 그리고 비상시국에서는 대통령에게 비상대권이 주어져 내치와 외치 모두를 맡는다. 앞으로 개헌 작업을 진행할 때도 대통령의 몫이 보장된다는 이점이 있어 순조로울 수 있다. 또한 의회 다수당에서 내각 총리를 선출하고 각료(장관)까지 임명할 수 있으면서 외부 인사로 채워도 된다는 점, 즉 내각과 의회가 동시에 정치적 책임을 지는 것이 아니기 때문에 현 우리나라 정치 세력에게 매력적일 것이다. 정치적 사건이 생길 때 내각 총사퇴라는 일이 터진다 해도 의회 다수당이 정권을 뺏기지는 않기 때문이다. 이원집정부제는 의회가 내각 불신임권을 가지지만 내각은 국회해산권을 가지지 않는다. 대통령의 비상대권이 있기 때문이다. 하지만 의원내각제에서는 내각의 국회해산권을 인정한다.

개헌의 가장 큰 걸림돌은 대통령과 국회의원의 임기 문제이다. 어떤 식으로 개헌하든 간에 현직 국회의원과 차기 대통령의 임기가 단축되어야 개헌 일정을 맞출 수 있다. 가장 가능성 높은 스토리는 필자가 주장하는 이원집정부제 개헌이 되면서 차기 대통령(조기 대선 경우 포함) 임기를 1~2년 단축시켜 2020년 제21대 총선과 발 맞추는 길이다. 이때 차기 대통령은 단축된 임기 대신 이원집정부제하에 중임 허용으로 거듭 대통령이 될 수 있다는 전제 조건을 달아보자. 임기 단축에도 불구하고 메리트가 있으므로 제21대 국회 출범과 동시에 이원집정부제 정치체제(4년 중임 대통령, 4년 국회의원)가 시작될 수 있다. 4년 중임 대통령제를 말하는 것이 아니라 임기만 그런 식으로 허용하고 외치만 맡긴다는 이야기다. 그러나 이는 필자의 상상이고, 개헌 일정이 앞으로 어떤 식으로 전개될 지는 필자도 알 수 없다. 정치권의 복잡한 셈법 때문에 경우의 수가 너무 많기 때문이다. 하지만 분명히 말할 수 있는 것은 거국내각 이후 개헌의 수순을 밟을 것이 확실하다. 이미 몇 년 전부터 방영된 TV 드라마 〈정도전〉, 〈징비록〉, 〈육룡이 나르샤〉, 〈어셈블리〉 등이 우리에게 넌지시 말해온 것이 있지 않은가. 《시사경제잡설》 '시대의 변화를 예언하는 TV 드라마' 편에서 했던 머릿속 질문을 다시 해본다.

'드라마가 우연히 시대를 예언하는 걸까? 아니면 '드라마'라는 매체가 도구화되어 우리 머릿속에 은연중 그런 인식을 갖게 하는 걸까?'

개헌 이슈에
관심 가져야 하는
이유

・ ・ ・

개헌이라는 이슈는 우리나라의 정치 미래 뿐만이 아니라 경제, 사회 모든 분야를 새롭게 할 중차대한 것이므로 꼭 투자자가 아니더라도 관심을 가져야 하지만 투자자 입장에서 더욱 집중해 볼 필요가 있다.

정권 획득을 위한 정치권의 복잡한 셈법 때문에 앞으로의 정국이 어떻게 흘러갈지는 누구도 확실히 말할 수 없다. 하지만 2016년 말 기준으로 예상해 본다면 2017년 중반 내로 개헌 작업이 이루어지고 국민투표로 확정되어 이원집정부제 개헌이 발효될 것이다. 그런데 복잡다단한 정치 일정이 거국내각이든 책임총리제이든 간에 과도정부 비슷한 상황에서 처리될 것이다. 이는 정치적인 불확실성이 경제를 어렵게 만들 수 있어 인플레이션을 용인하는 확장적 경제정책을 펼칠 수밖에 없고 화폐개혁(《시사경제잡설》에 말한 점진적인 리디노미네이션)이 시행될 가능성이 다분하다.

이 두 가지가 투자자 입장에서 개헌 이슈에 관심 가져야하는 이유이다.

정치와 경제가 불안해지면 정치권의 합치된 국정 일정의 틀을 뛰어넘는 사태(?)가 일어날지도 모른다. 그러므로 여야 모두 경제에 관한한 포퓰리즘에 치우친 경제정책보다는 어느 정도 높은 인플레이션을 용인하는 경제정책을 지지할 수밖에 없다. 또한 2018년 이후 지금의 여권과 야권 중 누가 집권할 지는 모르나 2017년에 필자가 주장하는 대로 이원집정부제 개헌이 된 후라면, 실질적인 정권 획득의 장이 될 2020년 제21대 총선까지 몇 년간은 심판을 기다리는 한시적인 정권이 된다. 필자의 생각으로는 국회의원 임기 단축보다는 식물 대통령으로 전락한 현 박근혜 대통령의 임기를 단축하며 조기 대선을 치루든, 거국내각 체제로 2017년 말 정상적인 대선을 치루든 간에 대통령의 임기를 단축하는 방향(부칙 조항)으로 개헌을 할 것으로 본다. 물론 이는 필자의 가정이다. 아무튼 2018년 이후 집권을 지금의 여야 누가 하더라도 한시적 정권인 상태에서 그 다음 선거(대선, 총선)를 위해 확장적 경제정책을 이어나가야 하는 것은 명백하다. 경제가 침체된 상황에서는 선거 승리를 장담할 수 없기 때문이다.

설사 필자의 가정대로 정치 일정이 가지 않더라도 작금의 정치적인 불안정 내지 불확실성은 경제를 짓누른다. 투자자가 가장 싫어하는 것은 불확실성이다. 외국 투자자들 또한 마찬가지다. 대내외의 그런 시선을 불식시키며 경제라도 안정시키려면 어느 정도의 과도한 인플레이션을 감수하고 극약처방이라도 하자는 분위기가 대두될 수밖에 없다. 그렇게 되면 앞으로 어떤 정치 일정이 펼쳐질지라도 확장적 경제정책은 기본이고 경기 부양에 즉효이자 그전부터 필요성이 대두되어온 화폐개혁, 바로 경제에 충격이 덜한 점진적인 리디노미네이션(화폐단위 변경)을 시행할 가능성이 높다. 특히 화폐개혁에 따른 정치적 책임의 모호성이 한몫할 것이다. 또한 지금의 여야 정치권은 모두 화폐개혁에 찬성하는 입장이다. 이미 노무현 정권 시절 화폐개혁을 추진하려고 했던 더불어민주당은 물론이고 새누리당 또한 마찬가지다. 백퍼센트 화폐개혁이 될 것이라고 말하기는 힘들지만 대비는 있어야 한다고 본다. 한국은행 이주열 총재가 금리인하의 실효성에 의문을 제기하고 가계부채의 위험성을 주장하는 현시점에서 그 카드(화폐개혁)는 경제 안정(?)을 위한 유일한 카드일 수 있다. 가계부채의 위험성 때문에 추가 금리 인하를 못하고 경제성장률 예측도 계속 낮아지는 상황에서 경제성장과 가계부채라는 두 마리 토끼를 다 잡을 수 있는 묘책은 화폐개혁이 유일하다. 성공만 한다면 말이다. 물론 점진적인 화폐개혁(리디노미네이션)이라면 성공 확률이 높다고 본다.

그럼 이런 상황에서 우리는 어떻게 해야 하는 것일까? 길게 말할 것 없다. 얼른 내 집 마련하고 여윳돈 남으면 주식과 부동산 투자를 해야 한다. 화폐개혁의 본질과 그 영향력에 대해서는《시사경제잡설》에 이미 말했다. 반드시 화폐개혁이 아니라도 앞으로 몇 년간 인플레이션을 용인하는 확장적 경제정책은 필연이다. 넋 놓고 가만히 있다가는 땅을 치고 후회할지도 모른다. 거대한 정치 이벤트에 혹하여 자기 앞길이나 가정경제를 놓치는 우를 범하여서는 안 된다.

통일의 기운

. . .

    남북한 통일은 정치 이야기를 하면서 빠뜨릴 수 없는 주제이다. 요즈음 여러 가지 정황을 볼 때 투자를 할 때도 무시할 수 없는 요소이기 때문이다. 많은 사람들이 상식적으로는 통일을 바라지만 현실적으로 가까운 시일 내에는 불가능하다고 보는 시각이 강하다. 과연 그럴까? 몇 개의 언론 기사를 통해 이야기해보자.

> 정종욱 통일준비위원회 부위원장은 10일 "(남북한의) 합의가 아닌 다른 형태의 통일도 준비하고 있다"고 밝혔다. "통일 과정에는 여러 가지 로드맵이 있으며 비합의 통일이나 체제 통일에 대한 팀이 우리 조직(통준위)에 있다"고 말했다. 정 부위원장은 "정부 내 다른 조직에서도 체제

통일에 대해 연구하고 있다"며 "체제·흡수 통일은 하기 싫다고 해서 일어나지 않는 건 아니다"고 강조했다…(중략)

박근혜 대통령이 위원장을 맡고 있는 통일준비위는 통일시대 기반 구축을 활동 목표로 지난해 7월 출범한 정부·민간 합동 기구다.

정 부위원장은 "통일준비위는 평화통일을 전제로 한 조직이지만 밖으로 공개하지 않는다는 전제하에 이런 작업을 하고 있다"고 설명했다. 또 "최근 북한 내부에 엄청난 변화가 일어나고 있다"며 "지금 북한을 움직이는 건 당국이 아니라 시장"이라고 말했다. 정 부위원장은 "북한 내부에서는 부정부패가 만연하고 있으며 시장경제와 부정부패로 연명하고 있다"고 평가했다.

체제 흡수 방식의 통일 시 노동당과 군부 등 북한 고위 간부 처리 문제와 관련해 정 부위원장은 "북한의 엘리트 계층을 어떻게 할지에 대해 정부는 구체적으로 대책을 가지고 있다"고 말했다. 또 "북한 엘리트 숫자도 상당하고 노동당원 등 성분이 다양하기 때문에 구분해서 처리해야 할 것"이라고 지적했다.

– "'정부, 흡수통일 준비팀 만들었다'", 〈중앙일보〉, 2015. 03. 11.

현 정부 출범과 동시에 '통일은 대박'이라는 말이 유행했다. 2014년 독일에서 발표한 박근혜 대통령의 드레스덴 선언은 통일에 대한 기대를 무르익게 했다. 최순실 국정농단 사태로 인해 빛이 바랬지만.

그러나 위 기사에서 보듯이 북한 내부 사정에 대한 높은 수준의 정보를 갖고 있을 정부·민간 합동 기구 '통일준비위원회'의 부위원장이 저런 발언을 할 정도면 통일이 아주 먼 이야기는 아니라고 봐야한다. 물론 그 당시 저 기사가 나온 다음 날 너무 여파가 커지자 정부와 통일준비위원회는 부위원장이 한 말은 실수이고 전달 오해라며 전면 부인하고 나서 해프닝에 그치는 듯 했다. 게다가 '북한 내부의 엄청난 변화'라는 말이 주는 의미가 컸으나 정부와 통일준비위원회가 북한 내부에 관해 어떤 정보를 어떤 경로로 입수하여 가졌는지 알 길이 없어 저 말을 신뢰하기는 어려웠다. 하지만 1년여가 지난 올해 북한 관련 언론 기사를 접하다 보면 정부와 통일준비위원회는 2015년 북한 내부 사정에 대하여 거의 정확한 정보를 입수했다는 것을 알 수 있다. 결과적으로 부위원장의 발언은 나올 만했던 것이다.

올해 태영호 공사나 국가안전보위부 통역 요원 등 북한 고위급 탈북 소식이 심심찮게 들려왔다. 북한 엘리트 계층의 탈북은 북한 정권 붕괴의 신호탄이라는 이야기도 스스럼없이 나왔다. 그런데 그런 기사 중 하나가 눈길을 끈다.

북한에서 최고 엘리트 교육을 받은 두 통역 요원의 탈북은 최근 김정은의 공포통치와 국제사회의 초강력 대북제재로 흔들리는 북한 내부 분위기를 적나라하게 보여주고 있다…(중략)
탈북자 업무를 담당하는 한 관계자는 "탈북자 정착지원시설인 하나원을 거치지 않고 집을 배정받은 고위 탈북자가 지난해 10여 명에 이를 정도로 갑자기 늘었다"고 말했다. 고위 외교관이나 상좌(한국군 중령과 대령 중간에 해당) 이상 간부는 보안 문제 때문에 하나원을 거치지 않고 바로 집을 배정받는데 올해에도 지금까지 작년과 비슷한 수의 고위급 인사가 비밀리에 입국한 것으로 알려졌다. 태영호 전 주영 북한대사관 공사나 최근 입국한 베이징 북한대표부 소속 보건성 1국 출신 간부처럼 언론 공개 사례는 극히 일부라는 의미다.

　– "'공개안된 고위급 탈북자, 작년에만 10여명'", 〈동아일보〉, 2016. 10. 13.

　작년, 그러니까 2015년 통일준비위원회 부위원장이 북한 내부 사정을 밝히며 흡수 통일을 이야기 했다가 비난을 받고 해프닝에 그쳤던 그 시기에 이미 공개되지 않은 북한 고위급 탈북자가 10여명 있었다는 것이다. 상당히 정통한 북한 내부 정보를 입수한 정부와 통일준비위원회가 당시 통일 이야기를 한 것은 아무 근거 없이 한 허튼소리가 아니었던 셈이다. 우리 정부만 이런 생각을 하고 있었던 것일까? 아니다. 다른 나라 유력 정치인도 비슷한 생각을 했다. 바로 버락 오바마 전前 미국 대통령이다.

　북한 문제에 대해 오바마 대통령은 북한이 지구 상에서 가장 고립되고 가장 제재를 많이 받는 국가로 규정하면서 결국 붕괴될 것이라는 독설을 제기했습니다.

인터뷰: 버락 오바마, 미국 대통령

"요즘 세상에서 그렇게 잔혹한 독재정권은 유지되기가 어렵습니다. 시간이 지나면 이런 정권은 붕괴될 것입니다."

대북정책 기조에 대해서는 군사적 해결책은 답이 아니라고 단언하면서 압박을 지속적으로 강화하겠다는 입장을 밝혔습니다.

– "오바마 '북한 정권, 결국 붕괴될 것'", 〈YTN〉, 2015. 01. 24

오바마 전 미국 대통령이 인터뷰 도중 '북한은 결국 붕괴'될 것이라고, 초강대국 지도자답지 않게 너무 확정적이고도 무서운 독설을 했다. 이 발언이 공개된 뒤 북한은 극렬하게 반응했고 백악관과 미국 정부는 앞서 통일준비위원회 부위원장의 흡수 통일 발언을 정부가 부인했던 것과 마찬가지로 부인하였다. 지금은 대부분이 까맣게 잊은 뉴스다. 어떻게 보면 버락 오바마가 원론적인 말을 한 것일 수 있다. 독재국가의 말로가 붕괴 아니냐는 식으로. 하지만 초강대국 미국의 대통령이 외교적 실례를 무릅쓰고 한 나라의 '붕괴'를 언급할 정도면 당연히 그것은 정보기관에서 올라오는 어떤 정보(?)가 있다는 것으로 봐야 하지 않을까?

버락 오바마의 말이 원론적이라면 또 다른 미국 고위 장성급의 언론 인터뷰를 보자. 월터 샤프Walter Sharp 전前 주한미군 사령관의 말이다.

월터 샤프 전 주한미군 사령관은 24일(이하 현지시간) "북한이 내부 불안으로 인해 우리가 생각하는 것보다 훨씬 빨리 붕괴될 수 있다"고 주장했다…(중략)

2008년부터 2011년까지 주한미군 사령관을 지낸 샤프 전 사령관은 "첫 번째로 북한에 의한 강력한 도발이 예상되며 이것은 더 큰 충돌로 급속히 발전할 수 있다"며 "두 번째로 북한이 내부 불안정으로 인해 우리가 생각했던 것보다 훨씬 더 빨리 붕괴될 것"이라고 밝혔다. 샤프 전 사령관은 특히 지난 4월 취임한 빈센트 브룩스 신임 주한미군사령관의 임기가 끝나기 전에 한반도에 주요한 변화가 있을 것이라고 전망했다.

– "'샤프 전 주한미군 사령관 "北, 생각보다 빨리 붕괴될 수 있어'"',

〈연합뉴스〉, 2016. 05. 26.

언론 기사를 보면 알겠지만 원론적이지 않고 구체적이다. 빈센트 브룩스Vincent Keith Brooks 현現 주한미군 사령관 임기 내에 중요한 통일 징후 사건이 일어날 것이라고 했는데, 현 주한미군 사령관 임기는 올해부터 2020년 초까지다. 통일이 먼 이야기가 아니다. 주한 미군 사령관 출신 장성이라면 미군 내에서도 북한 관련 현실에 가장 근접한 정보를 접했던 사람이라고 추측할 수 있다.

이런저런 정황을 참고할 때 아마도 통일을, 아니 최소한 통일될 듯한 직접적 징후를 4~5년 이내 볼 수 있지 않을까? 필자가 소설 같은 이야기를 하나 하자면, 통일이 몇 년 안에 급작스럽게 다가올 때 가장 먼저 대두되는 문제는 바로 통일비용이다. 통일비용 문제로 나라가 망하지 않으려면 무조건 앞으로 버블까지는 아니더라도 그에 준하는 경제성장이 와야 한다. 최대한 우리나라 경제 케파capacity를 키워놓아야 하기 때문이다. 경제 케파를 키워야 통일비용(세금)을 거두어도 저항이 적을 것이다. 또한 화폐개혁도 당연히 준비해야 한다. 독일 통일 사례를 보더라도 통일 직전이나 직후 곧바로 화폐개혁을 단행하여 남북한 화폐단위를 적절하게 맞추어 놓지 못하면 엄청난 고생을 하게 된다. 붕괴된 북한 내부에서 경제적 혼란이 일어나면 내란이 발생될 소지도 많다. 위험성은 있지만 경제 케파 키우기에도 화폐개혁(=리디노미네이션을 말함)은 알맞다. 앞서 개헌 이야기에서 화폐개혁 가능성을 말했는데, 만일 개헌 진행 중에 화폐개혁이 되지 않는다 해도 차기 정부에서 통일을 앞둔 화폐개혁이 나올 공산이 크다. 다시 말해 화폐개혁은 시기의 문제이지 필연이라는 소리다.

통일 기운이 무르익을 때 투자자의 입장

. . .

이번 글은 정치 파트에 넣기는 성격이 좀 애매하나 책 전체를 관통하는 주제가 경제이고 따로 떼어내서 뒷부분에 넣기보다는 통일 관련 파트에 두는 것이 적절할 것 같다.

박근혜 정부가 들어서고 유행한 말이 있다. 바로 '통일은 대박'이라는 말로 누구나 한 번쯤 들어보았을 것이다. 먼 미래의 우리나라 정치경제 상황을 두고 보면 분명 통일은 대박이지만 가까운 미래에 통일 기운이 무르익어 목전에 이르렀을 때 과연 통일은 대박일까? 가령 4~5년 뒤 남북한 통일 합의 선언이 나오거나 북한 붕괴로 인한 흡수 통일이 눈앞의 현실로 다가온다면 중단기적으로는 투자자 입장에서 결코 반가운 일은 아닐 것으로 생각한다. (필자는 통일이 의외로 빨리 다가오리라 생각함) 이는 통일비용 문제 때문이다. 경제적으로 큰 불확실성에 직면하게 되는 것은 어쩔 수 없는 현실이다. 우리보다 먼저 통일을 이룬 독일 사례를 보더라도 장기적으로는 대박이 맞았지만 중단기적으로는 고통의 시간도 있었다.

먼저 주식투자를 예로 들어 설명해본다. 요즘 통일 관련 TV 프로그램이나 기타 책등을 보면 북한 인프라, 지하자원 개발 등으로 건설, 토목주가 좋을 것이라며 통일되면 매수하라는 말이 나온다. 또한 통일이 되면 북한지역 주민들이라는 새로운 내수 시장이 생김으로써 내수주, 경공업주가 통일 이후 실적이 좋아질 것으로 예상되므로 통일 뉴스가 터지면 그런 기업 주식에 투자하는 것이 좋을 것이라는 말도 있고 누구나 한 번쯤 그런 생각도 해보았을 것이다. 그러한 TV 방송이나 책에 나오는 말이나 여러분의 생각이 틀린 것은 아니다. 5~10년 이상을 내다보는 장기투자로는 그런 말이 백번 옳을 수도 있다. 하지만 중단기적으로는 투자 시장이라는 곳이 남들보다 앞서 판단하고 한 발자국이라도 먼저 행동해야하는 냉혹한 세계라는 점에서 대중이 보는 TV 방송, 책에 나오는 말이나 여러분의 순진한 생각이 틀린 것이 될 수도 있다. 투자 시장에서는 대체적으로 인간의 올바른 생각이나 감정에 역행하는 경우가 비일비재하고 그 길이 이기는 길인 경우가 많다. 필자가 생각하기에는 통일 뉴스가 터지면 중단기 투자 입장에서는 주식을 매도하는 것이 맞다. 앞서 말한 통일비용 문제로 인한 경제적 불확실성도 있지만 투자 시장의 근본적인 원리 때문이다. 바로 '소문에 사서 뉴스에 팔아라'라는 주식 시장 격언을 떠올리면 된다. 가장 비슷한 사례인 독일 통일 전후 주식 시장Dax 소비재 업종 및 건설업종 지수 차트를 한번 보자.

1987.12.31=100

소비재
건설

통일 전후한 독일 Dax 소비재 업종 지수 vs 건설업종 지수

독일은 1990년에 장벽이 무너지며 통일되었다. 주식차트를 보면 통일 전인 1988년부터 건설업종 지수(굵은 실선)가 폭등 수준으로 올라가는 것을 알 수 있다. 통일 기대감을 선반영하여 실제 통일이 이루어지기도 전에 하늘 높은 줄 모르고 상승한 것이다. 잘 올라가던 건설업종 지수는 정작 통일이 된 1990년을 기점으로 하락세를 타더니 1999년까지 근 십여 년을 하향 박스권 횡보였다. 대중의 예상과 완전히 다르다. 왜 그랬을까?

전문가처럼 유식하게 표현하자면 기대감과 실적의 괴리, 정보의 비대칭성 어쩌고 말할 수 있지만 이해하기 편하도록 필자가 예를 들어보겠다. 필자가 대량자금 보유 세력, 즉 선도 투자자라 치고 여러분을 대중이라 쳐보자. 풍부한 자금과 막강한 정보력을 바탕으로 대중과는 다른 길을 걷는 선도 투자 세력인 필자가 시장을 지켜보던 와중에 통일 관련 정보를 접했다. 남북한 간 통일 막후 협상이 진행되고 있다거나 북한 붕괴의 조짐이 1~2년 내 있을 것 같다는 중요한 정보가 들어온 것이다. 그럼 필자는 통일 이후 가장 유망한 업종이라고 전문가들이 말하고 대중이 알고 있는 건설주 매집을 시작하며 시세를 끌어올린다. 아직 통일이 되지도 않았고 실제 북한지역 개발을 한 것도 아니어서 실적도 없지만 통일 기대감 하나만으로 가치를 부풀리며 건설주를 띄우는 것이다. 그렇게 하는 이유는 당연히 나중에 통일 뉴스가 실제로 터질 때 여러분들 같은 대중에게 필자가 갖고 있던 건설주를 비싸게 팔아먹기 위해서다. 방송이나 책, 대중은 통일되면 건설주가 좋다라고 알고 있었으니, 실제 통일 되면 대중이 그 기대감으로 너도나도 건설주를 사려고 덤빌 것이고 그 시점에는 터무니없이 높은 주식가격도 미래 실적을 당겨와 정당화될 것은 뻔하기 때문이다. 바로 이 책에서 몇 번이나 언급한 유럽의 전설적인 투자자 앙드레 코스톨라니가 말한 '빼따꼼쁠리 현상'을 이용한 주식 팔아먹기 전술인 셈이다.

그런데 필자가 이런 식의 설명을 하면 의문이 생겨 반론하고픈 사람들도 있을 것이다.

'그래 좋다! 설사 통일 뉴스가 터질 때 작전 세력에게 속아 비싸게 건설주를 사더라도 정말로 통일 직후 또다시 더 큰 북한 개발 기대감이나 더 높은 실

적 성장성을 바탕으로 건설주가 두 번째 슈팅을 날리며 주가가 더 높아질 수도 있지 않나?'

말이야 된다. 그런데 사실 말이 안 되는 말이다. 이미 통일 전에 벌써 그런 기대감이나 실적 성장성을 바탕으로 가격 상승이 이루어진 후의 주가가 바로 통일 직후의 건설주 가격이기 때문이다. 통일 이후 건설주가 다시 슈팅을 보여주려면 그전까지의 기대감과 실적 성장성을 뛰어넘는 진짜 실적을 보여주어야 하는데 그것이 말처럼 쉽지 않다. 모두가 내일 주가가 1만원이 될 것이라고 예측하고 있다면 당연히 오늘 이미 1만원이 되는 것이 주식이다. 모두가 어느 기대감에 수긍하면 그 미래 기대감을 당겨와 먼저 주가를 형성해버리는 것이 바로 주식 시장의 냉혹한 생리다. 독일 통일의 사례에서도 통일 직후에 주식 시장이 하락했던 이유는 거의 모든 업종이 통일 이슈에 따른 기대감을 당겨와 전부 반영된 상태여서 정작 통일이 되자 꼭 건설업종만이 아닌 전 업종이 하락했었다.

그런데 재미있는 것은 소비재 업종이다. 독일 차트에서 보듯이 소비재 업종 지수(가는 실선)는 통일 기대감에도 불구하고 크게 오르지 못했다. 고작해야 박스권 횡보였다. 그 덕에 통일 직후에도 소비재 업종 지수는 크게 하락치 않고 통일 전과 같은 수준에 있다가 1997년쯤부터 오르기 시작하더니 이후 독일 주식 시장 전체를 견인하는 수준까지 상승했다. 필자의 생각으로 독일 통일 전에 소비재 업종은 각광을 받지 못했던 것으로 보인다. 기대감을 부풀리는 언론홍보가 없었지 않을까 하는 생각이 든다. 그러다가 통일 이후 몇 년이 흐른 뒤 실제 실적 기대치를 웃도는 동독 지역까지 넓어진 내수 시장을 바탕으로 성장세를 보이자 주가가 오른 것이다.

우리나라의 경우는 어떻게 되는 것일까? 필자가 보기에 통일 기대감으로 건설업종도 실제 통일 뉴스가 터지기 전에 각광을 받을 수도 있겠지만, 개성공단 등 남북합작공단 사업이 활발한 소비재 경공업이 더 각광을 받을 가능성이 크다. 남북한 교류가 차단된 현 상황에서 버려진 자식 취급을 받고 있지만 통일 기운이 감돌기 시작하면 이미 북한에 들어가 있는 소비재 경공업이 당연히 주목 받을 수밖에 없다. 현재는 개성공단에 중소기업만 들어가 있지만 통일의 기대감을 반영한다는 전제를 깔면 생활소비재 관련이나 남북한 합작 사업이 유력시 되는 대기업도 주식 시장에 인기를 끌 것으로 본다. 지금 이야기하는 것들은 전부 중단기적 관점의 통일 전후한 투자자 입장을 말한다. 장기적으로야 분명히 투자업계에서 계산해왔던 실적 기대치를 훨씬 뛰어넘는 성과를 우리 기업들이 보여줄 것이고 통일 이후 5~10년이 흐른 뒤에는 지금의 주식 시장 수준을 훌쩍 넘어버리는 놀라운 성장세를 보여줄 것이므로 통일은 대박이라는 말이 아주 틀린 말은 아니다.

부동산 투자자 입장은 어떠할까? 통일이 되면 북한 주민들이 너 나 할 것 없이 직업의 기회나 생활환경이 좋은 남한, 특히 수도권 중심으로 몰려올 것이기 때문에 집값 등 부동산 시장(특히 수도권)은 계속 상승하지 않을까라는 생각을 할 수 있다. 이 말도 틀린 말은 아니나 필자가 보기에는 그렇지 않을 확률이 크다.

대통령 직속 정부 민간 합동 기구인 통일준비위원회의 통일 로드맵을 보면, 현 남북한 대치 상태에서 통일이라고 부를만한 최초 상황은 남북한 간 정치권의 합의 도출로 나오는 통일 합의 선언 내지 북한 내부 격변(붕괴)에 의한 흡수 통일 징후 정도라고 되어있다. 베를린 장벽 붕괴 같은 진짜 통일이 나오기 전 그런 징후가 먼저 나온다는 것이다. 통일 징후가 나온 이후 정부는 아마도 민간 자유왕래는 여전히 막아놓은 상태에서 경제통합-정치통합-지역교류 허용 후 완전통합-수순을 밟지 않을까 생각된다. 고로 부동산 투자자가 원하는 상황이 나오려면 통일 징후가 나오고 난후에도 십 수 년이 걸려야 한다.

다시 말해 통일 징후가 나온 후 정작 완전한 통일이라는 상황이 도래한다 해도 남북한 자유왕래나 거주지 이전 자유 등은 허용되지 않을 가능성이 크다는 말이다. 우리나라가 참조할 수 있는 통일 사례는 독일 통일이 거의 유일무이한데, 그 사례를 참조해보더라도 통일 직후 남북한 경제수준 격차 때문에 많은 대중이 쉽게 예견하듯이 남한을 향한 북한 주민 쏠림 현상은 당연하게 나올 것이기에 정부 입장에서 통일 한국의 균형발전을 위해 일정 기간(10년이 될지? 20년이 될지?) 자유왕래나 거주지 이전 자유 등을 막을 확률이 크다. 그러므로 대중이 생각하듯이 북한주민 수요에 의한 남한지역 부동산 상승은 시간이 걸릴 일이다. 아마 그 10~20년간은 대중이 가지는 그런 기대감(?)과 본격적인 임대시장 개화가 맞물려 이번 대세 상승장 사이클이 끝난 후에는 기나긴 박스권 횡보를 보여주리라 생각한다.

앞서 살펴본 바와 같이 주식 시장과 부동산 시장 모두 통일 기운이 무르익을 시 중단기적으로 투자자는 대박을 바라기보다는 쪽박 차는 것을 무서워해야한다. 주식투자자는 통일 기운이 무르익을 시 분할매도로 보유 물량을 일단 던지는 것이 맞고, 부동산투자자는 급락 사태는 없을 것으로 판단되므로 각자의 상황에 따라 처분할 것과 장기 보유할 것을 나누어 행동에 옮기면 될 것 같다. 특히 임대사업자는 통일 뉴스보다는 뉴스테이를 공급하는 기업형 임대업체와의 경쟁을 잘 생각해보고 물량 보유 판단을 해볼 일이다. 기업이 임대시장을 장악하면 개인 임대업자의 경우 경쟁에 불리한 면이 있으나 전문 임대관리업체가 출현하고 있어 여러 개인 임대업자의 물건을 하나로 묶어 관리해 줄 것이므로 꼭 개인 임대업자가 불리하다고 볼 수도 없다. 틈새시장도 있을 것이고.

그런데 통일 기운이 무르익을 때가 남북한 정치권의 합의 통일 선언 같은 정치적 행동이 나오면 알기 쉽지만 북한 내부의 쿠데타 등 격변에 의한 흡수 통일 징후의 경우에는 셈법이 복잡해 진다. 독일 통일 사례처럼 남북한 정치 세력들이 몇 년간에 걸친 협상을 통해 통일을 진행한다면 그 정보를 접하는 주식 시장 세력들이 먼저 날뛸 것이므로 알기도 쉽고 거기에 편승해 수익을 노리기도 편하다. 나중에 정점을 찍을 통일 선언이 나올 때 던지면 그만이고.

하지만 북한 내부 붕괴 조짐이 김정은의 사망이나 쿠데타 등 예상치 못한 붕괴 징후로 나올 때는 우리나라를 둘러싼 미국, 중국, 러시아와 일본 등 열강들의 간섭이 있어 대한민국 정부 단독의 통일 액션을 취하기 힘들다. 북한 내부 군벌들 간의 세력 다툼 등이 있어 쿠데타 등의 뉴스가 터진다 해도 그것을 바로 통일의 징후로 받아들이기에는 무리가 있다. 도리어 그런 북한 내부 격변에 해당하는 뉴스가 터진 후 주식 시장이 주춤하다가도 통일 기대감으로 그때부터 관련 업종이 상승세를 보일 수도 있다. 이 부분은 그때 가서 판단해야 할 일이다.

복잡한 외교와 국제정치
그리고 사드THAAD

. . .

사드THAAD, 고고도미사일 방어체계를 일컫는 말이다. 미국이 북한의 핵 위협을 견제하기 위해 한국에 배치하고자 하는 미사일 방어체계다. 2016년 한 해 동안 사드 배치 확정으로 말미암아 많은 소란이 일었다. 2016년 말 이 글을 쓰는 시점에 필자는 정부의 발표나 언론보도 등에 말하듯이 사드 배치는 확정된 것이라는 일반 견해를 부정한다. 그 이유를 설명하기 전에 복잡한 외교와 국제정치의 한 단면을 먼저 소개한다.

유럽의 브렉시트 사태로 인하여 국제외교에 주목받은 사안이 하나 있다. 바로 '난민' 문제이다. 유럽에 몰려드는 난민 문제로 인하여 EU 각국이 인도적인 차원에서 분담하여 받기로 하였는데, 다른 경제 관련 이유를 제쳐두고라도 영국이 그러지 못하겠다고 하면서 불거진 사태가 '브렉시트'이기 때문이다. 난민 유입을 반대하는 영국 서민층의 지지를 등에 업은 영국 정치가들의 선동이 브렉시트를 이끌어내는데 큰 역할을 했다. 난민의 대다수는 중동계이다. 작년 한 해에 유럽에 몰려든 중동계 난민이 120만 명인데, 그중에서도 시리아 난민이 다수를 차지한다. 그런데 이 부분이 복잡한 외교와 국제정치의 무서움 내지 놀라움을 보여준다.

이라크 전쟁 등 여러 국제분쟁에 있어 미국 편에 서서 힘을 실어준 유럽의 국가는 바로 영국이다. 영국은 친미적 성향을 보이며 나토(북대서양조약기구)내에서도 미국에게 도움이 되는 방향으로 외교 경향을 보였다. 이는 미국의 가상 적대국으로 여기는 러시아의 유럽에 대한 영향력을 차단하는 견제 역할을 영국이 해왔다는 소리다. 러시아는 유럽을 전략할 때 영국이 매번 미국 편을 드는 것이 눈엣가시였다. 난민 문제와 영국, 미국, 러시아의 정치외교가 무슨 관계가 있다고 지금 이런 이야기를 할까?

앞서 말했듯이 유럽 난민의 90%가 시리아 내전으로 인해 발생한 난민이다. 벌써 몇 년 전부터 계속된 문제다. 보통 사람들은 이런 뉴스나 난민 이야기를 들으면 그냥 그러려니 할 것이지만 그 속을 파고 들어가 보면 복잡한 문제다. 여러분은 시리아 내전으로 인한 난민이 왜 생긴다고 생각하는가? 난민 문제에 관해서는 여러 외교 및 국제정치 관련 뉴스나 책을 통해 파악할 수 있었다. 가장 재미있게 본 것은 브렉시트를 다룬 2016년 6월에 방송된 KBS 1TV〈특파원 보고-세계는 지금〉이다. 이 프로그램에서 잘 정리된 난민 문제를 볼 수 있다.

설명해 보자면, 시리아 난민 문제는 일반 사람들이 보기에 단순한 인도주의적 해결로 끝나거나 실업 문제 등에 그치는 사안이라도 알고 보면 복잡한 외교와 국제정치 관계로 인한 것이다. 유럽 난민의 대다수를 차지하는 시리아 난민은 몇 년에 걸쳐 계속된 시리아 내전으로 인해 발생되었다. 시리아 정부군과 반군과의 내전은 러시아가 노골적으로 시리아 알 아사드 정권을 지원하면서 쉽게 끝나지 않고 있다. 러시아가 지원하는 알 아사드 정부군과 시리아 반군이 격한 전투를 벌이는 현재까지 장장 5년 동안 시리아 난민이 발생하였고, 그들이 유럽으로 몰려가는 바람에 EU의 난민 문제가 생겼다. 나아가서 브렉시트까지 연결된 것이다. 필립 마크 브리들러브Philip Mark Breedlove 전前 나토 사령관이 공식 석상에서 러시아와 시리아 알 아사드 정권이 고의적으로 난민 문제를 무기로 내세워 유럽의 구조와 결의를 무너뜨리려 하고 있다고 격정적으로 불만을 토로한 적이 있을 정도다. 즉, 러시아가 시리아 내전을 지원하며 그 전쟁이 쉽사리 끝나지 않도록 해 시리아 난민들이 유럽에 몰려가 분열을 초래할 것이라는 계산이 깔린 장장 5년에 걸친 러시아 푸틴 정부의 외교 전략이었다. 물론 러시아는 부인하고 있다. 한 나라를 쑥대밭으로 만든 전쟁이 반드시 이기기 위한 것이 아니라 성동격서聲東擊西라는 고사성어처럼 다른 것을 노린 국제정치가 된 셈이다. 그래서인지 모르겠으나 미국은 시리아 난민을 잘 받지 않는다. 인도주의 국가 어쩌고 하며 고상한 척 하지만 말이다. 외교와 국제정치라는 것이 이렇게 복잡하다. 권선징악이나 눈앞에 쉽게 보이는 단면으로 판단할 수 없다.

　더 재미있는 사실은 브렉시트 당사자인 영국 국민들은 난민 문제가 러시아의 배후 조정으로 인해 발생한 것을 알지 못한다는 점이다. 안다면 영국 국민투표에서 브렉시트 찬성이 나올 수가 없었다. 이점이 말하는 바는 국제외교를 보면 항상 제3자 입장에서는 훤히 보이지만 당사국 국민들은 그것을 모르거나 감정적 판단으로 이해하려 들지 않는다는 것이다. 마치 바둑이나 장기를 훈수 둘 때는 판이 훤히 보이다가도 정작 자신이 직접 두면 수가 안 보이는 것처럼. 정작 브렉시트가 확정된 후 말을 바꾼 포퓰리즘 영국 정치가들을 보았듯이, 인기에만 영합한 정치가들의 선동과 당사국 서민들의 무관심 및 이기주의는 대승적 차원의 여론을 이끌어내지 못한다. 몇 수 앞을 바라보고 하는 외교와 국제정치를 쉽사리 이해하지 못하는 것이다. 역사적으로 보아도 마찬가지 현상은 비일비재했다. 조선시대 광해군 시절 명-청 등거리 외교는 어떠했는가. 영국 브렉시트 선동 포퓰리즘 정치가들이 그랬듯이 당시 인조반정을 꾀한 자들은 임진왜란 때 사대주의를 명분으로 내세워 반정을 했고 그것을 백성들은 믿었다.

필자가 보기에 현시점 우리나라 사드 배치 문제도 유사한 면이 있다. 꿈보다 해몽이라는 비난을 들을 소리가 되겠지만 몇 마디 해본다. 사드 배치 문제는 단순하지 않다. 한국-중국-미국 간의 엄청난 힘겨루기이며 어찌 보면 통일 성사 문제가 달린 중요한 사안이다. 북한보다 중국이 더 사드 배치 문제에 길길이 날뛰는 이유가 있다. 모두가 알다시피 미국의 우리나라 사드 배치는 중국에게 안보상의 대단한 위협이며 힘의 균형에도 미치는 파장이 크다. 그래서 중국은 미국과 우리나라가 북한 핵 위협 때문에 사드를 배치한다는 말을 믿지 않는다. 중국을 겨냥한 미국의 포석이라는 의심 때문이다. 사실 그 말이 틀린 말도 아니지 않나.

그런데 필자가 보기에 우리나라 사드 배치로 미국이 노리는 것은 중국 견제만이 아니라고 본다. 바로 북한에 대한 중국의 지원 내지 내정간섭(북한을 중국이 흡수)을 끊으려는 포석도 내포되어 있다는 뜻이다. 우리나라와 미국이 입 맞추어 사드 배치를 부르짖는 것은 북한 핵 위협 내지 한반도 전쟁 억제력 강화이다. 그래서 미국과 우리나라는 북한 핵 위협만이라도 없어지거나 해결된다면 사드 배치를 하지 않겠다는 공언을 하고 있다. 이에 중국은 어설픈 소리 하지 말라며 흥분하고 있지만.

북한이 세계적으로 외교, 경제적으로 고립된 상황에서도 버틸 수 있는 것은 순전히 중국 덕분이다. 중국의 지원이 끊긴다면 북한이 스스로 붕괴하리라는 것은 누구나 알 수 있다. 중국이 UN 대북 제재에 찬성하면서도 알게 모르게 북한을 지원하는 이유는 북한을 자신의 영향권에 두어 동북아시아 정세에 우위를 점하려는 의도다. 혹시 북한이 붕괴되더라도 중국이 대리정권을 내세워 흡수할 경우도 예상하고 있을 것이다. 이를 모를 리 없는 미국은 우리나라와 입을 맞추어 사드 배치를 내세워 중국을 압박하고 있다. 쉽게 말해 중국에게 북한에서 손 떼라는 것이다. 물론 중국에게 그것은 쉬운 문제가 아니다. 북한에 대한 중국의 영향력을 중국 스스로 거둔다는 것은 외교와 국제정치에서 미국에게 밀린다는 것을 뜻하기 때문이다. 앞으로 계속 지켜보아야 할 외교 사안이다.

재미있는 것은 미국이 우리나라 사드 배치의 명분으로 북한 핵 위협을 내세우고 있으면서도 북한과 비밀회담을 가졌다는 점이다.

한성렬 북한 외무성 미국국장과 미국의 북핵 전문가들이 말레이시아 쿠알라룸푸르에서 비밀리에 만났다. 한·미 양국 국방장관이 '확장억

제' 전략을 논의하는 등 북한 핵·미사일 위협에 대응하기 위한 제재와 압박을 강화하는 국면에서 북·미 간 접촉이 이뤄져 주목된다…

(중략)

한 국장은 현장에서 기다리던 KBS 취재진에게 "(회담 의제는) 수해 문제는 아니고 관심사인 문제들에 대해 서로 의견을 교환하는 것"이라고 말했다. 장일훈 유엔 주재 북한대표부 차석대사도 동행했다. 미국 측에선 1994년 북미 제네바 합의 당시 수석대표였던 로버트 갈루치 전 국무부 북핵 특사와 6자회담 차석대표를 지낸 북핵 전문가 조지프 디트라니가 나왔다.

- "한국경제 북한, 말레이시아서 미국과 비밀 접촉…왜?",
〈한국경제〉, 2016. 10. 22.

미국이 북한 핵 위협을 명분으로 사드 배치를 내세우는 마당에 북한과 비밀회담을 가졌다는 것은 모순된다. 고양이가 자기 목에 방울 다는 격이기 때문이다. 만일 북한과 미국의 접촉에서 핵 위협 문제가 어느 정도 해소된다면 당장 중국에서 그것을 빌미 삼아 사드 배치를 하지 말라고 나설 것이 뻔하다. 그러므로 미국과 우리나라가 강경하게 밀어붙이고 있는 사드 배치 문제는 확정되어도 확정된 것이 아니고 외교 전쟁의 수단일 가능성이 크다. 또한 트럼프의 미국 대선 승리로 인해 이런 외교전은 복잡한 양상으로 변하고 있어 사드 배치는 더 불확실해지고 있다.

국제외교전이란 속고 속이는 것이라서 터놓고 이야기하며 양해를 구할 수는 없는 노릇이라 항상 자국민에게 오해를 많이 산다. 사드 배치 문제 또한 비슷한 맥락이라고 추측한다. 최순실 사태로 사드 배치 문제까지 비선실세의 커미션 먹기가 아니냐며 떠돌고 있지만 기실 사드 배치는 우리나라보다 미국의 외교 전술(우리나라의 협조를 바탕)일 가능성이 더 커서 진실은 그 누구도 쉽사리 알 수 없다. 하지만 앞서 말한 브렉시트 관련 유럽 난민 문제처럼 사드 배치 문제도 나중에 제3국에서 〈특파원보고-세계는 지금〉 같은 프로그램이 (대한민국을 주제로 한) 다큐를 만들지도 모른다. '사드배치와 통일 한국'이라는 제목으로.

아웃사이더 대통령
도널드 트럼프Donald Trump

. . .

우리나라 시간으로 2016년 11월 9일 오후 시간대에 미국 선거인단 투표에서 도널드 트럼프가 승리했다. 이날 세계 증시는 하락했고 환율시장은 요동쳤다. 전 세계 언론이 의외의 결과, 선거 쿠데타라며 놀라움을 표시했다. 필자도 조금 놀라기는 했다. 트럼프 승리가 경제적으로 미칠 영향에 대해서는 다음 파트인 투자 시장 전망 편에서 말할 것이고 정치 편에서는 다른 이야기를 해본다.

이번 미국 대선 결과를 보며 필자는 한 가지 생각을 굳혔다. 민심은 천심이라는 말은 틀렸다는 것이다. 트럼프를 낮춰 보는 것이 아니다. 그의 선거기간 정책을 보고 선택한 미국 국민의 뜻이 인간성이라는 말로 포장된 사람이라는 동물 본연의 모습을 여실히 보여준다고 생각하기 때문이다. 트럼프가 이번 대선에서 승리한 이유를 감정적인 측면에서 보자면

〈난민꼬마 아일란 비극 1년〉①살아남았지만…종일 뙤약볕 막일", 〈연합뉴스〉, 2016. 09. 01.

엘리트주의에 대한 반감으로 볼 수 있고, 정책적인 측면에서 보자면 이민자 배척과 세금 감면 정책 덕분이라 본다.

이민자 배척은 영국 브렉시트 사태에서 보다시피 소위 블루칼라 계층의 일자리 문제와 연결되어 있다. 머릿수 많은 대중의 감정선을 건드리는 것이다. 브렉시트와 트럼프 당선의 공통점은 인도주의나 인류의 평화 같은 고상한 가치보다는 자기 먹고 살 걱정, 일자리가 더 중요하다는 대중의 본심을 나타낸다.

난민이나 이민자 문제는 인도주의와 연결되어 있다. 시리아 내전으로 자국을 뛰쳐나와 보트피플이 되어 바다를 떠돌다가 풍랑을 만나 좌초되는 바람에 익사하여 파도에 밀려 해변에 버려진 시리아 난민 어린이 사진이 국제 언론을 탔다. 이후 인도주의로 순간 큰 반향을 불러일으키며 사람들을 울컥하게 만들었다.

　하지만 브렉시트 사태에서 보듯이 보통 사람들은 자기 살 걱정이 우선이다. 난민 유입을 반대하던 영국 포퓰리즘 정치가들이 나중에 자기들 주장을 번복하며 실토했듯이 난민 유입을 차단하더라도 영국민에게 그다지 실익이 없었다. 그럼에도 불구하고 현실에 대한 불만, 원망을 쏟아낼 대상을 난민으로 규정한 영국민들 입장에서는 다른 고상한 가치의 목소리는 들리지 않았던 것이다. 어디 영국만 그랬을까. 최근 유럽 각국 선거를 보면 극우파의 선전이 눈에 띤다. 자국 이기주의, 난민 유입 및 이민자 반대를 외치는 극우파 정당들이 정권을 잡거나 적어도 예전과 달리 큰 관심을 받고 있다. 유럽 서민 대부분 난민에 대한 인도주의는 외면하고 오직 자기 앞가림에만 신경 쓸 뿐인 것이다.

　미국 이민자 문제도 마찬가지다. 트럼프가 타깃으로 잡고 거의 억지에 가까운 불법이민자 배척 공약은 미국 블루칼라 백인들만이 아니라 이미 미국에 와있던 멕시코 등 중남미 이민자들에게도 열렬한 환영을 받았다. 힐러리 클린턴이 이민자보호정책을 펼치면 중남미 이민자들이 자신에게 투표할 줄 알았지만 정반대 현상이 나온 것이다. 왜 그랬을까? 일자리 때문이었다. 계속적인 이민자 유입으로 벌써 미국에 정착해서 기득권(?)을 가졌다고 생각하고 있는 중남미 이민자 일자리의 질을 떨어뜨리거나 경쟁이 심해지는 것을 싫어했기 때문이다. 얼마나 편협하고 이기적인 생각인가. 하지만 이것이 민심 투표의 결과였다.

　트럼프의 세금감면정책은 어떠한가. 트럼프가 선거기간에 주장한 세금정책은 미국 중산층 세금감면, 저소득층 세금면제, 법인세 감면, 부유층 증세였다. 한마디로 미국 국민의 다수를 차지하는 대중의 세금을 줄여주 겠다는 정책으로 트럼프가 대중에게 인기를 끈 이슈였다. 미국 대선 기간 중 시민을 대상으로 한 TV 인터뷰를 보면 정책적인 측면에서 트럼프 지 지 이유를 세금을 줄여주기 때문이라고 답하는 사람이 다수였다. 재미있 는 것은 트럼프가 법인세 감면과 부유층 증세를 동시에 말한 것이다. 요 즘 우리나라 더불어민주당에서는 법인세 증세를 부르짖고 있다. 기업들 이 탈세를 하거나 법인세 감면(부자 감세의 일종)을 받아 서민들의 세금 부담 이 증대되었다는 논리다. 그럴싸하다. 그런데 트럼프는 기업 활동을 장려 하기 위해 법인세 감면을 외쳤다. 그러면서도 부유층 증세를 말한다. 누 구 말이 맞는 것일까? 복지정책을 펴려면 세금을 많이 거두는 수밖에 없 다. 서민들이 혜택을 보기 위해서는 공정한 세금정책이 필요한 것이지 무 조건적인 세금감면이 바람직한 것은 아니다. 하지만 미국 국민들은 트럼 프의 세금감면 정책을 반겼다. 이와 반대로 민주당의 세금정책, 대표적으 로 오바마케어(의료보장제도)는 세금 부담이 증대된다고 큰 반대를 했다. 지 금 우리가 의료 민영화를 반대하며 국민의료보험 체계를 손대지 말라고 외치고 있지만 미국은 정반대다. 오바마케어라는 의료보장제도가 세금 부담을 늘린다고 봐서다. 얼마나 얄팍한 인간성인가. 이것이 정말 선거로 대변되는 민심의 표현이라면 무엇인가 잘못된 것이다. 이번 미국 대선과 같이 치러진 미국 상하원 선거에서도 미국 국민들은 민주당이 아니라 오 바마케어를 반대하는 공화당을 선택했다.

8일(현지시간) 치러진 미국 대선에서 공화당 도널드 트럼프 후보가 승리하고 공화당이 상·하원까지 장악하면서 버락 오바마 대통령의 '8년 레거시'(Legacy·업적)가 풍전등화에 처했다…(중략)

오바바 대통령의 치적 중 하나로 꼽히는 '오바마케어'(전 국민의 건강보험 가입 의무화)도 백지화될 것이 확실시된다. 트럼프는 지난달 19일 열린 제3차 TV토론에서 "대선에서 승리하고 의회에서 공화당이 다수당이 되면 의회에 특별회기 소집을 요청해 오바마케어를 폐지하고 다른 법안으로 대체할 것"이라고 밝혔다.

— "〈트럼프 당선〉 백악관·상하원 장악…'오바마 레거시' 다 뒤집는다",
〈연합뉴스〉, 2016. 11. 09.

우리나라도 별반 다르지 않다는 것을 독자들도 알 것이다. 어떤 이들은 브렉시트나 트럼프 당선을 엘리트주의에 대한 서민의 반기나 민중의 승리라고 말하기도 하는데 본질은 그것이 아니다. 결코 그런 거창하고 고상한 의미의 승리가 아니었다. 단지 사람들의 약한 구석을 파고든 포퓰리즘의 승리였을 뿐이다. 어찌 보면 민주주의 가장 저급한 형태인 중우정치가 본격적으로 나타난 것이라 봐야 한다.

중우정치|Mobocracy

플라톤은 중우정치를 다수의 폭민에 의한 정치(폭민정치: mobocracy)로 규정하였고, 아리스토텔레스는 다수 빈민의 정치(빈민정치: ochlocracy)라고 규정하였다. 민주제가 상황에 적합한 효과적인 리더십을 결여하였을 때 나타나는 정치현상이며, 중세·근대에 이르러서도 대중에 의한 정치를 혐오하는 많은 보수적 정치가나 사상가들에 의해서 민주제·민주주의에 대한 멸시의 뜻으로 사용되기도 하였다.

– 네이버 지식백과

선거는 민의의 반영이고 하늘의 뜻이라고 자주 말하지만 결코 그것이 옳은 것은 아니다. 선거를 통한 잘못된 중우정치의 대표적인 사례는 민주주의가 태동되었던 그리스에서 이미 나타났다. 바로 '도편추방제의 병폐'였다. 그 자세한 배경과 의미를 이 책에 다 적는 것은 인터넷 검색을 무시하는 처사일 것이므로 각자 바로 '도편추방제'를 검색해보면 알 것이다. 도편추방제의 병폐를 지켜 본 유명한 철학자 플라톤은 대중과 민주주의를 믿을 수 없다고 판단하여 철인정치(일종의 엘리트주의)를 주장했다. 참고로 필자가 생각하는 도편추방제의 병폐가 우리나라에 나타난 대표적 사례는 바로 노무현 전前 대통령의 경우였다고 본다. 긴 이야기는 생략한다.

"첫째, 대중적 인기에 연연하고 그들의 요구에 무조건 부응하는 사회적 병리현상과 둘째, 개인의 능력과 자질 그리고 기여도 등을 고려하지 않는 그릇된 평등관이 문제라는 것이며, 셋째, 개인이 절제와 시민적 덕목을 경시하고 무절제와 방종으로 치닫는 현상을 지적했습니다. 넷째, 엘리트주의를 부정하고 다중의 정치로 흘러가 중우정치의 양태로 변질될 가능성이 있다는 것입니다. 그러므로 판단력이 있는 철학자가 지배하는 국가가 가장 이상적이다"

- 플라톤의 《국가론》에서 중우정치의 병폐 지적 부분

선거에서 경제정책이 대표 이슈이자 가장 중요한 문제로 다루어지는 이유도 거기에 있다. 사람은 자기 먹고 사는 것에 가장 관심이 많다. 공동체보다는 자신이 우선이다. 그래서 민심은 천심이라는 말은 틀렸다. 그냥 얄팍한 인간성의 표현으로 나타난 민심일 뿐이다. 사람은 믿을 수 없다. 정치판이 더럽다고 쉽게 비난하며 말하지만 그렇게 만드는 것은 바로 자기 자신이다.

PART 4

투자 시장에 대한 전망

투자는 종합예술이라는 말이 있다.

예술은 수학처럼 답이 딱 떨어지지 않는다. 그 과정도 추상적이다.

부탁의 글

. . .

투자 시장 전망은 단순하게 이야기하자면 끝없이 쉬울 수 있으나 정확성을 높이기 위해서는 많은 고민을 해야 한다. 단순히 경제 관련 이론이나 흐름, 통계만을 가지고 시장전망을 말한다면 그것은 한낱 경제지표를 반복하여 말하는 앵무새에 지나지 않는다. 그래프와 경제용어의 개념만 공부하여 숙지하면 누구나 할 수 있는 시장전망을 필자까지 나서서 더 이야기할 필요가 있을까.

투자는 종합예술이라는 말이 있다. 예술은 수학처럼 답이 딱 떨어지지 않는다. 그 과정도 추상적이다. 그림이나 노래, 무용 등의 예술행위는 누구나 할 수 있지만 아름답게 잘하기는 쉽지 않다. 역사에 남을 만한 작품을 남기는 이는 극소수다. 투자도 마찬가지다. 누구나 돈만 있으면 투자 행위를 할 수 있다. 하지만 투자를 통해 수익을 내는 것은 쉽지 않다.

운으로 한두 번 성공할 수는 있다. 하지만 오랜 기간 동안 반복 투자하여 성공자로 이름을 남기는 것은 소수다. 누구나 공부하면 될 것 같지만 현실은 실패와 좌절만 남긴다. 이는 투자가 우리가 익히 해왔던 공부로는 해결되지 않는 측면이 있기 때문이다. 이것이 바로 투자와 예술의 공통점이기도 하다. 경제 관련 공부는 기본으로 하되 사회 전반에 걸쳐 나타나는 여러 현상을 꿰뚫어 보는 통찰력과 영감이 필요하다. 운명적으로 선택된 소수만이 시장의 진실을 알아본다. 그 진실을 조금이라도 알아내기 위해 온갖 노력을 하지만 얼마나 들여다볼 수 있을까. 통찰력과 영감이 공부와 연습으로 해결된다면 좋겠지만 타고나는 부분도 꽤 있어 그렇지 못하다. 그럼에도 불구하고 투자 시장에 몸을 던진 많은 사람들이 능력에 부치지만 애처롭게 노력하고 있다.

필자가 《시사경제잡설》이나 앞서 이 책에서 이야기한 여러 사회현상 관련 글들은 미력하나마 시장의 진실을 알아내기 위한 노력의 소산이고 씨줄과 날줄로 연결된 하나의 덩어리다. 웬만하면 모두 읽고 이 부분을 봐주기 바란다. 도서관에서 빌려 봐도 무방하다. 《시사경제잡설》의 시장 관련 전망에서 틀린 부분을 수정보완 하였지만 전작의 내용을 이 책에서 아예 다루지 않은 부분도 있다. 그렇기 때문에 설명이 부족하다는 오해를 하지 않았으면 한다. 덧붙여 투자 시나리오는 예측이기 때문에 가능성을 전제로 한다. 실시간 피드백이 아닌 책의 한계다. 또한 처음부터 순서대로 봐줬으면 한다. 하나의 연결된 이야기이기 때문이다.

박스권에 갇힌
주식 시장

. . .

《시사경제잡설》에서 2016년 중반 이후 주식 시장이 대세 상승할 것이라고 말하였으나 현실은 그렇지 않았다. 5년 이상 이어진 슈퍼 박스권을 벗어날듯 하던 코스피로 대표되는 증시는 더 좁은 박스권에 갇혀서 지루한 흐름을 보였다. 필자는 사람들이 벌벌 떨던 브렉시트가 지나가면 아무 일 없었다는 듯이 증시가 올라가리라고 예측하였지만 계속 제자리걸음이었다.

우리나라 기관(투신, 증권사 등)은 9개월 이상 현물 순매도 행진을 하였고 공매도는 말할 것도 없다. 공매도를 위한 대차잔고가 사상 최대인 80조에 육박하고 펀드 현금 보유량(현물 공백) 또한 사상 최대치에 육박한다. 기관들은 거의 주식투자를 포기한 것처럼 보였을 정도다.

개인들이 답답한 증시 흐름에 지쳐 주식투자를 외면하다시피 하고 기관들이 주식을 버리는 듯한 매도세를 보일 동안 시장을 떠받친 것은 외인 투자자들이었다. 자국 국민들과 기관들이 내다버리는 주식을 열심히 바닥에서 끌어 주워 담았다. 왜 그런 것일까? 우리나라 주식 역사상 단 한 번도 패한 적 없는 외인이다. 개인뿐만 아니라 기관도 주식을 버려두다시피 한 채 1년을 보내는 동안 외인들은 자신들의 창고를 주식현물로 채웠다. 이는 수급 측면에서 우리나라 기관이 자국 증시를 박스권에 가둔 주범이었다는 것을 부인할 수 없다. 기관은 국내보다는 해외, 주식보다는 채권, 매수보다는 공매도 등에 주력하며 마치 시장이 올라가기를 바라지 않는 듯한 태도였다. 또한 국내외 이슈는 해석하기 나름인데 대부분 증시를 누르는 악재로 취급했다. 2016년 한 해 동안 주식 시장을 괴롭힌 대내외 악재는 다양했지만 가장 대표적인 것은 두 가지다. 브렉시트와 미국 금리 인상이다. 지나온 시간을 되돌려 생각해보면 황당함을 느끼지 않을 수 없다.

브렉시트 악재는 작년부터 예고된 이벤트였다. 브렉시트가 진정한 악재(블랙 스완)라면, 천문학적인 액수의 투자금을 움직이는 메이저 투자자들은 브렉시트 발생 전후로 투자금을 거의 다 뺐어야 한다. 그렇지 않더라도 최소한 환율 시장이 이미 절단 났어야 한다. 하지만 브렉시트는 증시를 누르는 악재로 쓰였을 뿐 전 세계적인 유동성을 더 푸는 결과를 가져왔고 환율은 안정세를 보였다. 코미디에 가깝다. 대이변으로 브렉시트가 결정되면서 난민 문제와 인종갈등의 민낯을 드러나게 했을 뿐 이제 와서 보면 악재인지 호재인지 모를 지경이다. 지금도 하드 브렉시트(Hard Brexit、영국의 유럽 단일 시장 접근권 포기) 어쩌고 하고 있지만 말장난에 가깝다. 현실화되기까지의 시간은 고려하지 않은 단정적인 악재 예견일 뿐이다. 그로인한 불확실성이 현실화 될 때까지의 시간은 최소 2년이다. 하지만 여전히 증시를 짓누르는 재료로 쓰이고 있다.

미국 금리 인상 악재는 어떠한가? 잊을만하면 언론이나 전문가들이 떠들면서 시장을 계속 누른 가장 큰 떡밥이다. 지금까지 관련 뉴스들을 살펴보면 처음에는 골드만삭스 같은 국제금융사들이 미국 금리 인상 가능성을 제기하고 언론이 확성기로 그 공포를 확대 재생산하여 강달러 현상이 나온다. 하지만 정작 그 날짜가 다가오면 재닛 옐런 미 연준 의장이 비둘기파적인 연설을 하고 환율 안정과 더불어 일단락되는 코스를 밟아왔다. 그리고 조금 시간이 흐르면 다시 미 연준 은행 총재들이라는 곁다리 인물들 인터뷰가 나와서 공포감을 재조성한다. 그것을 받아서 국제금융사들이 미국 금리 인상 가능성을 제기하며 그것은 악재라고 펌프질을 하면 언론이 확성기로 확대·재생산하는 무한반복이었다. 물론 그런 과정을 우리나라 언론과 기관들은 아주 친절하게도 초등학생 받아쓰기 하듯이 우리에게 자세히 알려주어 겁을 먹게 했다. 지금도 마찬가지다. 사실상 미국 금리 인상이 언제 되느냐가 중요한 것이 아니다. 재닛 옐런 미 연준 의장의 시장친화적인 금리 인상 속도 조절론이 만천하에 공언되고 있다는 점이 중요하다. 그러므로 필자는 2016년 중반에는 시장참여자들이 미국 금리 인상 관련 공포감은 머릿속에서 지워버릴 것이고, 도리어 금리 인상이 된다면 경기회복의 확실한 신호로 시장이 대세 상승으로 접어드는 계기를 만들 뿐이라고 생각할 것이라 예상했지만 아니었다. 한마디로 대내외 변수를 받아들이는 시장참여자들의 태도나 반응에 대한 예상이 틀렸다.

2016년 주식 시장 대세 상승 출발 예측이 틀렸으니 앞으로는 그 예상과 반대로 시장이 대세 하락하거나 끽해야 계속 박스권으로 움직일 것이라고 사람들이 말한다면 그것은 아니라고 말하고 싶다. 시간의 오차는 있을지언정 대세 상승 흐름이 오는 것은 변할 수 없는 진실이다. 빠르면 2017년 초반, 늦어도 중반부터 주식 시장이 박스권을 탈피하며 대세 상승장이 올 것이다. 그에 대한 배경에 대해 자질구레한 것들은 제쳐두고 굵직한 몇 가지 이야기 중심으로 풀어본다. 그 배경이야기는 주식 시장뿐 아니라 부동산 시장과도 긴밀히 연결되어 있다.

외인 주식
현물 보유량 40%의
의미

. . .

2016년 말 우리나라 외인 투자자 주식 시장 시총 비중은 금액상으로는 사상 최대에 육박하고 퍼센티지(%)로는 사상 최대인 40%에서 10% 부족하다. 현금가치의 하락 때문에 금액상과 퍼센티지(%)상 차이가 난다.

외국인 투자자들이 석 달째 국내 주식을 순매수하면서 보유 잔액이 사상 최고치에 근접했다. 금융감독원은 8월 한 달간 외국인이 상장 주식 1조8510억원어치를 순매수했다고 19일 발표했다. 6월 4660억원, 7월 4조1110억원어치를 순매수한 데 이어 석 달째 매수세를 이어가면서 외국인의 상장 주식 보유 잔액은 467조6000억원(전체 시가총액의 30.5%)까지 불어났다. 사상 최대 규모였던 지난해 4월 471조원에서 3조원가

군이 증시 외인 보유량 40%에 의미를 부여하는 이유는, 2000년대 우리나라 외인 투자 비중이 40%에 달한 경우가 있었기 때문이다. 그리고 그 직후 사상 최초 코스피지수 2,000포인트를 넘는 대세 상승이 나왔다. 전 세계 주식 시장 역사에서 개별국가 주식 시장의 40% 가까이를 외인 투자자가 보유했던 경우는 딱 두 번이다. 지금은 쇠락한 '노키아'로 유명한 핀란드가 펄펄 날 때인 1990년대 한번, 2004년 말 원달러 환율이 곤두박질(원화 강세)치기 직전이자 2005년 대세 상승장 나오기 직전인 우리나라. 이는 무엇을 말하는 것일까?

한국과 핀란드 주식 시장 외인 투자자 비중 40%에는 차이점이 있다. 핀란드는 당시 상상을 초월하는 노키아의 기업수익 때문에, 한 나라의 경제를 완전히 담당하던 노키아를 외인 투자자들이 열심히 사면서 증시에서 차지하는 외인 비중이 올라갔다. 사실상 핀란드의 미래를 보고 주식을 매수 했다기보다는 노키아의 기업성장성, 실적을 보고 산 것이다. 하지만 2004년 말 우리나라의 경우는 달랐다. 2004년 우리나라 기업 실적 전망 뉴스를 찾아보아도 그리 밝지 않았다. 삼성전자, LG, 포스코, 조선업종이 호황을 구가함에도 전망은 어두운 것이 특색이었다. 국내외 언론 모두 동일했다. 2016년과 비슷한 점이 많다.

하지만, 환율뉴스는 달랐다. 원달러 환율이 미국 금리 움직임과 결부되어 2004년 말로 갈수록 사상 최초의 1,000원 하회를 예상하는 시점이었다. 외인 투자자는 원달러 환율 하나만 보고도 우리나라 주식을 살만한 가치가 있었던 것이다. 바로 환차익을 말한다. 그래서 2004년 4분기 원달러 환율 1,000원선 위협이 가시화되자 외인들은 주식을 매도하기 시작했다. 이를 받아낸 것이 그전까지 미운오리새끼 취급을 받으며 주구장창 순매도 하던 기관이다. 2004년 말 뉴스 하나를 보자.

국내 기관투자가들이 주식 시장의 안전판으로 급부상하고 있다.

지난 수년간 '기관투자가=주식 매도자'란 인식이 시장에 팽배해 왔다. 그러나 올 4·4분기 들어 기관은 1조원대의 순매수를 기록하면서 주식 시장의 버팀목 역할을 톡톡히 하고 있다. 전문가들은 국내외 경제 여건상 기관의 순매수 기조는 규모를 차치하고라도 일단 지속성을 띨 가능성이 크다는 데 무게를 싣고 있다.

◇올 4분기가 분기점=29일 증권거래소에 따르면 이달 들어 지난 28일까지 기관의 누적 순매수 금액은 1조1천5백16억원을 기록했다. 이같은 월간 순매수 규모는 1999년 7월(3조3천9백72억원) 이후 5년5개월만에 가장 큰 것이다.

– 기관투자가 '우린 달라졌어요.', 〈경향신문〉, 2004.12.29.

1997년 IMF 외환위기 이후 엎치락뒤치락하던 코스피지수가 1,000선을 넘었다가 주저앉으면서 박스권에 갇혀 수년간 맴돌았다. 그때 우리나라 기관은 '기관투자가 = 주식매도자'라는 인식이 들만큼 순매도의 화신이었다. 2011년 후반 이후 현재까지 5년 이상을 2,100선 정도를 기준한 슈퍼 박스권에 증시가 갇혀 맴돌고 있는데, 이때 기관 행태와 거의 흡사하다. 한마디로 십 수 년이 지난 지금도 기관의 투자 자세는 달라지지 않았다. 1999년 7월 이후 2005년~2007년에 걸친 대세 상승장을 앞둔 2004년 말까지 장장 5년 5개월에 걸쳐 주식 시장이 코스피 고점 1,000선을 기준한 박스권으로 흘렀다. 그때 시장이 오를만하면 주식현물을 매도해버리던 기관을 보던 당시 개인 투자자들의 심정이나 현재 개인투자자들의 심정이나 매한가지 아닐까.

　　기관이 주식 매도자에서 매수자로 완벽히 변신한 2005년이 되자 기관화 장세라는 말이 나왔다. 기관의 주도하에 시장이 대세 상승하기 시작했기 때문이었다. 반면에 기관이 몇 년에 걸쳐 헐값에 주식을 팔 동안 바닥에서 매수하던 외인 투자자들은 매도 우위로 돌아섰다. 시세차익은 물론이고 원화 강세에 따른 환차익까지 덤으로 먹으면서 외인들은 천천히 매수매도를 반복하며 2008년 금융위기가 오기 전까지 수익 실현을 해나갔다. 박스권 탈피를 하지 못할 것이라는 비관론이 팽배한 가운데 바보처럼 우직하게 원화 약세 기간 몇 년 동안 주식 순매수를 하던 외인들이 원화 강세가 오자 기관에게 유유히 주식을 떠넘기고 돈을 챙겨간 것이다. 막판에 기관들이 이번만은 다르다며 자기네들이 시장을 주도하고 있으므로 상승장은 계속된다고 부르짖었지만 결국 외인 투자자들의 환율을 기준으로 한 완벽한 투자 승리로 끝맺음 되었다. 외인 투자자는 기업 가치 등 여러 투자요소를 살펴보지만, 우리나라의 경우 원달러 환율이라는 요소가 가장 중요한 투자 기준이자 포인트다. 개별기업이 아닌 우리나라를 산 것이라 볼 수 있다. 이는 한국이 세계 시장에서 선방하는 기업, 추세에 맞게 잘 변동하는 신흥국 환율이라는 요소를 갖추고 있어 환차익을 겸한 시세차익을 노리기 좋은 환경이기 때문이다.

2004년 4분기 당시 기관의 순매수 전환은 외인들의 원달러 환율 1,000원 초반대 위협에 따른 순매도 전환과 더불어 찾아왔다. 수년간 매도자 역할만 하던 기관이 왜 그때 마침 외인들의 순매도 전환과 맞물려 순매수로 전환했는지에 대한 확실한 이유는 나오지 않고 있다. 당시 언론 기사나 혹자에 따르면 기관의 수년에 걸친 순매도에 따른 현물 공백과 한국은행의 금리 인하 중지로 채권투자의 매력이 감소하면서 주식투자의 방향전환이 나왔다고 한다. 필자도 비슷하게 생각하고 현재도 그런 추세가 보인다. 2016년에 기관이 순매수를 해주거나 적어도 공매도를 포함한 대량매도를 하지 않았다면 대세 상승장이 일찍 시작되었을 것인데 그렇게 되지 않았다. 아쉬운 한 해였다.

기관의 본격적인
매수세가 나올까?

■ ■ ■

　증시가 슈퍼 박스권에 갇히기 시작한 2012년 이후 증권사나 투신사 등 우리나라 기관들의 매매 행태를 보면 필자를 비롯해 대부분의 개인 투자자들은 불만을 갖지 않을 수 없다. 증시를 박스권에 갇히게 한 주범은 우리나라 기관이라고 누구라도 말할 정도이다. 도대체 자국의 주식 시장을 지켜야 할 기관들이 앞장서서 비관론을 퍼뜨리고 끝없는 매도를 하는 이유는 무엇일까? 세계경제의 불안, 금리, 환율 등 여러 요인이 있지만 일단 수급적인 측면에서 기관의 투자 포트폴리오가 그렇게 돌아가게 된 배경을 필자 나름의 생각으로 이야기해 본다.

　과거를 돌이켜 지금과 비교해보면 어느 정도 현재 기관의 행태가 이해되면서 2017년부터 기관의 본격적인 매수세가 나올 수 있다는 것을 파악할 수 있다. 앞서 언급한 2004년 말 경향신문의 '기관투자가, 우린 달라졌어요.'라는 기사 내용에서 보다시피 2000년대에도 대세 상승장을 앞두고 기관들은 몇 년간 매도만 일삼았다. 2004년 8월과 11월의 마지막 금리 인하가 나오고 원화 강세가 본격화되던 2004년 4분기부터 기관은 매수세로 돌아서서 외인의 매도세를 받아내며 2005년부터 소위 기관화 장세라는 말을 탄생시키며 사상 최초의 코스피지수 2,000시대를 열었다.

우리나라 기관은 단기적인 실적에 목메기 때문에 손쉽게 얻을 수 있는 눈앞의 수익에 몰두하는 경향이 강하다. 1997년 IMF 외환위기 직후 고금리 정책을 시행하였다가 경기부양을 위해 지속적으로 금리 인하를 하였다. 마찬가지로 2008년 금융위기 이후 경기부양을 위해 지속적인 금리 인하를 하였다. 이는 기관들에게 채권투자 중심의 투자 포트폴리오가 손쉽게 돈 벌 수 있는 길임을 알려주었다. (새로운 코스톨라니의 달걀 모델 참조) 세계적인 금리 인하 기조와 더불어 한국은행 기준금리 인하가 연이어 나오는 상황에서 가장 안전하면서도 쉽게 수익을 내는 길은 주식투자가 아니라 채권투자였다. 경제위기가 발생한 이후 몇 년간 비관론이 지배하는 상황에서 시중 유동성이 주식 시장에 강하게 모여들지 않기 때문에 안전성을 강조한 채권투자가 호객행위에도 유리하기 때문이다.

보통 경제위기 이후 외인들은 우리나라 기업 가치와 환차익을 동시에 염두에 두고 장기적인 전망을 한다. 원화 약세가 유지되는 몇 년간 그 세부 주체에 따라 매수매도가 반복되기는 하지만 기본적으로 매수 포지션을 가져간다. 기관은 주식 시장에서 국내 투자자 입장으로 환차익보다는 기업 가치를 따진다. 주가 상승에 따른 시세차익이 주 수익이 되는데, 비관론이 지배하는 경기 상황에 기업 가치로 주가부양을 하기도 어려울 뿐만 아니라 위험자산이라 일컬어지는 주식 시장으로 시중 유동성을 끌어들이기는 쉽지 않다. 하지만 장사는 계속해야 하므로 진정한 대세 상승장이 오기 전까지 기관은 대체로 단기수익을 노리는 박스권 투자나 안전자산이라 여기는 채권투자를 한다. 최근 도널드 트럼프 미 대통령 당선 발 채권 시장 충격 이후에 나온 뉴스를 봐도 명확하다.

'트럼프 탠트럼(trump tantrum,발작)'으로 국내 국고채 금리가 연일 연중 최고치를 경신하면서 채권 시장이 패닉에 빠졌다. 기관, 외국인 등 채권 시장 참여자 대부분이 역대 최대급 손실을 입었다.
특히 증권사들은 미국 대선 이후 1주일 새 수천억~1조원 안팎의 손실을 본 것으로 추정됐다. 최근 수년간 채권투자로 큰 수익을 냈던 증권사들의 채권잔고가 역대 최고수준이어서 이번 사태의 파장은 어느 때보다 심각하다는 지적이다…(중략)
일반투자자들도 국내 채권형펀드에서 이탈하고 있다. 손실우려가 커지면서 5거래일동안 7600억원의 자금이 이탈한 것이다.
　　　　－ "치솟는 국채 금리, 채권 투매 확산… 증권사 손실 눈덩이",
　　　　　　　　　　　　　　　　〈파이낸셜뉴스〉, 2016.11.18.

최근 몇 년간 증권사는 호객행위에 편하고 장기전망에 근거한 투자보다는 단기수익을 노린 투자 및 금리 인하 기조에 기댄 채권투자에 열심이었다. 비관론이 지배하는 상황에서 투신사의 주식형 펀드는 덩달아 자금 유출이 이어지면서 시장을 떠받치지 못했다. 외인이 아무리 꾸준하게 사준다 하여도 기관이라는 거대 시장주체가 주구장창 팔기만 한다면 시장이 상승하기는 힘들다. 외인도 장기적인 전망으로 원화약세 기간 동안 매수하는 것이기 때문에 주가를 올려치며 사기 보다는 떨어지는 주가를 받는 형태의 바닥매수를 하기 때문이다. 이런 현상은 2000년 전반기에도 나타났다. 하지만, 2000년대에는 2010년대와 달리 ELS 등의 박스권 전략 금융 상품의 인기가 광적이지 않았고 우리시장에 아직 공매도 제도가 도입되지 않았다는 차이가 있다. 기관들은 자신의 시장전략과 고유계정 투자에 맞추어 시장을 움직이려 한 점이 역력히 보였고 과거에 비해 더욱 심해졌다.

2000년대는 지금처럼 전 세계적인 디플레이션 우려가 있지 않았고, 호황기였지만 나름 정석대로 움직였다. 세계경기 회복과 맞물려 한국은행의 기준금리 인하가 중지되는 지점부터(2004년 8월과 11월) 기관이 투자 포트폴리오를 채권투자에서 주식투자로 바꾸었다. 참고로 2004년 당시 기관이 매수세로 전환된 시점은 4분기, 즉 10월부터인데 이는 2004년 8월 한국은행 기준금리 인하를 마지막 금리 인하로 봤기 때문이다. 2004년 11월 한국은행 기준금리 인하는 당시 박승 한국은행 총재가 금융통화위원들에게 불만을 표시하고 언론에서 '금통위의 반란'이라는 말이 나올 정도로 의외여서 10월부터 시작된 기관의 투자 포트폴리오 변경은 그대로 이어졌다. 그리고 위험자산 선호를 부추기는 기관의 홍보와 더불어 시중 유동성까지 주식형 펀드에 몰려들면서 2005년부터 기관화 장세에 힘입은 놀라운 대세 상승장이 나온 것이다.

필자가 2016년부터 주식 시장 대세 상승기가 나올 것이라 전망한 이유 중 하나가 바로 이 부분이었다. 미국 첫 금리 인상이 단행된 상태에서 한국은행의 기준금리 인하 기조가 막바지에 다다른 상황이므로 기관의 투자 포트폴리오가 채권투자에서 주식투자로 변경될 것으로 예상했다. 그로 인해 본격적인 기관매수세가 나오고 더불어 아직 원화 강세가 본격적으로 나오지 않은 상황에서 외인 매수세까지 더해지며 시장이 올라갈 것이라 보았던 것이다. 하지만 기관은 눈앞의 수익과 현실에 안주했다. 또한 자신들이 이제껏 가져온 투자 포지션을 버리기가 너무 힘들었던 모양이다. 적극적인 채권투자와 소극적인 주식투자라는 기본 바탕에 기관은 ELS 등 박스권을 겨냥한 금융 상품 판매에만 열을 올렸고 공매도에 매진했다. 이는 부메랑처럼 되돌아와 기관들이 주식 시장이 상승하기보다는 박스권에 갇히게 하는 매매를 하도록 부추겼다. 또한 한국은행의 기준금리 인하도 주식 시장의 유동성 증가로 보려 하기보다는 채권수익률이 좋아지는 쪽으로만 생각하여 대응했다.

기관 입장에서 원화 강세는 고사하고 원화 약세로 달러 매수가 더 나아 보이고 디플레이션 우려가 상존하며 세계적으로는 마이너스 금리까지 나오는 마당에 대세 상승장을 생각하기 쉽지 않다. 그래서 그나마 안전한(?) 채권투자 중심 투자 포트폴리오에 치중할 수밖에 없었다는 것이 당연할지도 모른다. 하지만 2000년대 대세 상승장 패턴을 겪은 기관이라면 적어도 외인의 매수 패턴에 대한 분석 및 그 이유를 한 번쯤 생각해 보고 필자가 주장하는 시나리오의 가능성도 열어두었더라면 어땠을까 하는 아쉬움이 남는다. 2016년 한 해 매수는 못할지언정 순매도 행진이 아니라 홀딩만 하였더라도 외인 매수세에 힘입어 대세 상승장이 일찍 나왔을 것이다. 그랬다면 900조가 넘는 시중 부동자금의 증시유입도 빨라지면서 기관도 채권투자와 주식투자 양쪽에서 괜찮은 수익을 얻을 수 있었던 상황이다.

해외 시장에서는 적으나마 채권에서 주식으로의 자금 이동이 있었다. 이로 인해 미국, 독일 등 선진국 시장 뿐 아니라 동남아 및 한국과 비슷한 대만 시장까지도 우리나라보다 증시 상승률이 높게 나왔지만 국내에서는 채권에서 주식으로의 자금 이동이 거의 전무하여 지지부진한 박스권 증시가 계속 이어졌다. 그렇기 때문에 기관의 본격적인 매수세가 2017년에 시작되려면 채권보다는 주식이 더 낫다는 인식이 주어져야 한다. 그로인해 투자 포트폴리오 변경이 되어야 하는 것이 선결조건이다.

트럼플레이션
공포

■ ■ ■

도널드 트럼프가 미국 대통령으로 당선되어 채권 시장에 '트럼플레이션 공포'가 나타났다. 그 충격파가 우리나라까지 도달했다. 트럼플레이션이라는 용어는 '트럼프 + 인플레이션'의 합성어이다. 사실 이는 도널드 트럼프의 대선기간 공약에 따른 시장 참여자들의 우려로 나타난 현상이다. 그래서 이 책이 발간될 즈음에는 시장 참여자들이 어느 정도 냉정을 찾아 채권 및 외환 시장에 균형(?)이 찾아오리라 본다. 그때쯤이면 이 용어도 공포심만을 자극한 언론용 어휘에 불과해지고, 지금 이 글도 쓸데없는 상황이 될 수 있다.

하지만 도널드 트럼프 당선자의 정권 인수기간 동안 나올 여러 공약으로 인하여 이런 현상이 2017년 초반까지 갈 수도 있다. 트럼프의 기본 성향(?)이 집권 기간 내내 저변에 깔려 영향을 미칠 것이며, 2008년 금융위기 이후 나타난 채권 전성시대가 어차피 저물어가는 상황이었지만 그 정도를 더 앞당기는 단초가 될 현상이기에 분석해 보려한다.

2008년 금융위기 이후 미국, EU 등 선진국 중앙은행이 D(디플레이션)의 공포를 역설하며 거의 제로금리에 가까운 저금리 기조와 양적 완화 정책을 시행했다. 이로 인해 채권은 안전성을 가미한 최고의 투자 상품이 되었다. 많은 사람이 사상 최대로 풀린 세계의 돈이 다 어디로 갔냐는 의문을 제기했다. 그 의문의 답을 어느 정도 말해 줄 수 있는 것이 채권버블이다. 미 연준 등 선진국 중앙은행이 돈을 풀면서도 국채매입을 하는 과정과 투자자들의 채권투자가 맞물려 많은 돈이 채권 시장에 잠겼다. 이 때문에 마이너스 금리 채권만 해도 2016년 9월 기준 12조 6천억 달러(한화로 1경 5천조 원)라는 천문학적 금액이 발행된 지경인데 어찌 버블이라 하지 않을 수 있을까. 비이성적인 채권투자였고 버블은 꺼지기 마련이다.

채권투자에 취약은 금리 인상과 인플레이션이다. 그 둘은 서로 맞물려 돌아가는 것으로 전후관계를 따질 수는 없다. 금리 인상과 인플레이션이 나타나면 투자자들은 채권을 버리고 주식, 원자재, 부동산 등으로 옮겨 간다. 그래서 몇 년 전부터 채권 버블이라는 경고와 함께 '그레이트 로테이션(채권에서 주식으로 자금 이동)'이라는 말이 유행했다. 우리나라에서는 일부 부동산 시장으로의 자금 이동 이외에는 그런 현상이 거의 전무하다시피 했으나 해외 시장을 보면 아주 서서히 채권에서 주식, 부동산 등으로 자금 이동이 있었다. 그래서 런던이나 베를린 등 선진국 주요 도시의 부동산 가격이 급등하고 미국 등 여러 선진 증시가 사상 최고점을 달린 것이다. 전 세계는 물론이고 우리나라 낙관적인 투자자들이 그레이트 로테이션을 오매불망 기다리는 이유가 바로 여기에 있다. 천문학적인 돈이 채권에 잠겨 있는 와중에 조금씩 삐져나오는 돈이 기존에 부동산과 증시에 있던 돈과 더해져 2008년 금융위기 전보다 시세가 올랐다는 사실 때문이다. 이는 부동산 투자자들도 눈여겨 볼만한 대목으로, 앞으로 부동산 시장에 큰 공급량 확대가 없고(정부는 11.3 부동산 대책 등 공급제한에 온 힘을 쏟고 있음) 그레이트 로테이션이 나온다면 경제 전반 물가 상승과 더불어 부동산 시장의 대세 상승은 의심할 여지가 없다. 기관의 잘못된 투자인식 탓에 박스권에 갇혀 우울했던 우리나라 주식 시장도 마찬가지다.

그레이트 로테이션이 본격적으로 시작되지 않은 이유는 알고 보면 단순하다. 여러 경제지표나 통계를 들먹일 필요도 없다. 금융위기 이후 대두된 디플레이션 공포가 해소되고 인플레이션이 나올 수 있을지 의문스럽다는 비관론이 투자자들을 항시 불안하게 만들었기 때문이다. 세계경제를 주도하는 미국의 경제회복과 미 연준의 금리 인상이 나오면서 인플레이션 시작 징후가 나타났다. 하지만 유럽의 그렉시트, 브렉시트 등의 커다란 악재(?)가 나오는 등 계속적인 불안감이 연속으로 이어졌다. 이에 채권 시장의 버블 지속이나 주식, 원자재 시장 등 투자 포지션이 자신들의 이익을 위하는 방향으로 유지되길 바라는 거대 금융사들의 언론플레이 및 비관론에 기댄 투자 의견이 강하게 나오면서 투자자들의 불안감을 계속 부채질 했다. 좁게 보면 우리나라 기관의 소극적인 주식투자와 적극적인 채권투자 중심의 투자 행태도 이에 해당한다.

D의 공포가 몇 년을 지배했고 그것을 뛰어넘는 경제 붕괴 비관론까지 나오는 지경이었지만 세계경기는 착실히 인플레이션으로 향하는 절

차를 밟아오고 있다. 트럼플레이션 공포가 아니었어도 마이너스 금리 채권 발행이라는 기막힌 상황까지 연출한 비정상적인 채권랠리가 2017년까지 이어지기는 힘들었다. 힐러리 클린턴이 이번 미국 대선에서 이겼더라도 마찬가지 상황이다. 단지 도널드 트럼프의 대선 승리가 좀 더 채권 시장에 직접적이고 강한 충격을 주었을 뿐이다. 도널드 트럼프 대선 승리 전에 이미 글로벌 채권금리는 반등을 시작했다.

세계 금융시장 '변곡점' 맞았나.
미국·유럽 주요국 국채금리 8월 이후 급등
유가 반등·미국경제 호조로 물가 상승 압력.
"디플레 국면이 인플레로 돌아서는 징후"

27일(현지시간) 영국과 독일 등 유럽 주요국과 미국의 채권 시장에선 국채 수익률이 급등(국채 가격은 급락)하는 '채권 발작(bond tantrum)' 현상이 발생했다. 발단은 영국이었다. 이날 영국의 3분기 국내총생산(GDP) 증가율이 예상치 0.3%를 깬 0.5%로 나오자 길트(영국 국채) 10년물 금리가 0.08%포인트 급등한 연 1.25%까지 치솟았다. 당초 영국 중앙은행(BOE)이 브렉시트(영국의 유럽연합 탈퇴) 결정으로 인한 경기침체를 막기 위해 기준금리를 낮출 것으로 예상한 국채 투자자는 망연자실했다.

■ **패닉에 빠진 채권 투자자**
국채 투매 바람은 곧장 독일로 날아갔다. 이날 분트(독일 국채) 10년물 금리는 0.08%포인트나 급등하며 연 0.17%까지 상승했다. 뉴욕 시장에서도 미 국채가격의 기준이 되는 10년물 금리가 0.06%포인트 급등한 연 1.85%를 기록하며 지난 6월1일 이후 최고치를 기록했다. 이는 월가 이코노미스트가 제시한 연말 전망치 1.75%를 크게 웃도는 수치다. CNBC는 이날 선진국 국채금리 폭등이 2014년 이후 최대폭이라며 '발작' 수준이라고 전했다.

한국의 국고채 금리가 두 달 이상 큰 폭(0.20%포인트 이상)의 상승세를 이어간 것은 2013년 이후 이번이 세 번째다. 2013년 5월부터 8월까지 벤 버냉키 당시 미 중앙은행(Fed) 의장이 '양적 완화 축소'를 시사하면서 채권 시장 '긴축발작(taper tantrum)'이 발생한 게 첫 번째다. 다음은 작년 10~12월 미국이 9년 만에 기준금리 인상을 결정하면서 아시아 신용위기설이 확산하던 때다. 당시 금리 상승폭은 이번보다 작았다.

한 자산운용사 채권운용팀장은 "최근 금리 상승은 선진국들의 추가 양적 완화 정책이 한계에 봉착한 상황에서 나타난 것이어서 과거의 상승과 성격이 다르다"며 "금리가 추세적으로 상승할 가능성을 배제할 수 없다"고 말했다.

인플레이션 기대심리까지 가세하면서 향후 금리상승 속도가 더욱 빨라질 수 있다는 전망도 나온다. 미국의 9월 소비자물가지수가 전년 동월 대비 1.5%, 유로존은 0.4% 상승하면서 2014년 이후 가장 빠른 속도로 움직이고 있다는 게 단적인 예다.

전문가들 사이에서는 미 국채(10년물) 금리가 올해 연 2%를 돌파할

    미국은 이미 미 연준 인플레이션 목표치를 넘어서려는 징후를 보여 두 번째 금리 인상을 하려한다. 유럽도 침체를 벗어나 인플레이션의 길로 접어들고 있다. 채권 투자자들은 채권버블이 끝나가는 것을 직감적으로 느끼고 서서히 주식이나 부동산으로 자금 이동을 준비하고 있었다. 그 와중에 도널드 트럼프의 대선 승리 뉴스가 심리적 기폭제가 되어 급매물이 한꺼번에 나오면서 채권 시장에 충격을 주며 '트럼플레이션 공포'라는 신조어를 탄생시킨 것이다. 우리나라도 예외는 아니다. 트럼프 당선 전 국내 채권 기사 하나를 보자.

국내 채권형펀드에 무슨 일이…

한국은행, 기준금리 인하 기대 줄고 미국·유럽 채권금리 상승세 부담

올 평균 수익률은 1.88% '양호'

올해 7조원이 넘는 자금을 모으며 인기를 끈 국내 채권형펀드에서 이달 들어 처음으로 5000억원(월별 기준) 넘는 자금이 빠져나갔다. 가계부채 우려로 한국은행의 기준금리 인하 가능성이 낮아진 데다 유럽의 양적 완화 종료(테이퍼링)와 미국 중앙은행(Fed)의 12월 기준금리 인상 가능성이 높아지면서 채권 시장에 대한 부정적 전망이 커졌기 때문이다.

24일 펀드평가사 에프앤가이드에 따르면 국내 공모 채권형펀드 설정액은 이달 들어(지난 21일 기준) 5179억원 줄어든 것으로 나타났다. 올해 국내 채권형펀드 자금이 순유출을 기록한 건 이달이 처음이다. 최근 한 달 동안 '한국투자e단기채펀드'(1059억원) '키움단기국공채펀드'(426억원) '삼성코리아단기채권펀드'(993억원) 등 대표 채권형펀드에서 집중적으로 자금이 빠져나갔다. (중략)

한국은행이 6월에 이어 기준금리를 추가로 내릴 것이란 기대감과 유럽과 일본의 지속적인 양적 완화가 채권 시장 유동성을 풍부하게 했다는 분석이다. 채권 가격은 금리가 하락하거나 사려는 사람이 늘어날수록 올라간다. 하지만 잘나가던 채권 시장에 최근 '이상기류'가 흐르고 있다는 게 전문가들의 설명이다. 무엇보다 한국은행의 추가 기준금리 인하에 대한 기대감이 낮아졌다. 부동산 시장 과열로 급증하는 가계부채 우려가 커진 탓이다.

최근 이주열 한은 총재는 물가안정목표제 운영상황 설명회에서 "가계 부채와 Fed의 금리 인상 가능성 등 금융안정에 유의해 금리정책 운용에 신중할 필요가 있다"고 언급했다. 미국 유럽 등 선진국 채권 금리가 장기채를 중심으로 상승세(채권 가격 하락)를 보이는 점도 투자자에겐 부담이다. 유동완 NH투자증권 연구원은 "채권 시장에 더 이상 '먹을 것'이 많지 않다고 판단한 투자자가 늘고 있다"고 설명했다.

— 뭉칫돈 몰리던 '효자 상품' 이달 5179억 첫 순유출,
〈한국경제〉, 2016.10.24.

글로벌 인플레이션이 시작될 조짐이 있고, 한국은행의 금리 인하가 6월 이후 중지되며 계속 동결되었다. 그러자 채권 투자자들이 가장 싫어하는 금리 인상(최소 기준금리 바닥, 시중금리 상승)과 인플레이션이 나타날 것을 우려해 채권형 투자 상품에서 돈을 빼고 있다. 만일 앞으로 채권투자를 권하는 금융사나 투자 전문가가 있다면 바보 아니면 거짓말쟁이 둘 중에 하나다. 하지만 시장에는 항상 순한 양떼(?)가 존재하고 그들을 몰아대는 이상한 목동도 존재하므로 채권 시장이 무너지는 일은 없다.

이야기를 처음으로 돌려 트럼플레이션에 대한 쓸데없는(?) 분석을 해보자. 도널드 트럼프 당선자의 경제정책 관련 공약의 기본 골격은 감세와 인프라 투자를 통한 경기부양이다. 인플레이션을 강하게 일으키겠다

는 말이다. 감세정책은 정부재정의 빈곤을 가져온다. 그럼 인프라 투자는 무슨 돈으로 할까? 정부재정에 대한 의문은 미 국채 발행의 남발로 이어진다. 국채를 발행해 돈을 마련하는 방법이 제일 쉽고 확실하다. 인플레이션과 국채 남발 예상은 채권 시장에 충격을 줄 수밖에 없다. 인플레이션이 강하고 빠르게 나오면 채권금리 상승과 더불어 나오는 시중금리 상승과 함께 미국 금리 인상 속도가 가속화될 것이라는 논리도 나온다. 저금리 기조가 예상보다 빠르게 끝난다는 말이 되므로 채권 시장은 충격에 빠질 수밖에 없었다. 여기에다 미국 경제가 트럼프의 인플레이션 정책에 의해 강하게 성장한다는 논리도 나와 미국 금리 인상 시기와 맞물려 달러 강세 현상이 나왔다.

언뜻 보기에 이런 논리들이 모두 맞는 것 같다. 그러기에 똑똑한(?) 채권 시장 참여자들이 대량의 매도를 하면서 트럼프 발 채권 시장 충격과 달러 강세가 나온 것이다. 채권 시장의 충격이 반드시 나쁜 것은 아니다. 지금까지 채권 버블이라 불릴 정도로 채권 시장에 잠겨있는 막대한 돈이 주식 시장으로 옮겨가는 그레이트 로테이션의 본격적인 징후라 볼 수도 있기 때문이다. 그래서 채권 시장 충격과 더불어 미국 증시의 큰 폭 상승이 나왔고 앞으로도 미국 증시의 장밋빛 미래가 그려진다는 투자 의견이 많다. 하지만 이는 다시 달러 강세를 불러오면서 우리나라 같은 신흥국에서 외인 자금이 빠져나가 미국으로 회귀한다. 그리고 신흥국 증시는 미국과 디커플링 되면서 침체에 빠진다는 논리의 투자 의견이 트럼프 당선과 더불어 시장을 일순간 지배했다.

그런데 이런 투자 의견이나 논리에는 허점이 많다. 또한 도널드 트럼프의 대선 승리를 대이변으로 취급하며 시장 참여자들이 화들짝 놀란 상태에서 무조건적인 두려움이나 기대감을 가진 측면도 크다. 두려움을 가진 측이나 기대감을 가진 측이나 모두 트럼프의 돈키호테 같은 성향을 강하게 인식하여 선거기간 나온 트럼프의 공약이 대부분 정책에 반영되어 집행되리라는 생각을 했던 것이다. 우리가 국내외 선거를 수십 번 봐와서 알다시피 공약公約은 공약空約으로 그칠 수 있음에도 불구하고 말이다. 주식 시장에서의 현상으로 말하면 대선테마주 널뛰기 하는 식이라고 말할 수도 있다. 비정상적인 상황은 오랜 시간이 지나지 않아 정상으로 되돌아 갈 것이다. 일단 앞서 말한 논리의 허점을 들여다보자.

도널드 트럼프 당선자가 감세와 인프라 투자를 위한 국채발행을 한다면 미국 재정적자 확대를 피할 수 없다. 재정적자는 미국 쌍둥이적자(재정적자, 무역적자)의 한 부분으로 대표적인 달러 약세의 명분이다. 채권금리 상승으로 인한 시중금리 상승, 물가앙등은 재정적자와 더불어 미국경제의 성장을 둔화시킬 수 있다. 달러 강세 현상이 지속되면 미국 무역수지 적자도 우려되는 등 그 역시 미국경제에 부담으로 작용하여 트럼프가 원하는 미국경제의 장밋빛 성장 전망은 물거품이 될 수 있다. 트럼프 진영 측은 재정적자를 무역적자 축소로 보완한다며 보호무역주의를 주창했는데, 이 또한 모순이 있다. 법인세 감면으로 미국 기업들이 본국으로 회귀하도록 하여 내수 진작을 통해 재정적자를 벌충하고, 미국 기업들의 수출을 도와주기 위해 무역보복관세 및 BHC 법안 등을 통하여 한국이나 중국 등 미국 무역적자 상대국들의 환율을 달러 대비 강제적인 강세로 만들어 역시 무역적자 감소를 통한 재정적자 보완을 꾀한다는 식이다. 그러나

이 역시 달러가 강세가 아닌 약세가 되어야 하는 모순에 처한다. 보호무역주의는 필히 나라 간 환율전쟁 및 무역 분쟁을 일으키며 불확실성을 증대시킨다. 투자자들이 가장 싫어하는 것이 바로 불확실성이다. 미국 증시의 장밋빛 전망 또한 물거품이 될 수 있다.

트럼프 당선자 진영 경제 논리의 허점을 말하고자 한다면 책 한 권을 쓸 수 있을 정도다. 아마 도널드 트럼프도 당선인 신분에서 정권인수를 거쳐 정식으로 대통령이 된 후에 경제 상황에 대한 여러 보고를 받다보면 이러지도 저러지도 못하는 상황이라며 짜증을 낼 지도 모를 일이다. 트럼프 당선자가 자기 성향대로 정책을 밀어붙이려 해도 국채발행의 양 조절이 필요하고 달러 강세가 되지 않도록 애써야 한다. 트럼프가 대선기간 공약대로 정책을 집행하든, 개과천선하여(공약은 공약일 뿐이다) 정상적인 경제정책으로 변화를 꾀하든 모순에 처한다. 그렇기에 트럼프 대선 승리 직후 나타난 금융 시장의 움직임은 과도한 반응이었다. 실제 일어나지도 않은 현상을 예측하는 의견이 시장을 지배하여 당혹감을 연출하였다. 시간이 지나면 반대 논리가 앞서 나온 논리에 맞서면서 금융 시장은 균형(?)을 찾을 것이다. 여기서 말하는 '균형'은 트럼플레이션 공포 같은 과격한 속도가 아닌 정상적인 속도의 그레이트 로테이션을 말한다. 정상적인 그레이트 로테이션은 당연히 우리나라 같은 신흥국에도 좋은 현상이다.

살펴본 바와 같이 트럼플레이션 공포는 채권에서 주식, 부동산 등으로의 자금 이동이 되어가던 와중에 터진 하나의 이벤트성 사건이므로 너무 크게 신경 쓰지 않아도 된다. 그보다 중요한 것은 채권 버블이 꺼져가고 있다는 사실이다. 우리나라 기관들도 거의 반강제적으로 채권보다 주식 등 위험자산을 선호하는 투자 포트폴리오로 변경할 수밖에 없을 것이다. 그러므로 2017년에는 기관의 본격적인 매수세가 나올 가능성(늦어도 2017년 중반)이 크다. 외인들도 원달러 환율 1,000원 선을 위협하는 수준에 이르기 전까지는 매수세를 보이며 외인 주식 현물 보유 40%를 채울 것이므로 2017년에 증시 사상 최고점 돌파와 부동산 시장 전국 동반 상승세가 나타날 것이다. 그런데, 필자의 이런 주장에 많은 이들의 머릿속엔 원화 강세라는 환율 움직임이 나올 가능성과 금리의 움직임에 대한 의문이 고개를 쳐들 것이다.

환율과 금리에 대한
이야기

∎ ∎ ∎

　아무리 늦어도 도널드 트럼프 대통령 정식 취임 전후하여 달러 강세
가 꺾이기 시작할 것이라고 내다본다. 하지만 많은 이들은 과연 2017년
이후 대세 상승의 한 조건인 원화 강세(달러 약세)가 본격적으로 나올까라
는 의문을 가지고 있을 것이다. 전문가나 언론 기사에서 달러 강세 예견
을 많이 하기 때문이다. 그런데 투자에 밝지 않은 사람은 원화 강세가 나
타날 가능성보다 도대체 원화 강세와 대세 상승장이 무슨 관계일까? 의
문이 먼저 든다. 우리나라처럼 수출 주도 경제에서 원화 강세는 안 좋은
것이 아니냐는 생각이 들면서 아리송해질 것이다.

　주식투자를 하는 경우에는 그 과정과 이유를 전문가들처럼 논리적으
로 알지 못하더라도 주식차트를 통해 원화 약세 기간에 침체나 박스권,
원화 강세 기간에 상승장이 나타난다는 것을 안다. 원화 강세와 대세 상

승의 관계를 수박 겉핥기식으로나마 알아보자.

기축통화와 비기축통화(원화 포함)가 강세가 되는 경우에는 차이점이 있다. 현시점에서 우리에게 중요한 것은 원화 강세 현상이므로 비기축통화의 경우만 따져본다. 비기축통화가 강세가 되는 경우는 크게 두 가지가 있다. 첫째, 경기호황에 힘입어 그 나라 경제력 등 국력이 올라가 자연스레 강세가 나오는 경우(2000년대 중후반 우리나라)이다. 둘째, 외교와 국제정치의 역학 관계상 힘의 논리에 의해 반강제적으로 강세가 나오는 경우(1980년대 중후반 일본 버블)이다. 그리고 이 두 가지에 모두 적용되는 요소인 기축통화국과 비기축통화국의 금리 차에 의한 자금 이동의 영향이 있다. 쉽게 말해 미국의 금리 인하나 인상에 의한 달러의 이동으로 발생하는 영향을 말한다.

첫 번째 경우, 비기축통화의 강세는 수출로 먹고사는 일본이나 우리나라 같은 경우 수출 단가를 높여 무역수지를 나쁘게 만든다는 논리가 있다. 하지만 반대로 생각하면 환율 강세는 전량 수입에 의존하는 원유 등의 수입 물가를 낮추어 내수경기 부양에 좋은 측면도 있다. 또한 자연스러운 강세가 나타날 경우 세계경기도 호황인 경우가 많아(수출이 잘되는 경기 상황) 적당한 환율 강세에도 수출에 타격이 거의 없다. 투자 시장만 생각한다면 환율 강세는 원인이자 결과로 시중 유동성을 풍부하게 하여 자산의 상승을 불러오는 요인도 된다. 예를 들면, 기업이나 개인들이 달러보다는 원화를 선택하게 되고 외인들의 환차익을 노린 자금 유입도 있는 등 국내 유동성이 증가하면서 인플레이션이 일어나 주식/부동산의 대세 상승이 나온다. 이때 기축통화국의 금리 향방에 따른 자금 이동이

나와 영향을 친다. 2000년대 중후반 연속된 미국 금리 인상에도 불구하고 대세 상승장이 나온 논리 과정은《시사경제잡설》의 '미국 첫 금리 인상 단행, 이후 전망' 파트에서 이미 설명하였으므로 지면 관계상 생략한다.

두 번째, 힘의 논리에 의한 비기축통화 강세 현상의 대표 케이스는 말할 것도 없이 플라자합의 이후 나타난 1980년대 중후반 일본 버블이다. 플라자합의 일화에서 보듯이 미국의 강요에 의한 엔화 강세 현상은 일본에게 큰 경제 불안감을 안겨주었다. 이 역시《시사경제잡설》의 '지금 우리나라 상황은 일본 버블기와 비교하면 언제쯤일까?' 파트에서 설명했다. 자연스러운 통화 강세는 경기호황과 보조를 맞추며 나오기에 정책당국 입장에서 금리 인하 등 시중 유동성을 인위적으로 증가시키는 확장적 경제정책을 펼칠 필요가 없다. 반면에 강제적인 통화 강세의 경우에는 경기침체를 막기 위해 파격적인 금리 인하나 재정투입 등 확장적 경제정책을 펼치게 된다. 이로 인해 시중 유동성이 폭발적으로 증가하여 주식/부동산 대세 상승이 나온다. 1980년대 일본의 경우에는 강제 엔고가 나온 이후에 정책당국의 우려와 달리 수출에 큰 타격을 받지 않았다. 그래서 일본은행의 파격적인 단기간 금리 인하와 정부의 재정정책이 불난 집에 기름을 끼얹는 형국이 되어 사상 초유의 버블장세가 나왔다.

그런데 비기축통화(원화 포함) 강세와 대세 상승의 관계에 대해 살펴 본 두 가지 경우는 환율에 따른 중앙은행의 금리 설정에 중요한 차이점이 있다. 1980년대 일본 버블기 때와 2000년대 세계적인 골디락스 경기 때의 기축통화국 미국이 처했던 상황과 입장 차이로 인한 문제점도 중요하다. 이는 현시점 우리나라 상황을 살펴보는 데 핵심적인 사항이다. 우선 환율에 따른 중앙은행의 금리 설정 문제에 대하여 살펴보고 기축통화국인 미국이 처한 상황과 입장에 대한 문제점은 기축통화 전환기와 맞물린 사항이므로 다음 파트로 넘긴다.

자연스러운 통화 강세의 경우에는 중앙은행의 금리 인하가 통화 강세보다 먼저 나오거나, 나오는 와중에 통화 강세가 나타난다. 우리나라 경우를 보면, 2000년대 전반기인 2004년까지 경기침체를 걱정한 정책당국의 금리 인하가 진행되었고 이 당시 원달러 환율은 1,200원에서 1,100원선을 유지하다가 연속된 미국의 금리 인상에도 불구하고 1,000원선이 깨지기 직전 수준까지 내려갔다. 그 후 2005년부터 자연스런 통화 강세의 논리 과정을 통해 경기가 상승세로 완전히 돌아섰다. 이때 과열이 걱정될 정도여서 정책당국은 통화 강세가 나타난 이후 금리 동결로 버티다가 결국 금리 인상 기조를 이어갔다. 즉, 자연스런 통화 강세가 나타나기 전에 이미 돈을 푸는 과정이 있고 통화 강세가 나타난 이후 경기과열을 걱정하여 돈줄을 죄는 과정 같은 정상적인 경제정책 운용이 나타났다.

반면에 힘의 논리에 의한 인위적인 통화 강세의 경우에는 통화 강세가 나타난 이후 돈을 푸는 과정인 금리 인하나 재정투입 등이 나타난다. 그럴 수밖에 없는 것이 통화 강세가 인위적으로 갑자기 나타나기 전까지는 자국의 자연스런 경제 흐름에 따라 금리를 조절하고 있었는데, 갑자기 힘센 자(미국)의 압박에 의해 반강제적인 통화 강세가 돼버리면 경기침체 우려가 고개를 쳐들기 때문이다. 특히 수출 주도 경제인 우리나라나 일본 같은 경우는 더 말할 나위도 없다. 그래서 일본이 1980년대 중후반 플라자합의에 의한 강제 엔고 현상으로 경기침체 우려가 심해지자 화들짝 놀라 1986년 단 1년 만에 기준금리를 반 토막 내버리며 시중에 돈을 푼 것이다. 수출 타격을 내수경기 부양으로 메워보자는 방식이다.

이런 통화 강세가 나타나는 방식에 따른 해당국 금리 설정 문제는 현 시점 우리나라 정책당국의 괴로움을 배가 시킨다. 2008년 금융위기 이후 나타난 저성장 경제기조로 인한 경기침체를 탈피하기 위해 이제껏 우리나라 정책당국은 금리 인하를 해왔다. 이미 기준금리 1.25% 라는 사상 초유의 저금리를 선보인 상황이라 만일 미국이 힘의 논리로 원화 강세가 되도록 압박하거나 미 연준의 점진적이고 완만한 금리 인상 기조로 인하여 2017년부터 원화 강세가 나타난다면 통화정책상 쓸 수 있는 카드가 별로 없다. 기껏해야 한번 정도(1.0% 기준금리)의 금리 인하만 가능할 뿐이다. 그런데 그 정도의 금리 인하를 하려해도 국내외적으로 가계부채 문제나 미국의 금리 인상 기조로 인한 외인자금 유출 문제 등이 걸려 쉽지 않다. 상당히 미묘하고도 복잡한 문제이다. 그래서 이주열 한국은행 총재가 정부의 재정투입을 몇 번이고 강조하고 요청하는 것이다. 하지만 재정투입 정책도 실효성이 있을지는 의문이다.

이주열 한국은행 총재는 11일 금융통화위원회 회의 이후 열린 기자회견에서 "재정정책도 경기회복을 지원하기 위해 확장적 방향으로 갈 필요가 있다"고 말했다.

– 이주열 '재정정책 확장적 방향으로 가야', 〈매일경제〉, 2016.11.11.

다시 말해 2016년까지 원달러 환율이 그나마 안정적(?)인 상태(1,000 원선을 위협하지 않는 수준)에서 수출 주도 경제인 우리나라가 이만큼 버티어 왔음에도 불구하고 경기침체를 우려하는 상황이다. 만일 2017년부터 원화 강세가 나타난다면 정책당국이 어떤 식으로 대응할 수 있을까? 가장 중요하고도 확실한 수단인 통화정책(금리 인하) 여력을 거의 다 소진한 상태에서 말이다. 참고로, 많은 사람들이 언론 기사를 통해 우리나라 경제가 어려운 상태이며, 수출과 내수도 엉망이라고 생각하겠지만 그것은 너무 비관적인 생각이다. 우리나라 기업들은 아주 잘하고 있다. 2008년 금융위기 이후 이렇게 잘하고 있는 나라가 드물 정도다. 낙수효과가 나타나고 있지 않아 서민경제만 힘들 뿐이다.

올해(2016년) 유가증권시장 상장회사의 세전 영업수익은 13% 증가해서 거의 100조원 가까이 된다. 당연히 세금도 사상 최대로 많이 걷혔다. 증시 펀더멘탈의 건강성을 타내는 상장회사의 재무건전성과 이익 증가율 그리고 현금보유액은 450조원으로 사상최고다. 무역수지도 불황형 흑자라고 하지만 10월말 756억달러로 사상 최대치를 기록하고 있다. 그러나 주식투자 관심도는 냉담하다.

– 남들이 공포에 질릴 땐 탐욕을 부려라,
〈일 한국경제 오피니언〉, 2016.11.18.

미국이 우리나라를 환율조작 의심국으로 지정하고 BHC 법안이나 보복관세 운운하며 응징한다고 벼르는 이유가 우리나라 기업들이 너무 선전하고 있어서이다. 경제 전반에 걸쳐 비관론이 광범위하고 깊게 퍼져있어 집값이 폭락하고 주식 시장이 절단날 것 같지만 현실은 그렇지 않다.

이번 미국 대선에서 트럼프가 아니라 힐러리가 당선되었더라도 우리나라에 대한 환율 압박(인위적 원화 강세 만들기)은 기정사실이었다. 2016년 중반 오바마 미 대통령이 BHC 법안에 서명하고 환율조작 의심국으로 한국, 독일, 중국, 일본, 대만, 스위스 등 6개국을 지정하였다. 오바마와 힐러리는 같은 민주당 소속이고, 민주당의 당론은 보호무역주의에 가깝다. 알고 보면 트럼프가 공화당의 당론인 자유무역주의에 역행하는 미 대선 공약을 부르짖은 꼴이었다. 힐러리가 세련된 환율 압박을 가할 예정이었다면 트럼프는 거칠게 한다는 차이가 있을 뿐이다. 그러므로 2016년 말에 나타난 달러 강세는 일시적인 현상에 그칠 확률이 높다.

비단 인위적인 환율조작(달러 약세, 원화 강세)이 아니더라도 미국의 12월 금리 인상은 오히려 자연스러운 달러 약세를 불러올 공산이 크다. 유럽과 일본 등 다른 준기축통화국의 '돈 풀기' 통화정책이 한계를 드러내고 있어 미국이 금리를 인상하더라도 다른 나라와 금리 격차가 더 벌어지지 않을 수 있다. 미국이 첫 번째 금리 인상 이후 재닛 옐런 미 연준 의장이 수차례 시장 친화적인 금리 인상 기조, 점진적이고 완만한 인상 속도를 피력했지만 시장 참여자들은 지금껏 믿지 않아왔다. 그래서 항상 미 FOMC 회의가 열리는 시점마다 각기 다른 투자 의견들이 난무하며 시장의 불안을 키웠다(그 과정에서 이득을 보는 자들도 있었음). 그러나 미 연준이 2016년에 점진적이고 완만한 금리 인상 스탠스를 가져갈 것을 행동으로 보여주었고 이제 대다수 시장 참여자들에게 확신을 심어주는 상황이 펼쳐질 것이다. 따라서 달러 강세가 길게 나오기보다는 완만한 달러 약세가 진행될 것이다.

반드시 트럼프의 미국 대통령 당선이 아니더라도 미국이 더 이상 경상수지 적자를 용인하기 어렵다는 점도 작용한다. 미국의 수출은 달러가 약세로 갈 때 유리한데 이대로 달러 강세가 지속되면 미국 경제 자체에 대한 믿음이 무너지는 상황이 올 수 있기 때문이다. 즉, 2008년 금융위기 이후 대두된 달러붕괴 사태가 염려될 정도로 미국 경제력이 나빠질 수 있다는 의견이 나오면서 달러 강세를 제한할 것이라는 의미다. 이런 점과 앞서 말한 BHC 법안 및 트럼프의 보호무역 주장은 2017년부터 달러 약세와 원화 강세를 불러올 요인이 된다. 이런 환율 환경이 현실화 되고 우리나라는 앞서 말한 두 가지 경우가 모두 혼재된 상태로 세계경기 호황이 빨리 나온다면 자연스런 통화 강세 경우의 전철을 밟으면서 주식/부동산 대세 상승이 펼쳐질 것이다. 하지만 세계경기 호황이 조금만이라도 늦춰진다면 인위적인 통화 강세의 영향으로 시중에 푼 유동성을 뛰어넘는 정책적 조치가 필요해진다. 그래서 필자가 화폐개혁(리디노미네이션)이 1~2년 안에 나올 공산이 크다고 보는 것이다. 이미 한국은행의 통화정책 여력이 소진된 상태에서 정부의 재정투입만 바라보고 있지만 그 실효성이 의문시 되는 마당에 2017년부터 트럼프 미국 행정부의 환율 압박과 자연스러운 달러 약세가 동시에 나온다면 원화 강세는 강하게 나올 가능성이 크다. 이때 한국은행은 어쩔 수 없이 위험하더라도 마지막 한 번의 추가 금리 인하를 단행(효과 의문시)하거나 화폐개혁 카드를 끄집어 낼 확률이 높다. 아니면 정치 상황과 맞물려 극약처방으로 두 가지 모두 할 수도 있다.

필자가 원화 강세와 대세 상승에 대하여 이야기 하고 2017년부터 원화 강세가 나올 공산이 크다고 몇몇 근거를 들어 주장하지만, 많은 이들은 앞으로 정말 원화 강세가 나올지 의문을 가질 것이라 생각한다. 앞으로의 원화 강세는 기축통화 전환기 현상과 맞물려 있다.

기축통화 전환기의
달러

■ ■ ■

《시사경제잡설》'지금은 기축통화 전환기이다'편에서 설명한 배경 이야기와 근 미래에 대한 세 가지 시나리오 이야기를 상기시키면서 현시점을 바라보자. 미국(좁혀 말하면 FRB)은 2008년 금융위기 이후 저물어가던 달러의 운명을 연장시키기 위하여 갖은 노력을 하고 있다.

2008년 금융위기가 터지자 가장 유행한 이야기는 '달러 붕괴'였다. 현재 세상의 모든 돈은 신용화폐이다. 신용을 근거로 한 종이(화폐)를 '돈'이라 믿고 사람들이 거래에 이용하거나 가치척도의 기준으로 삼고 있다는 뜻이다. 그런데 미국 경제가 무너지는 금융위기가 터지자 세상 모든 돈의 기준인 달러가 신용을 잃으면서 현대 자본주의 경제를 떠받쳐 온 신용화폐에 대한 믿음(신용)이 무너지려는 상황이 닥치는 것이다. 신용화폐가 믿음을 잃어버린다는 것은 결국 사람들로부터 버려진다는(종이는 돈이 아니다) 의미이므로 달러 붕괴가 올 수도 있다. 그래서 고대에 돈이었던 금값이 사상 최고가로 오르는 등 기현상을 보였다. 더불어 금본위제도로 다시 돌아갈 수밖에 없다는 웃기지도 않는 이야기가 신빙성을 얻는 지경까지 나왔다. 아마 지금도 그런 비관론을 믿는 이들이 많을 것으로 생각되나 허무맹랑한 전래동화에 불과하다. 금본위제도로의 회귀가 나올 정도의 암울한 상황이 되면 자본주의 체제의 모든 나라는 전자화폐 경제 구축을 통한 세계 단일통화체제를 선택하여 위기를 벗어나려 할 것이다. 절대 과거에 비해 엄청나게 팽창된 지구촌 경제규모를 감당 못할 금본위제도를 선택하지는 않을 것이다.

금융위기 후 몇 년의 시간이 지나 현실을 보니 세상(특히, 미국)이 그리 만만치 않음을 알 수 있지 않나. 금융위기 직후 벤 버냉키 전前 미 연준 의장의 과감한 제로금리 및 양적 완화 정책 시행과 뒤를 이은 미 연준 의장 재닛 옐런의 지속된 달러 가치 유지를 위한 점진적이고 완만한 금리 인상 속도 그리고 이를 뒷받침하는 제스처(금리 인상 관련 발언들)가 나오면서 현재는 되려 강달러를 염려하는 지경이다. 달러 붕괴를 걱정하는 것이 아니라 EU의 유로화나 중국의 위안화 붕괴를 걱정하는 상황까지 나온 것이다. 미국 경제가 현시점에서 세상에서 가장 견실한 회복을 하고 있다는 평가까지 나오는 마당이니 세상일이란 알다가도 모를 일이다. 그런데, 이 부분에서 우리가 생각해볼 문제가 있다. 이는《시사경제잡설》에서 말한 기축통화 전환기 관련 배경 이야기 및 세 가지 시나리오와도 연관되어 있다.

달러 위상이 다시 회복된 근간은 미 국채의 인기와 미국경제가 되살아난다는 믿음의 회복이었다. 이 두 가지는 하나로 볼 수도 있다. 미국경제가 망하지 않는다는 믿음의 회복으로 미국이 발행한 국채를 다른 나라나 투자자들이 사주면서 달러를 지탱한다고 말할 수 있다. 그 반대로 미국채를 다른 나라나 투자자들이 사주면서 미국경제 회복의 단초가 된 것이기도 하다. 두 가지 이외 또 중요한 사항은 지구촌 경제가 하나로 묶여 있다는 사실이다. 현대 자본주의 경제는 전 세계 나라들이 거미줄처럼 엮여서 어느 한 나라의 독자적 생존은 불가능하다. 한 나라가 무너지면 거미줄이 부분적으로 끊겼다고 해서 금방 전체 거미줄이 무너지지는 않는 것처럼 세계경제가 단번에 끝장나는 것은 아니다. 하지만 거미줄의 끊어진 부분을 복구하지 않으면 거미줄 전체가 제 구실을 못하듯이 세계경제 또한 마찬가지다.

2008년 금융위기가 터지자 미 연준은 즉시 제로금리를 시행했지만 약발이 먹혀들지 않았었다. 미국경제에 대한 불안감과 미 국채의 인기 상실이 겹치면서 달러 붕괴로 인한 비관론이 팽배했기 때문이다. 그래서 당시 벤 버냉키 미 연준 의장은 채권 시장에서 미 연준이 미 국채를 직접 사준다는 발표를 했고, 순간적으로 세계 증시가 급반등하였다. 이는 미 연준이 미국정부와는 별개의 독립된 달러 발행권을 가진 사적 은행이므로 가능한 일이었다. 미 연준이 중앙은행 입장에서 제로금리 시행 등으로 달러를 풀면서 동시에 독립된 사적 은행 입장에서 채권 시장에서 직접 미 국채를 사준다는 소식에 투자자들이 안심하기 시작하며 채권/주식 시장이 안정을 되찾아간 것이다. 그 뒤 기막히게 적절한(?) 시점에 유럽에서 그렉시트 등 경제 위기감이 돌아 제로금리와 양적 완화가 연이어 시행돼 달러가 상대적으로 안정되었다는 인식이 퍼져 달러 가치가 유지되는 수순을 밟았다. 물론 이때 대마불사大馬不死라는 말처럼 미국이 망하도록 내 버려 둘 수는 없다는 세계적인 공조 인식이 퍼지면서 G20 재무장관 및 중앙은행 총재 회담을 통해 세계적인 저금리 기조(자국 경제사정도 감안)가 나왔음은 말할 것도 없다.

이 당시 중국이 가진 막대한 미 국채 관련 괴담이 터져 나왔었다. 미 국 달러 위상이 흔들리는 순간에 중국이 기축통화 지위를 노리고 환율전 쟁을 벌이면서 중국이 가지고 있던 막대한 미 국채 물량을 채권 시장에 내던져 미국 달러 붕괴를 노린다는 것이었다. 말이 되지 않는 이야기였지 만 인터넷은 물론이고 언론 기사를 통해서도 퍼져나갔다. 채권 시장에 중 국의 막대한 미 국채 물량을 받아줄 주체도 없거니와 중국이 가진 미 국 채는 외환보유고 형태라서 만일 중국이 미 국채를 던져버리면 미국이 망 하기 전에 중국이 먼저 외환위기를 맞을 수도 있다. 그래서 중국은 미 국 채 물량을 던지기는커녕 미국이 무너지지 않도록 채권 시장을 떠받들어 주어야 할 판이었다. 이는 세계가 거미줄처럼 얽혀있다는 이야기와 일맥 상통한다. 이런 논리 과정은 2017년부터 미국이 달러 약세의 길을 걸어 야 하는 이유로 설명할 수 있다. 또한 각 나라가 환율을 두고 싸우면서도 미국이 갈 수 있도록 어느 정도는 전 세계 모든 나라가 협조해야 하는 이 유이기도 하다.

미 연준은 절묘한 금리 조절 등의 통화정책으로 금융위기 이후 붕괴 될 뻔 했던 달러 가치를 살려냈다. 하지만 계속적인 달러 강세로 가면 미 국 쌍둥이적자(재정적자, 무역수지 적자) 심화 등 미국경제의 불안으로 도돌이 표처럼 다시 달러 위기를 불러올 수 있다. 미국은 일정 수준의 달러 가치가 유지되는 것이 최선이지 결코 상대적 달러 강세로 전 세계에 퍼져있는 달러가 미국으로 회귀하도록 놔두는 것이 좋을 수 없다. 미 연준이 2016년 12월 금리 인상을 앞두고 실업율 5%대, 핵심 소비자물가지수 2%대를 달성했다며 금리 인상을 기정사실화 하면서도 재닛 옐런 미 연준 의장이 '고압경제' 운운하며 계속 시장 친화적인 점진적이고도 완만한 금리 인상 기조를 외치는 이유가 여기에 있다.

고압경제(high pressure economy, 高壓經齊)

만성적 호황상태를 말한다. 반대로 공급이 수요보다 항상 앞서는 경제를 저압경제(低壓經齊)라고 한다. 고압경제하에서는 호경기가 계속되고 성장률도 높지만, 국제수지가 적자가 되기 쉽고, 물가가 상승하는 경우가 많다. 그러나 저압경제에서는 저성장(低成長)이 되기 쉽다. 그런데 이 고압경제는 기술혁신이 활발해지면서 초래되는 것이 일반적인데, 완전고용이 달성되고 투자기회가 많아지며 소비가 활발해지는 이점이 있는 반면, 물가가 꾸준히 상승을 계속하여 국제수지가 적자로 되기 쉽다는 취약점이 있다.

– 두산백과

지금 미국경제 상황에서 '고압경제' 발언이 맞느냐는 의문이 도처에서 제기된다. 미 연준이 여러 통계지표를 들먹이며 미국경제가 나아지고

있다고 말하지만 이제 금융위기를 벗어난 수준이지 고압경제 운용할 정도의 경제 상황은 아니라는 의견이다. 미국 주식/부동산 시장 같은 투자 시장이 회복된 것은 맞지만 실질 경제상태는 호황기로 접어들었다고 부르기는 힘들다는 것이다. 그래서 도널드 트럼프 진영이나 미국 투자업계 일부에서는 재닛 옐런 미 연준 의장이 너무 저금리 기조를 길게 가지고 가는 건 시중 유동성 증가로 인한 투자자산의 버블만 키울 뿐 경제성장을 도모하기 힘들다고 한다. 결국에는 물가 상승만 부추겨 그로 인한 양극화로 미국경제의 불황을 초래해 주식/채권 동반 하락을 불러올 수 있다고 주장한다. 도널드 트럼프가 재닛 옐런에 대한 혐오를 드러내고 고금리 정책을 설파한 배경이기도 하다.

하지만 재닛 옐런 미 연준 의장의 생각을 이해하려 노력해보면 지금 미 연준의 태도는 맞다고 봐야 한다. 또 재닛 옐런의 고압경제 발언이 왜 나왔는가를 이해하려면 2000년대 그린스펀 미 연준 의장 시절 호황이었던 미국경제와 1980년대 일본 버블 시기 전후하여 스태그플레이션에 빠졌던 미국경제를 알아야 한다.

2002년 초반까지 미국경제는 호황을 누렸으나 점차 경기 사이클과 닷컴 버블 붕괴로 인해 경기침체가 나타났다. 그러자 2002년 중반부터 2004년 초반까지 그린스펀은 당시로서는 파격적인 금리 인하를 시행하고 저금리 기조를 가져갔다. 이는 다시 미국경제를 호황기로 이끌었으나 그것은 정상적인 호경기 연장이기보다는 자산 시장의 상승추세만 연장시키는 것이 아니냐는 의구심을 자아냈다. 떨어진 금리로 증가한 자본 유동성은 실물 경제를 활성화시키는 데 쓰이지 못하고 부동산 등 투자자산

가격을 올리는 데 주로 쓰였기 때문이다. 당시 그린스펀 미 연준 의장은 경기과열을 걱정하여 2004년부터 두세 달 만에 연속적인 금리 인상을 시행할 정도로 금리 인상 속도를 빠르게 했다. 더불어 자산투기는 조심하라는 경고성 발언을 할 정도였다. 지금 재닛 옐런 미 연준 의장이 고압경제 운운하며 저금리 기조를 길게 가져갈듯한 제스처를 취하는 것과는 정반대였다. 이때 '그린스펀의 수수께끼'라는 말이 출현했다.

그린스펀의 수수께끼(Greenspan's Conundrum)

2000년대 중반 당시 미국 연방준비제도(Fed) 의장이던 앨런 그린스펀의 이름을 딴 것으로, 중앙은행이 기준금리를 올려 시중 유동성을 흡수하려는데도 시장이 반응을 보이지 않는 상태를 말한다. 연방준비제도위원회는 2004년 6월~2006년 3월까지 기준금리를 3.75% 올리는 조치를 취했지만, 10년 만기 미 국채수익률이 연 4.62%에서 연 4.85%로 겨우 0.23%포인트 오르는 데 그쳤다.

그린스펀도 이유를 알 수 없어 곤혹스럽다고 밝힌 이 현상은 월가에서 '그린스펀의 수수께끼'로 불렸다. 이후 중국 등 경상수지 흑자국들이 막대한 외환보유액을 바탕으로 미국 국채를 사들였다는 사실이 밝혀지면서 이 수수께끼는 풀렸다. 즉, 미국의 기준금리 상승 정책에도 불구, 해외 자금이 대규모로 유입되어 국채를 마구 사들였고, 이로 인해 채권값이 급등(금리 급락)하면서 통화정책을 무력하게 만든 것이다.

– 〈시사상식사전〉, 박문각, 2014

2016년 말 미 연준의 저금리 기조에도 불구하고 트럼플레이션 공포라고 불리울 정도의 채권 시장 충격이 나타난 상황과 2000년대 중반 상황을 비교해보면 미 국채를 사줄 투자자나 경상수지 흑자국들이 있냐 없냐의 차이가 있다. 2000년대는 골디락스 경기(달러 약세 추세)를 바탕으로 한국이나 중국 같은 수출 주도 경제 국가들이 돈을 잘 벌어 그 외환보유고 형태로 미 국채를 집중적으로 사들이는 바람에 미국 금리 인상이 강하게 나왔어도 채권 시장이 안정적, 아니 너무 좋았던 경향이 있다. 현재에는 미 연준의 신신부탁(저금리 기조 지속) 및 첫 번째 미국 금리 인상 이후 근 1년 만에 두 번째 금리 인상이 나오는 것임에도 불구하고 트럼프 미국 대통령 당선자의 공약 몇 마디와 겹치면서 대량의 경제 환경을 불러와 시장이 충격을 받았다. 이는 '옐런 수수께끼(금융완화 기조 속 시장금리가 급등하는 현상)'라는 신조어를 만들기도 했다. 채권 시장의 충격과 함께 달러 강세가 나타났는데, 이는 중국 등 신흥 경제권이 2000년대처럼 호황기가 아니고 채권 시장도 불안하다면 믿을 것은 달러 뿐이라는 생각과 트럼프의 고금리 정책 시행 염려로 인한 달러 회귀현상에 기인한 것이었다. 하지만 이런 현상은 다시 부메랑처럼 돌고 돌아 미국경제를 불안하게 만들 것이다. 핵심은 국채 수요와 달러 약세의 출현 가능성이다. 현재와 달리 2000년대는 국채 수요와 달러 약세가 의도하지 않아도 나왔기에 진정한 호황기이든 투자 시장만의 버블이든 간에 호경기가 지속된 것이었다.

1980년대 전반 미국은 스태그플레이션(경기침체 속에 물가 상승)에 빠져 있어 미국경제의 불안과 더불어 달러의 위기가 나타났다. 그래서 당시 폴 볼커 미 연준 의장은 미 국채 수요 창출과 더불어 달러 가치 유지를 위해 고금리 정책을 단행했다. 이는 인위적인 달러 강세라고 할 수 있는데, 문제는 달러 강세가 미국 무역수지 적자를 확대시켜 다시금 미국 경제를 악화시켰다는 사실이다. 그 시절 미국은 자국 경제 구하기와 달러 가치 유지 측면에서 금리 인하를 할 수도 안할 수도 없는 딜레마에 빠졌다. 그래서 나온 것이 그 유명한 플라자합의이다. 미국이라는 대마가 죽으면(자신들이 취할 수 있는 경제정책이 거의 없는 상태) 모두가 죽을 테니 경상수지 흑자국들이 알아서 미국을 살려내라는 협박과 마찬가지였다. 그리하여 독일, 일본 등이 말도 안 되는 미국의 억지를 받아들여 인위적인 자국 통화 강세를 용인하고 달러 약세를 만들어 준 것이다.

이러한 두 시대에 걸쳐 미국이 처했던 상황을 현재와 결부시키면 재닛 옐런이 고압경제 운운하는 이유와 2017년부터 달러 약세가 필연적으로 나와야만 하는 배경 윤곽이 드러난다.

2008년 금융위기 이후 2016년까지 벤 버냉키와 재닛 옐런은 달러 붕괴를 막는 수준을 넘어 적당한 달러 가치를 유지하는 신기에 가까운 비전통적인 통화정책을 보여주었다. 1980년대와 2000년대 미국이 처했던 경제 환경이 혼재되어 나타난 시대가 현재라고 짐작된다. 일단 미 연준은 언뜻 보기에 2000년대와 유사하게 미국경제가 회복되고 있다는 인상을 주며 현 경제 상황을 포장하는데 성공했다고 생각한다. 하지만 그것이 한계다.

2016년 12월 미국 금리 인상 임박과 트럼플레이션 공포가 겹쳐서 채권 발작이 일어났듯이 마이너스 금리 채권까지 발행된 마당에 2000년대와 유사한 코스로 인플레이션이 일어난다면 미 국채를 어느 투자자가 사줄까? 한국이나 중국 등 신흥국 경제가 망해가고(미 국채를 외환보유고 형태로 사줄 주체도 없는 마당) 미국경제만 호황이라는 논리가 맞는다면 미 국채 금리는 계속 높아질 수밖에 없다. 인플레이션은 채권투자에 취약이 아닌가. 그렇다면 채권금리 상승에 따른 시중 금리 상승으로 미국 경제 성장 또한 제약을 받으면서 트럼프 정부의 감세와 채권 발행에 따른 재정적자와 더불어 달러 강세에 따른 무역수지 적자, 즉 쌍둥이적자가 달러에 대한 믿음(신용)을 저버리게 만든다. 지구촌 공멸인 셈이다. 그래서 재닛 옐런 미 연준 의장이 고압경제라는 용어를 사용하며 점진적이고 완만한 금리 인상 속도를 강조하며 금융 완화 기조를 계속 가져가려는 것이다. 2000년대처럼 투자자산만의 버블이 나온다 해도 금리 인상을 강하게 하지 못하는 상황에 처한 것이다.

더 재미있는 것은 1980년대 미국 스태그플레이션 타개를 위해 고금리 정책을 취했던 상황처럼 현재 미국은 달러 가치 유지를 위해 점진적이고 완만한 금리 인상 기조를 더 늦추거나 중단할 수도 없다. 2010년대 세계경제에서 그나마 미 국채는 괜찮은 투자 상품이고 달러가 안전하다는 인식을 줄 수 있었던 것은 미국경제가 살아나고 있다는 여러 통계지표를 바탕으로 한 미 연준의 금리 인상 기조이기 때문이다. 2016년 한 해만 보더라도 재닛 옐런은 시장을 안심시키는 비둘기파적 발언을 하고, 피셔 미 연준 부의장을 비롯한 다른 연준은행 총재들 중 몇몇은 시장을 불안하게 하는 매파적 발언을 하는 가운데 달러와 채권 시장은 춤을 추었다. 이는 투자자들이 극도로 민감하게 움직인다는 것을 상징적으로 보여준다. 시중에 미국 금리 인상 가능성이 크다는 투자 의견이 지배적일 때는 달러 강세가 나오고 채권 시장이 하락하다가 정작 미 FOMC에서 금리동결을 발표하면 곧바로 달러 약세와 채권 시장 상승이 나왔다. 한마디로 미 국채와 달러가 현 수준을 유지할 수 있는 것은 미국 연준이 미국경제 회복을 포장하여 내보이며 금리 인상을 주장하기 때문이다.

지금의 미국은 1980년대 스태그플레이션에 빠졌던 경제 상황 만큼은 아니더라도 통화정책으로는 더 이상 이러지도 저러지도 못하는 상황인 것이다. 아무리 미 연준이 절묘하게 통화정책을 조절한다고 해도 결국 이제껏 해왔던 이상의 묘수는 나올 수가 없기에 2016년 중반에 오바마가 BHC 법안이라는 과거 플라자합의에 버금가는 억지 정책을 발효시켰다. BHC 법안이 노리는 주적은 바로 중국이다. 중국이 수출로 돈만 벌지 말고 이제껏 미국이 해왔던 기축통화국으로서 세계 소비 시장 역할을 부분적으로 감당해달라는 것이 미국의 요구이다. 양털깍기를 할 수 있으면 하는 것이고. 그래서 중국 위안화 IMF SDR 편입도 지지해주며 위안화 절상, 달러 약세를 주장해왔다. 하지만 중국은 과거 버블 후 양털깍기를 당했던 일본이 아니다. 아니 일본 사례를 익히 알기에 극도로 조심하며 역공을 취하려 하고 있다.

중국인 쑹훙빙의 화폐전쟁 시리즈는 메가 히트를 기록했지만 영어판 출간은 없다. 오로지 아시아, 그중에서도 중국의 미국과 유대인들에 대한 혐오증을 대변하는 책이라서 그렇다. 그만큼 중국은 미국이 플라자합의를 통해 취했던 양털깍기를 경계하며 속지 않는다고 다짐하고 있다. 그래서 지금까지 미국의 요구를 태연히 무시하며 약속하고 공언했던 변동환율제도 이행도 지키지 않았다. 트럼플레이션 공포 직후에는 미국정부와의 환율전쟁을 앞두고 위안화 절상 폭을 확보하기 위한 위안화 가치절하를 만들고 있다. 하지만 중국도 안다. 이 상태로 가다가는 중국과 미국이 동시에 망할 수도 있다는 것을. 또한 중국이 노리는 기축통화국 지위나 대국굴기大國屈起를 위해서도 어느 정도의 위안화 절상은 불가피하다. 시진핑의 일인 통치체제가 완비된 2017년부터는 미국과 환율전쟁을 하면서도 서로 양보를 하며 합의점을 찾을 것이므로 위안화 강세와 달리 약세가 나올 것이다.

사실 도널드 트럼프가 앞으로 가장 강력히 밀고 나갈 경제정책은 감세나 인프라 투자보다는 보호무역일 것이다. 미국 우선주의에 입각하여 정책적으로 내세우기 좋고 실행하기도 편한 것이 바로 미국의 경제력이나 군사력을 바탕으로 한 무역보복관세나 BHC 법안 등을 휘두르는 보호무역이기 때문이다. 이 시점에서 가장 절실한 것이기도 하다. 벌써부터 트럼프가 가장 앞세워 말하는 것이 중국 환율 압박 아닌가. 중국 위안화 가치절상에 항상 세트로 취급되는 것이 원화 가치절상이다. 대미무역흑자를 잘 올리고 있는 대표적 나라로 취급되고 있어서이다. 그러므로 우리나라 원화 또한 2017년부터 강세로 전환될 것이다.

이런 생각을 하다보면《시사경제잡설》에서 말한 기축통화 전환기 관련 세 가지 시나리오 중에서 감당 못할 중국 버블 만들기 후 양털깍기 시나리오보다는 두 번째 시나리오인 가까운 미래(또 한 번 정도의 위기 사이클이 지난 후)에 중국과 미국이 적당히 합의하는 수준의 환율전쟁을 통하여 각자가 기축통화국의 부담을 나누어 짊어지다가 IMF SDR 기축통화 체제로 갈 것 같다. 그런데, 가까운 미래에 다가올 시나리오가 맞다면 이번 사이클에서 중국과 미국이 환율전쟁을 하는 와중에 합의하는 위안화 절상 수준에 따라 나올 우리나라 원화절상만 되더라도 2005~2007년 시기를 뛰어넘는 주식/부동산 대세 상승장이 2010년대 후반부에 나올 것이라 생각한다.

기관의
투자 리포트

. . .

　대한민국의 증시 움직임에서 환율이 중요한 요소가 되어 외인과 기관의 움직임을 결정짓게 된 시점은 증시 외인 투자비율확대가 나온 1997년 외환위기 이후부터다. 수급적인 측면을 환율과 연관 지어 설명할 때 좋은 말로 하면 외인과 기관의 손 바뀜(기관화 장세)에 있어 가장 중요한 요소이자 트리거가 환율의 움직임이라는 뜻이다. 나쁜 말로 하면 원화 약세 기간 외인이 바닥 매집한 주식 현물을 원화 강세 기간 동안 환차익과 시세차익을 보며 내던지는 것을 그전까지 매도자 역할만 담당하던 답답한 기관이 받아(?)주면서 스스로 주가를 끌어올리는 장세가 기관화 장세라는 뜻이다.

　2017년부터 당장 기관화 장세가 나온다고 단정 지어 말할 수는 없지만 적어도 매도자의 입장만 취하던 기관이 투자 포트폴리오를 변경하면서 매수자로 나설 확률은 크다고 본다. 거기에 전 세계적인 그레이트 로테이션 열풍에 따라 외인들도 매수에 가담하면서 대세 상승장이 출발하리라 생각한다. 이때 일찍 우리나라에 들어와 있던 외인들은 뒤늦게 들어온 외인과 손 바꿈을 할 것이니 2017년부터의 외인 매수세는 기관보다는 강하지 않을 것 같다. 결국 중요한 것은 기관의 매수세이다.

기관은 국내 투자자이다. 대중과 별반 다를 것이 없다. 단지 많은 돈과 물량을 소수가 운용한다는 점이 달라서 시장의 추세에 미치는 영향이 클뿐이다. 개미 투자자들은 뭉치지 못하기에 기관이나 외인처럼 못하는 것이다.

해외 채권이 기관투자가의 주요 투자처로 떠올랐다. 3분기에만 해외 채권으로 130억달러가량이 투자되며 역대 가장 큰 폭으로 늘어난 것으로 나타났다.

한국은행이 25일 발표한 '3분기 중 주요 기관투자가의 외화 증권투자 동향'에 따르면 지난 3분기 말 기관투자가가 해외 채권에 투자한 잔액은 시가 기준 814억4000만달러를 기록했다. 이는 2분기 말 대비 129억5000만달러 늘어난 수준으로 증가 규모가 사상 최대치를 다시 썼다. 3분기 중 채권에 주로 투자하는 보험사(투자 증가액 53억5000만달러)는 물론 자산운용사(57억2000만달러)까지 해외 채권을 사들였다. 외국환은행(9억9000만달러) 증권사(8억9000만달러) 또한 당시 상황이 좋았던 채권 시장 비중을 늘렸다.

자기나라 주식 시장은 숏(하방) 포지션을 취하며 공매도에 열을 올리면서 소위 전문가 집단이라는 기관들이 채권 버블 끝자락에 대중과 별반 다를 바 없이 해외채권에 몰두한 정황을 보면 말문이 막힐 뿐이다. 국내 투자자인 기관은 외인 같은 장기전망 아래 확고한 장기투자를 못하기도 하지만, 외인들처럼 환차익과 시세차익을 동시에 노리기는 힘들므로 기관화 장세에서 주로 스스로 선택한 업종이나 종목의 주가를 끌어올리며 시세차익을 노린다. 주식 시장 투작 격언에 이런 말이 있다.

"깃발을 든 자가 앞장서서 갈 때는 뒤따라 가야한다. 깃발 밑으로 사람들이 모여들기 때문이다"

이것이 무슨 말일까?

우리나라 증시 상황과 연결 지어 본다면 바로 기관화 장세, 대세 상승장의 특성을 말한다. 가치투자니 무엇이니 하며 온갖 주가를 합리화 하는 분석 툴이 있지만 기본적으로 주가가 올라가는 원리는 간단하다. 원래 주가보다 가격을 올려서 사는 이가 있으면 주가는 오른다. 지금까지 외인은 기관이 버리다시피 하는 건실한 우리나라 기업들의 주식을 올려치며 사는 것이 아니라 아래에서 받으며 샀기에 박스권 탈피를 못한 것이다. 뒤늦게 뛰어든 기관들은 아래에서 받으며 살 수 없다. 외인들이 주식을 버리거나 흘리지 않기 때문이다.

다시 말해 기관이 채권에서 주식으로 포트폴리오 변경을 한 이후 외인이 갖고 있던 주식을, 시중에 넘쳐나는 돈들이 고객으로 기관에게 유입되는 상황에서 매수하지 않을 수 없다. 그 이후에는 스스로 대세 상승장을 만들기 위해 위로 올려치며 산다. 그런 상황에서 주가는 올라가며 깃발이 되어 펄럭일 것이고 그것을 본 사람들이 몰려든다. 바로 기관이 깃발을 높이 쳐들고 사람들을 유인한다는 뜻이다. 그전까지 채권이나 박스권 매매, 공매도를 위해 시장과 사람들을 유도했던 것처럼 말이다. 이런 상황을 합리화할 여러 기관의 투자 리포트나 언론 기사가 폭발적으로 시중에 나올 것은 당연한 이치다. 시장에서는 돈 가진 자의 의도에 따라 움직일 수밖에 없다.

기관들이 어쩔 수 없는 투자 포트폴리오 변경을 하면서 대세 상승장을 만들기 위해 깃발을 높이 쳐들고 '여기 모여라. 주식 사라. 앞으로 오른다.'라고 말할 때가 바로 기관의 리포트나 전망을 유의 깊게 보아야 할 때다. 하락장이나 박스권장에서는 기관의 리포트나 전망이 매번 반대이거나 아리송하지만 대세 상승장이 오면 기가 막히게 맞아 들어간다. 업종이나 개별 종목도 얼추 잘 맞는다. 그럴 수밖에 없는 것이 돈 가진 기관이 스스로 주가를 올리며 홍보하는 것이기 때문이다. 그럼 2017년부터 기관이 깃발을 높이 쳐들고 홍보하며 주가를 끌어올릴 때 첫 번째 주도 업종은 무엇이 될까?

요즘 투자 리포트나 언론 기사들을 쭉 읽어보면 전망이 결코 밝지는 않다. 우리나라 수출 주력 업종은 중국에 치이고 미국의 보호무역 발호로 걱정된다. 뚜렷한 주도 업종이 보이지 않는다. 이러한 고민은 지금 우리만 한 것이 아니다. 예전에도 있었고 다른 나라 시장에서도 마찬가지였다.

현시점과 가장 흡사하다할 수 있는 일본 버블 태동기를 떠올려보자. 1980년대 중반, 우리나라가 중저가 상품이나 일본과 겹치는 여러 업종에서 무섭게 치고 올라오는 상황일 때 플라자합의에 따른 강제 엔고현상이 나오자 일본 투자자들은 전전긍긍했다. 그때까지 일본 먹거리 산업이었던 중후장대산업(선박, 철강, 정유화확 등)이나 전자산업 등이 가격 경쟁력에 뒤처져 낭패일 것 같기 때문이었다. 그럼 답은 무엇이었을까? 어렵게 생각할 것 없이 내수업종이었다. 그중에서도 금융 관련 업종과 공공부문이었다.

1986년 일본이 플라자합의 직후 그때까지의 전자 소프트 산업(우리로 말하면 IT업종)의 주도 장세도 끝나고, 마이너스 성장률이 나올 정도로 경기침체가 된 상황에서 엔고와 파격적인 금리 인하가 나오자 돈들이 '돈놀이'로 몰려들기 시작했다. 1986년 일본 동경 1부시장(코스피) 최대 상승 업종은 금융 관련 주(증권주 포함)였다. 은행과 증권 포함한 전체 금융업 지수가 1년 만에 77.5% 올랐다. 그다음 상승 업종은 전력과 가스 등 공공부문이었다. 공공부문 전체 지수가 1년 동안 60.2% 올랐다.

그럼 왜, 금융 관련 주와 공공부문에 그렇게 돈이 몰렸을까? 과거 일본도 저금리 기조라는 말이 유행했다. 돈이 수익률을 추구하며 이리저리 움직이는데 예적금이나 채권 같은 안전자산 성격의 금융 상품이 주는 이자나 수익이 형편없어지는 상황에서 안전한 대형 우량주의 배당금은 매력적이기 때문이었다. 또한 시중에 돈이 풀린다는 말 자체가 금융 회사들에게 돈이 들어간다는 것을 말한다. 시중에 돈이 안 돌아 산업 전반이 끙끙대어도 금융 회사에는 돈이 넘쳐난다는 것이다. 대출 장사가 얼마나 편한지 여러분은 상상도 못할 것이다. 공공부문은 고배당과 더불어 수요가 탄탄하고 인플레이션과 맞물려 수익이 개선되는 점이 있다. 재미있는 것은 1986~1987년에 걸쳐 일본 기업 수익을 따져보니 금융 관련 업종과 공공부문을 제외하고 산업 전반 전 업종 수익이 전년도 대비 감소세였다. 실제로 돈을 버는 곳에 돈들이 모여들었던 셈이다.

물론 우리나라는 조금 상황이 다를 수 있다. 시대의 차이도 있다. 2017년부터 나오는 기관의 투자 리포트를 잘 분석하면 길이 보일 것이다. 펄럭이는 깃발을 따라가면 된다. 앞으로 몇 년간 대세 상승장이라 해도 그냥 쭉 올라가기만 하지 않을 것이다. 어떤 해에는 크게 출렁이기도 하고 어떤 해에는 긴 박스권이 다시 나올 수도 있다. 하지만 향후 몇 년을 크게 본다면 대세 상승장이었다는 말이 나올 정도로 큰 폭의 상승이 예상된다. 코스피 주가 3,000, 4,000이라는 숫자도 꿈은 아니다.

부동산 시장 전망에 대한 반성과 수정?

. . .

《시사경제잡설》에서 필자는 2016년 이후 수도권은 완만한 상승세, 지방은 광역시급 도시 위주 큰 폭 상승세가 나온다고 전망했다. 아직 몇 년 더 지나보아야 결과를 알 수 있는 전망이지만 1년여가 지난 이 시점에 중간 점검을 해보면 수도권에 대해서는 얼추 맞았으나 지방은 조정세가 길어지면서 많은 이들이 불안감을 가지는 시간이었기에 반성의 감정이 자연스레 든다.

2010년 정도부터 나온 이번 부동산 상승 사이클은 과거와 달리 조정 기간이 없거나 있어도 짧을 것이라 내다보았다. 2000년대 상승 사이클에서 찾아왔던 2004년이라는 1년간의 조정 장세가 2010년대에는 시장 친화적인 정부정책 및 과거와 비교할 수 없을 정도로 막대한 시중 유동성에 힘입어 초과 수요가 빠르게 나와 얕고 짧게 지나가지 않을까 생각했던 것이 실수였다. 또한 2010년대 상승 주도지역인 지방 부동산 시장의 특성을 이미 알면서도 계산에 넣지 않았던 것도 실수였다. 수도권이 강남, 강북 등 지역별로 상승 시간의 차이가 있다고는 하나 전파 속도가 빨라 거의 동시에 오르는 분위기를 보이는 것과 달리 지방은 지역 범위가 시도 단위로 넓고 전파속도가 느려 돌아가면서 차례(예를 들어 부산에서 창원으로 대구로 이어지는 순서)로 오르는 경향이 있다.

　　반성은 투자 시나리오의 수정을 부른다. 하지만 크게 수정할 것이 없다. 이미 2016년 말 현재 1년여의 지방 부동산 시장 조정 장세는 거의 다 지나가는 중이라 그다음 코스는 애초 말했던 지방 광역시급 도시 위주 큰 폭 상승세 예견이기 때문이다. 수도권 사람들은 2015~2016년 수도권이 강남 재건축을 필두로 엄청나게 올랐으며 지방 시장과의 격차를 벌이면서 양극화 현상이 나왔다고 생각할 것이다. 하지만 애석하게도 2015년 9월이나 10월 정도까지는 지방 시장이 상승률 우위였다. 2010년부터 이어진 지방 주도 상승장이 계속된 가운데 수도권이 기나긴 벗어나 상승세를 보이기 시작했지만 2015년 후반기까지는 아니었다. 그나마 수도권이 상승률 수위를 지키며 시중의 일반적인 전문가들이 말하는 수도권/지방 양극화라 부를 정도의 상황은 2015년 말부터 2016년 8~9월까지 약 1년 정도였다. 왜냐하면 2010년대 전반기처럼 지방 부동산 시장의 선두주자인 부산이 2016년 8월부터 상승률 1위를 달리기 시작했고 다른 지방 지역도 다시 상승세를 나타냈기 때문이다.

9월 한 달 동안 부산 집값이 전국에서 가장 많이 오른 것으로 나타났다.

한국감정원이 3일 발표한 9월 전국주택가격동향 조사에 따르면 부산 집값은 전달인 8월보다 0.35% 오른 것으로 나타났다. 부산의 월간 상승 폭은 재건축 물량 증대로 급증세가 뚜렷한 서울(0.26%)과 투자 수요가 늘고 있는 제주(0.13%)를 넘어선 것이다. 부산은 지난 8월에도 0.35% 올라 두 달 연속 전국 최고 수준의 집값 상승세를 이어가고 있다.

- 9월 부산 집값 상승률 전국 최고, 〈부산일보〉, 2016.10.03.

지난달 전국의 집값 상승폭이 월간 기준으로 올 들어 가장 컸던 것으로 집계됐다. 추석 연휴가 낀 9월은 주택시장의 비수기로 꼽히지만 시장이 이례적으로 활황세를 이어가고 있다. 정부가 8월 발표한 가계부채 대책이 시장에 '주택공급 축소' 신호로 읽히며 집값을 띄운 것이란 분석이 나온다.

3일 한국감정원에 따르면 지난달 전국 주택매매가 상승률은 0.08%로 전달(0.07%)보다 0.01%포인트 높았다. 지난해 12월(0.15%) 이후 월간 단위로 가장 높은 상승폭이다. 전국 집값은 올해 3월까지 보합세를 보이다 4월(0.02%) 이후 오름폭을 키우고 있다.

- 지방까지 들썩… 9월 집값 상승폭 올 최고, 〈동아일보〉, 2016.10.04.

지방 부동산 시장은 2017년부터 부산에서 시작된 열기가 각 지역 광역시 및 중심도시로 전파되어 큰 폭 상승세를 몇 년간 보이리라 생각한다. 그래도 약간의 시나리오 수정을 한다면, 2010년부터 2015년 후반기까지 1차 상승장에 지방이 돌아가며 상승할 동안 각 지역별 시간차가 2~3년 정도로 긴 편이었지만 2017년부터 시작된 2차 상승장은 지역별로 1년 미만의 시간차 정도만 있을 것이다. 2000년대 수도권 주도 상승장에서는 수도권 내 상승 시간차가 거의 없을 정도여서 사람들이 부동산 폭등을 전국적으로 체감하였지만(수도권 뉴스가 TV, 신문을 통해 도배됨), 2010년대 전반기의 지방은 한 지역이 상승하고 정체기에 들어갈 즈음 그 옆의 지역이나 다른 지역이 상승하는 바람에(중앙언론사들의 안이함에 지역뉴스로 그침) 실질적으로는 엄청난 상승세를 보였지만 전국적인 관심을 끌지 못했다. 그러나 2017년부터는 지방에서도 압축 상승이 나오면서 시간차가 대폭 줄어들어 '전국 동반 상승'이라는 제목으로 언론 지면을 장식할 것 같기도 하다.

사실 필자가 크게 수정하고픈 시나리오 대목은 수도권에 대한 것이다. 원래 예견한 수도권의 완만한 상승이란 소폭 상승세를 생각한 것이었다. 수도권 서민 입장에서야 2016년 한 해 나왔던 집값 상승폭이 절대로 적어 보이지 않겠지만 2000년대의 수도권 상승세나 2010년대 전반기 지방의 상승세와 비교한다면 중폭이나 대폭 상승세라 말하기 어렵다. 상승률(%)로 따지면 소폭이라 말해도 무방하다. 물론 수도권은 집값 단위 금액이 커서 상승폭을 액면 금액으로 따지면 크게 느껴지기는 한다.

그런데 2016년 11월 3일 부동산 대책 및 정치적 불안의 영향 탓에 소강 상태로 접어든 수도권이 2017년 중반부터 본격적인 상승세를 보일 것이다. 몇 가지 예상 조건이 맞아야겠지만 앞서 주식 시장 위주 분석 글들에서 이야기했던 여러 거시 경제적인 흐름으로 볼 때 수도권에서도 소폭이라 부르기는 힘들 정도의 상승세가 나타날 것이다. 이것이 지방 대폭 상승과 겹쳐 '전국 동반 상승'이라는 말이 유행가처럼 사람들 입에 오르내리다가 몇 년 뒤 지방 주도의 2010년대 2차 부동산 상승장을 멋지게 마감할 것이라 예견한다. 그 이후 다시금 경제위기가 도래하겠지만 그로 인해 저금리(이때 미국은 마이너스 금리 돌입. 우리나라는 거의 제로금리?) 기조가 더 심하게 나타나 길어지면서 2020년대 부동산 시장은 폭락하지는 않고 박스권 횡보세를 내내 보이다가 후반부쯤 가서 전세종말과 더불어 완전한 임대시장 전성시대가 펼쳐지리라 생각한다.

부동산 관련 이야기는 《시사경제잡설》에서 꽤 하였던 관계로 다음 장부터는 하지 않았던 이야기 위주로 정부의 오락가락하는 태도의 이유 등을 다루겠다.

핵심은
공급물량 제한이다

■ ■ ■

《시사경제잡설》의 '정부가 염려하고 준비하는 임대 위주 부동산 시장' 편과 '정부는 부동산 시장에서만큼은 스태그플레이션을 원한다?' 편을 작금의 부동산 시장 상황과 연관 지어 생각해 보면 2016년 하반기에 나왔던 정부의 부동산 대책 및 가계부채 대책 등에 대한 의문이 적으나마 풀릴 것이다.

자본주의 경제는 부채로 굴러가는 구조다. 호경기와 불경기가 번갈아 나타나는 경기 사이클은 경제 전체가 스태그플레이션(경기침체 속 물가 상승)에 빠지지 않는 한 중앙은행의 기준금리는 계속 내려가는 경향을 보인다. 커져가는 경제규모에 따른 부채를 지탱하기 위해서는 금리 하향 추세가 이어질 수밖에 없기 때문이다. 비관론자들은 금융위기 직후 선진국의 제로금리도 경제를 살릴 수 없다며 결국 대공황이 온다고 했다. 그러나 자본주의 체제가 어디 그리 녹녹한가? 유럽과 일본 등 선진국은 마이너스 금리라는 일반적으로 생각하기 힘든 금리를 선보이며 금리가 양(+)의 영역에서 음(-)의 영역으로 내려갈 수 있음을 보여주었다. 마이너스 금리의 진정한 효과는 물질화폐 소멸 후(전자화폐 시대) 개인에게 마이너스 금리가 적용될 때 나타날 것이다. 강제 인플레이션 상황을 불러올 수밖에 없고 이는 비관론자들이 말하는 부채의 끝을 더 연장하게 만든다. 먼 미래에는 전자화폐 시스템 통합에 따른 세계 단일통화체제가 출현할 것이다.

이런 배경에서 생각해 보면 2000년대 한국은행 5%대 기준금리 같은 상황은 향후 오기 힘들다. 2017년 이후 다시 인플레이션이 일어나 경기과열이 걱정되겠지만 올라가보았자 3%대가 되리라 본다. 그렇다면 경기 사이클에 따라 다시 경제위기가 도래할 때 금리 인하가 나온다면 지금 사상 최저 금리인 1%대 기준금리는 깨질 수밖에 없다. 거의 제로금리에 가까운 상태일 것이다. 이때 미국도 마이너스 금리에 돌입하면서 선진국 대부분은 마이너스 금리 상태일 것이다. 그렇다면 저금리 기조는 이제 거역할 수 없는 시대의 화두가 된다. 몇 년 지나면 사라질 기조가 아닌 것이다. 이런 상황이라면 2020년대 후반에 전세는 실질적으로 종말을 고하는 상태에 직면할 것이다. 일부 지역이나 특정계층의 필요(상속세 절감을 위한 전세)에 의해 명맥을 유지하겠지만 적은 물량에 불과할 것이다. 그렇다면 우리나라 서민층은 결국 월세, 즉 임대를 주거의 주 형태로 가질 수밖에 없다.

이는 공공임대로 해결할 수 없는 주거 문제다. 포퓰리즘에 치우쳐 정부가 무조건 공공임대를 많이 공급해야 한다는 소리는 무지의 소치다. 그러므로 정부가 임대 위주 부동산 시장을 준비하는 노력은 반드시 나쁘다고 볼 수 없다. 공공임대를 대체할 민간임대를 활성화하려면 공급자의 마음과 수요자의 마음을 동시에 잡는 적정한 집값 수준이 필요하다. 누구나 살 수 있는 집값이라면 민간임대가 활성화 될 수 없다. 월세가 비싸지면 집을 사버리고 말 것 아닌가. 결국 집을 사기보다는 월세가 효용성에서 낮다는(큰돈을 집에 깔고 살 필요 있느냐는 묘한 생각) 인식이 들 정도의 집값 수준이 임대수요를 창출하고 그것에 따른 공급자가 쉽게 등장한다는 것이다. 그러므로 정부는 부동산 시장을 적정하게 유지 내지 상승시켜야 한다. 물론 경제 전체를 감안해도 부동산 시장을 침체에 빠지게 놔둘 수는 없다.

이 부분에서 작금의 정부정책에 대한 이해가 나올 수 있다. 필자가 《시사경제잡설》에서 말했듯이 부동산 상승세를 완벽히 잡는 방안은 공급량 확대다. 부동산 사이클에서 항상 상승세를 마감한 것은 공급량 확대였고 이를 바꿔 말하면 부동산 시장을 하락세로 전환시키는 것이 공급량 확대라는 것이다. 그러므로 정부는 부동산 시장을 유지 내지 상승시키기 위해 할 수 있는 정책이 공급물량 제한밖에 없다. 가계부채 대책이나 2016년 11월 3일 부동산 대책 등 여러 정부정책은 건설사의 분양물량 감소 유도 등 공급물량 제한에 있다. 이는 곧 정부가 부동산 시장에서만큼은 스태그플레이션 상태를 원한다는 말이다. 그러므로 앞으로 이번 사이클이 마감할 동안 집값이 내려갈 확률은 거의 없다. 끽해야 횡보장이 나올 뿐이다. 그런데 필자가 이렇게 주장하면 대부분은 이렇게 말한다.

'그래 좋다. 정부가 부동산 시장을 유지나 상승시키고 싶은 마음이라 공급물량을 제한을 하려고 한다 치자. 그러면 사람들이 집을 많이 살 수 있도록 장려해야 하는 거 아닌가. 그래야 집값이 올라갈 거니까. 그런데 왜 자꾸 시장을 누르는 태도로 가계부채 대책 등을 내놓는 건 뭐냐. 처음엔 집 사라고 했다고 이제는 사지 말라는 식으로 나오는 건 뭐란 말이냐? 이건 바로 정부정책으로도 어쩔 수 없는 한계에 봉착했다는 의미가 아니야? 그러니 부동산 시장은 대세 하락 할 수밖에 없는 거다.'

한마디로 정부의 오락가락하는 부동산 시장에 대한 입장 때문에 의문이 생긴다. 언뜻 생각하면 맞는 말인 것도 같다. 하지만 이는 부동산 시장의 속내와 정부정책의 뜻을 이해하지 못하는 데서 나오는 칭얼거림에 불과하다. 왜 그런지 살펴보자.

정부의 오락가락하는
부동산 시장에 대한
입장

. . .

부동산 시장이 줄기차게 상승한다면 어떤 일이 일어날까? 당연히 사람들은 집을 사기 위해 노력할 것이다. 없는 돈 끌어다가 무조건 집을 사거나 분양권을 따내려고 한다. 사기만 사면 앉아서 시세차익을 볼 수 있는데 어느 누가 그 눈먼 돈을 마다할까. 이런 과정은 물고 물리면서 건설사들의 분양물량을 늘린다. 정부가 아무리 적정한 수요를 초과하는 공급은 시장을 위험하게 만든다고 해도 건설사들이 말을 들을 턱이 없다. 아파트를 짓기만 해도 수익이 나는 상황에서 어느 건설사가 분양을 하지 않겠나. 이미 2000년대 노무현 정권 시절에 겪어보았듯이 어떤 규제를 해도 막무가내다. 결국 공급물량 확대가 시장을 덮친다. 초과 수요로 지탱되던 시장은 견딜 수 없는 공급물량이 나오면 상승장을 마감하고 하락세를 보인다. 자연스러운 경기 사이클에 따른 연쇄반응이다.

이런 연쇄반응 과정을 생각하면 정부의 고민은 깊어질 수밖에 없다.

첫 번째 고민은 객관적으로 집을 살 여력이 안 되는 계층도 무리한 대출을 안고 집을 산다는 것이다. 상환능력이 부족한 서민계층의 가계부채는 평상시에는 괜찮지만 경제위기 상황이 오면 폭탄이 된다. 물론 가계부채로 나라가 망하지는 않는다. 하지만 서민계층 대다수가 거지꼴을 면치 못할 위험성이 크다. '나라'와 '국민'은 별개이기 때문이다.

두 번째 고민은 부동산 시장의 상승에 따른 자연스러운 공급물량 확대는 결국 하락장을 부른다는 것이다. 그 하락장이 연착륙이라면 괜찮으나 경착륙이라면 나라경제에 많은 문제를 준다.

또한 시대의 화두인 저금리 기조하에 정부가 염려하고 준비하던 임대 위주 부동산 시장 개화에도 치명적이다. 집값이 올라가는 것은 좋으나 너무 빠르게 올라가서 너도나도 집을 사려한다면 민간임대 시장이 개화될 수 없다. 저금리 기조가 연이어지면 결국 전세는 종말을 고하겠지만 부동산 상승장이 큰 폭으로 펼쳐지면 일시적으로 갭투자 등 전세를 안고하는 투자가 성행하면서 월세 시장이 위축되어 민간임대가 활성화 되지 않는다. 집값 상승에 따른 역전세난도 문제가 될 것이지만, 전세금 또한 절대금액이 올라가면서 대출에 의존할 수밖에 없는 지경이 되고 결국 또 첫 번째 고민인 서민계층의 가계부채 문제를 부른다. 그럼 서민들은 다시 월세를 찾게 될 것인데 임대물량 부족 탓으로 월세가 너무 급하게 오르게 되는 것은 당연지사다. 또한 전세를 안고 투자했던 투자자들 또한 어려움에 봉착한다. 양쪽 다 위험에 처하면서 나라경제가 위험해진다.

결론적으로 현 경제 상황에서 집값이 너무 가파르게 올라가면 안 된다는 것이 문제의 본질이다. 정부가 부동산 시장을 떠받치는 것이 무조건 상승세를 바라고 그러는 것은 아니다. 그냥 내버려두는 것도 문제이고 부동산 경기부양을 너무 과하게 하는 것도 문제가 되는 것이 작금의 현실이다. 그러므로 가장 이상적인 상황은 완만한 상승세 내지 강보합 상태이다. 특히 2000년대 집값 폭등의 원죄를 안고 있는 수도권에서는 어쩔 수 없는 정부의 입장이다. 지방은 2000년대의 폭등을 경험하지 않았기에 아직 상승여력이나 기타 임대시장 개화에 충분한 조건이 성숙되지 않았으므로 어느 정도 관심을 두지 않아도 된다. 지방 어부지리 장세를 불러오는 것이다.

그래서 정부는 수도권이 2010년대 전반기에 침체하였다가 지금 반등하며 집값 상승세를 보이는 것에 민감하여 오락가락하는 입장을 취할 수밖에 없다. 지난 몇 년간 지방 오름세에 비하면 수도권은 오른 것도 아니지만 절대 집값 수준이 이미 적정 수준에 올라있는 수도권을 기준으로 정책을 펴다보니 집을 사랬다가 말랬다가 하는 느낌을 받는 것이다. 이 대목에서 몇 가지를 말할 수 있다.

먼저, 현시점에서 다음 사이클이 오기 전까지 몇 년간은 수도권 및 지방 광역시급 중심 도시 지역에서는 절대로 실패할 수 없는(자기 자금 계획과 버티기를 할 수 있는 여력만 잘 챙긴다면) 부동산 투자를 할 수 있다는 것이다. 부동산이 하락하려 하면 정부가 분명히 부양책을 쓸 수밖에 없으니까. 미미한 수익일지라도 손해는 보지 않을 것이다.

하지만, 수도권 지역 투자자의 지나친 기대는 금물이다. 지방과 달리 수도권 지역은 집값 절대 수준 때문에 너무 급하게 오르면 안 된다. 오르긴 오르되 서민층 위주 매매·임대 수요와 공급자인 투자자가 균형을 이루는 완만한 상승세가 되어야 한다. 그래서 수도권 소폭 상승을 예견한 것이다. 정부가 풀었다 눌렀다 하는 입장을 취할 수밖에 없으니까. 그러나 몇 가지 조건이 맞아 들어가면 수도권이 앞으로 소폭이 아닌 중폭의 상승세를 보일 수도 있다. 정부도 막을 수 없는 거시경제 흐름에 따른 시중 유동성의 증가 및 화폐개혁(리디노미네이션)을 말한다. 허나 중폭이라고 해도 2000년대 같은 환상적인 기대는 금물이다. 정부 규제의 칼날이 계속 수도권에 가해질 수밖에 없기 때문이다. 당연히 이런 상황은 풍선효과 내지 어부지리로 지방 상승세를 큰 폭으로 부른다는 점은 더 말할 필요 없다. 참고로 이러한 정부정책의 일관성(?)은 어느 정권에서나 어쩔 수 없이 흘러가야만 하는 시대적 사명이므로 정치 일정과 무관하게 진행될 것이다.

앞서 말한 여러 논리 과정을 통해 들여다보면 투자자는 다음에 말할 전세가의 딜레마 문제와 함께 수도권 갭투자 등에 아주 약간은 보수적인 태도를 견지할 필요가 있다. 전체 시장 상승세에도 불구하고 개인 측면에서는 자금 계획 등에서 어려움에 봉착할 수 있기 때문이다.

전세가율의
딜레마
I

■　■　■

　전세가율이 몇 넌간 전국적으로 치솟았다. 최근에는 수도권을 중심으로 계속 치솟다가 약간 주춤하는 형편이지만 과거로 돌아갈 기미는 없다. 보통 낙관적 투자자들은 전세가율이 올라가면 매매가를 밀어 올리므로 상승장의 근거로 삼는다. 반면에 비관론자들은 전세가율이 높다는 말은 대기 매수자들이 집값 상승에 회의적이라 매매가 대비 80~90%에 육박하는 전세가에도 불구하고 집을 사지 않고 전세를 선호하는 것이라면서 집값 하락의 근거로 삼기도 한다.

　낙관론자와 비관론자의 상반된 주장. 어느 것이 정답일까?

　그 정답을 찾으려면 일단 흑백논리를 버려야 한다. 누차 말하지만 세상은 회색이다. 세상 모든 이치가 항상 좋은 것도 없고 항상 나쁜 것도 없다. 중용이 최선이요 과하면 부족함만 못하다. 인생에 딱 부러지는 정답은 없다. 이럴 수도 있고 저럴 수도 있다. 원래 세상은 불공정, 불평등하다.

전세가율이 올라갈수록 매매가를 밀어 올리므로 상승장이라는 낙관론자의 말이나 대기 매수자들의 전세 선호현상은 집값 하락의 반증이라는 비관론자의 말이나 각각 반반씩 맞거나 틀리다. 바로 '전세가율의 딜레마(필자가 만든 용어)'이다.

2010년부터 시작된 대한민국 부동산 상승장은 2015년 9월까지 지방 중심으로 이루어졌다. 그래서 2016년부터 여러 가지 제반 환경으로 다시 부동산 상승장이 나온다면 차례는 수도권이 될 것이고 양극화 몇 년간 수도권이 대세가 될 것이라는 말이 많다. 실제 수도권 투자자들은 그것을 굳게 믿고 있다.

특히 2012년부터 수도권 대세장을 주장했던 많은 부동산 투자 블로거나 강사, 전문가들은 몇 년간 속을 까맣게 태우다가 2016년 정도부터 수도권이 상승률 수위를 차지하자 이제야 맞아 들어간다고 호들갑이다. 과연 진짜 맞아 들어갈까? 그렇게 생각하는 이들은 알고 보면 여러 제반 환경 요소를 잘못 파악하고 있다. 그중에서도 '전세가율의 딜레마'에 대한 깊은 고찰 없이 단편적으로 전세가율이 높으면 좋다는 식의 논리를 바탕으로 한 예측은 아주 얕은 지식에 불과하다. 전세가율의 딜레마는 일반 사람들의 심리 문제와 연결되어 있다. 경제원리로는 모두 설명하기 힘들다.

2000년대 상승장을 예로 들어보자. 2000~2003년의 1차 상승장 이후 2004년의 조정장이 왔다. 2004년 말 조정장 가운데나 끝나갈 무렵, 그전까지 수도권이 지방보다 월등히 상승률이 앞섰던 것과는 반대로 지방 상승률이 수도권을 앞질렀다는 보도가 많이 나왔다. 수도권을 앞지른 지방 상승률의 우세는 2005년 1월까지 반짝하였지만, 2005년 2월 후반, 3월 들어서면서부터 바로 다시 역전되어 1차 상승장 때와 마찬가지로 서울 수도권 주도 2차 상승장이 나왔다. 그렇게 될 수밖에 없었던 여러 경제적이고 정책적인 제반 환경이 있었지만 이 당시 상황을 돌이켜볼 때 주목할 만한 것이 바로 '전세가율의 딜레마'였다. 당시 기사 하나를 보자.

전국 전세금이 매매가 대비 49.4%에 불과한 수준에 그쳐 집값 대비 전세금 비 율이 99년 이래 최저치로 떨어졌다. 지역별로는 서울이 43.4%로 가장 낮았으며 신도시 46.3%, 경기 46.3%, 인천 54 .8% 순이었다. 반면 지방(광역시 포함)은 61.4%로 서울 외곽이나 지방일수록 전세금 비율이 높은 것으로 나타났다. 특히 송파구 32.3%, 강남구 35.7%, 강동구 36.7%, 서초구 37.8% 등 서울 강남 권 전세금 비율은 30%대로 가장 낮은 수치를 보였다.

    – 전세금, 집값 절반에도 못 미쳐, 〈매일경제〉, 2005.01.20.

기사 내용에서 눈여겨볼 것은, 이제 막 1차 상승장 이후 2004년 조정장이 끝나고 반등 조짐을 보이던 2005년 1월의 지방과 수도권의 전세가율 대비 그리고 그런 수치가 나오게 된 원인과 성격이다. 또한 그 이후 우리가 아는 2005~2007년 상승 장세 모습과 연결 지어 보는 것이다. '전세가율의 딜레마'는 상당히 중요한 문제임에도 불구하고 여태껏 어떤 부동산 책이나 강의에서도 다룬 적이 없다. 그것을 알아채기도 쉽지 않고, 설명하기는 더 복잡하기 때문이다. 몇 번 말하지만 투자는 복잡하게 생각해야 한다. '오컴의 면도날'처럼 간단한 것이 답이라는 정의는 투자에 맞지 않다. 투자에서는 복잡한 것이 정의이고 진리이다.

SF영화 한 편 찍어 볼까? 2005년 1월로 기억은 지워진 채 타임슬립하여 그 시점에서 부동산 투자를 한다고 생각해보자. 아마 2016년 말 현재와 똑같은 고민을 하게 될 것이다. 11년 전에도 현재와 똑같은 고민.

우선 2차 상승장 시작에 대한 불안감이 제일 크겠지만 이것은 제쳐두고, 과연 투자를 한다면 수도권에 할까? 지방에 할까? 그리고 전세를 안고 투자(갭투자 등) 한다면 전세가율이 높은 곳이 정석일까? 하는 고민을 할 것이다. 11년 전 기사에서 당시 수도권과 지방의 전세가율 대비를 보자. 수도권은 전세가율이 대부분 50% 미만이다. 그중에서도 서울이 가장 낮다. 또 특히 그중에서도 송파구, 강남구 등 소위 강남지역이 제일 낮다. 반면에 지방은 대부분 60%대다. 여기까지 듣고 나니 참 희한하다는 생각이 들지 않나? 전세가율이 낮은 순서를 그대로 뒤집으면 2005~2007년 2차 상승장에서 상승률이 높은 순서다. 신기할 정도다. 이것이 우연일까?(절대금액 비교가 아니라 상승률 비교임)

우리는 지금 2005~2007년의 일을 알고 있기에 이상하게 생각하지 않지만(여러 가지 당시 여건을 끼워 맞추기 하면서), 그런 기억이 전혀 없이 그 당시 시점에서 투자를 고민하고 있던 사람 입장에서 생각해 보면 굉장히 의

아스러운 결과일 것이다. 보통 전세가율이 높은 지역은 전세가가 매매가를 올리기 때문에 상승 가능성이 더 크다고 보는 것이 부동산 투자의 정석이기 때문이다. 다시 여러분이 기억이 지워진 채 11년 전으로 타임 슬립 하여 투자를 한다면, 과연 2000~2003년 1차 상승장 동안 많이 오른 수도권(전세가율 낮음)을 골랐을까? 1차 상승장 동안은 지지부진했지만 순환매 장세를 염두에 두고 노무현 정부 지방 개발정책 등 호재가 많은 지방(전세가율 높음)을 골랐을까? 어째 듣고 있으니 역사는 반복된다는 말이 가슴에 절실히 와 닿지 않나?

전세가율의
딜레마
Ⅱ

. . .

앞서 의문을 풀어보려면 먼저 숙지해야 할 것이 있다. 바로, 1차 상승장과 2차 상승장의 성격 차이와 대중 심리구조를 알아야 한다.

우선 첫 번째, 부동산 상승기에서 1차 상승장과 2차 상승장은 그 성격을 달리한다. 콕 집어 이야기하자면 상승장을 만드는 주체가 다르다. 깊은 하락장에서 출발하는 1차 상승장은 전문투자자(소위 업자, 꾼들)가 주도하지 않으면 나올 수 없다. 대중은 겁이 나서 투자에 감히 뛰어들지 못하기 때문이다. 이에 반하여 2차 상승장은 1차에 이은 조정장세 후 대중의 조급함을 출발점으로 삼기 때문에 대중이 주도하는 상승장이다. 쉽게 말해 2차 상승장에서 대중이 주체가 되는 이유는 1차 상승장에서 누가 돈 벌었다는 소리에 배 아팠는데, 마침 조정장세가 온 후 다시 상승 장세가 오기 시작하면 대중들이 '나도 할만 해. 해본다!'라는 마음으로 너도나도 투자를 하면서 쭉 밀어 올린다. 특히 1차 상승장 끝 무렵에 막무가내로 올라탔던 대중 투자자들이 조정장세에서 죽 쑤다가 2차 상승장이 나와 돈 벌었다는 소문이 나면 1차 상승장 때는 꾼들 위주의 돈 벌었다는 소문에는 실감하지 못하다가 2차 상승장에 자기 주변인들까지 돈 벌었다고 하니 배 아픔의 극치를 달려서 대중이 투자를 안 할 수가 없다.

다음 두 번째, 이 부분이 전세가율 딜레마의 핵심이다. 첫 번째와도 연결된다. 2차 상승장의 주체가 대중이라면 대중 심리가 지배하는 시장이 펼쳐진다. 이는 업자나 전문 꾼들이 냉철하게 시장을 살피며 주도하였던 1차 때와는 시장 성격이 달라질 수밖에 없는 이유다. 대중은 합리적이지 않기 때문이다. 사실 1차나 2차나, 주도하는 투자자들이 다르더라도 그들이 이성적이고 합리적이라면 '전세가율의 딜레마'는 나타나지 않는다. 전세가가 매매가를 밀어 올리므로 전세가율 높은 지역이 상승률이 높을 확률이 크다는 원칙이 틀린 것은 아니다. 하지만, 대중은 전혀 합리적이지도 이성적이지도 않다. 유행과 분위기에 따라 움직일 뿐이다. 그러므로 냉철한 전문투자자들이 주도하던 1차 상승장에서는 맞아 들어가던 원칙이 대중이 주도하는 2차 상승장에서는 맞아 들어갈 수가 없다. 원칙이 먹혀 들어간다고 보는 자체가 바보 인증이다.

그래서 대중 심리가 중요하다. '진세가'를 둘러싼 대중의 생각을 알아보자. 앞서 낙관론자의 말과 비관론자의 말이 반반씩 맞거나 틀리다고 했다. 그럴 수밖에 없다. 바로 대중 심리가 지배하는 2차 상승장이기 때문이다. 대중을 전세를 구하거나 집을 구매하려는 서민으로 바꾸어 생각해보자. 전세가율이 80%(2000년대는 60%, 11년 전에는 그 기준도 높은 거였음)를 넘어선다면 말 그대로 깡통전세여서, 조금만 돈을 더 보태어 집을 사는 것이 맞고 그것이 합리적이다. 물론 집값이 올라갈 것이라는 예상을 한다면 말이다. 갭투자도 여기에 기반 한다. 그런데, 서민들 생각에 집값이 올라갈 것 같지 않다면 집 사기가 꺼려진다. 사는 순간 손해라고 생각 들기 때문이다. 그럴 바에는 전세 보험 들면서 전세 살거나 월세를 살겠다는 마음이 든다. 바로 이 부분이 전문투자자들이 주도하던 1차 상승장 때와 대중이 주도하는 2차 상승장의 극명한 차이를 만드는 첫 번째 포인트다.

전문투자자들과 그 뒤를 어설프게나마 따라다니는 좀 깨어있는 대중투자자들은 집값이 올라간다는 전제를 깔고 전세 안고 투자를 한다.(또는 갭투자) 서민들은 그렇게 해서 올라가는 전세가를 헉헉대며 따라잡는 것이 1차 상승장이다. 그런데, 1차 상승장 속에서 주도 지역과 비주도 지역의 차이가 있는데 이것이 바로 두 번째 포인트다. 1차 상승장 속에서 주도 지역은 상승률이 높다. 비주도 지역은 낮다. 그렇게 되면 해당 지역 분위기가 어떻게 될까? 주도 지역은 집값이 올라가는 것이라는 분위기와 유행이 번지고, 비주도 지역은 이제 집값 상승은 힘들고 과거의 유행일 뿐이라는 분위기가 만들어진다. 대중의 기준이다. 여기서 두 번째 포인트와 첫 번째 포인트를 잘 엮어 생각하면 대중심리가 보인다.

1차 상승장은 전문투자자들이 주도한다고 하였다. 그들은 1차에 이미 수익 실현했거나 계속 보유 중인 경우로 나눌 수 있다. 그런데 1차에 이미 수익을 낸 반수의 전문투자자들은 조정장세 후 2차 상승장을 예측하고 들어가기보다는 확인하고 들어가고픈 심리가 생긴다. 손해를 보기 싫다는 심리. 그래서 2차 상승장 초기에는 새로 뛰어드는 전문투자자의 수도 줄어들고(이미 보유 중인 자들이 있으므로) 그 시기도 늦어진다. 결국 조정장세 후 2차 상승장의 시작은 일부 투자자들과 순전히 자기 필요나 어설픈(?) 투자 생각에 의하여 집을 구매하는 서민들, 바로 대중으로부터 비롯된다. 그래서 2차 상승장의 출발은 전세가율이 높은 지역에서 출발한다. 매매가와 전세가가 별 차이가 없으니 그냥 집을 매수한다고 생각하는 대중이 사기 시작해서다. 비주도 지역에서 먼저 대중이 높은 전세가율에 지쳐서 집을 사기 시작하면서 반등세가 나오지만 그 지역에서는 상승세를 크게 만들지 못한다. 앞서 말한 두 번째 포인트, 즉 대중 전체를 휘감고 있는 분위기와 유행이 '집값 상승은 아니다.'여서 동참자의 수가 적고, 높은 전세가율에 지친 실수요자들이 직주근접(직장 근처 주거지)을 포기하고 좀 멀더라도 전세가율이 낮은 지역으로 이동하는 현상이 나오기 때문이다. 한마디로 초과 수요가 많이 나오지 않는다는 것이 중요하다. 그리고 이때 어설픈 전문투자자랍시고 비주도 지역의 첫 반등세를 잘못 이해하여 일부가 거기에 뛰어들지만 숫자적으로 적기 때문에 역시 대중의 동참 없이는 반등세를 크게 만들 수 없다. 반면에 주도 지역에서는 그나마 상대적 전세가율이 낮아서 전세입자를 구하기도 수월하고 이를 발판으로 한 투자 수요도 모여들며 대중 동참자가 빠르게 늘어난다. 그전부터 분위기가 '집값은 오르는 것이야.'였기 때문이다. 그렇게 되면 앞서 쉬고 있던 반수의 전문투자자들도 뒤늦게 확인하고 주도 지역에 뛰어든다. 그러면 기술적으로 상승세가 빠르게 올라간다. 참 아이러니한 일이 아닐 수 없다.

그런 식으로 순환과정이 돌아가면 전세가율이 높았던 지역은 집값 상승률과 전세가 상승률이 비등비등하므로(고만고만하다는 말) 항상 전세가율이 높게 유지된다. 하지만 전세가율이 낮았던 지역은 집값 상승률이 전세가 상승률을 넘어서버리므로 전세가율이 낮게 유지된다. 그래서 결과만 놓고 보면, 주도 지역은 항상 전세가율이 낮아지고 비주도 지역은 전세가율이 높아버리는 딜레마가 나오는 것이다. 그 과정을 이해하지 못하면 단순히 '집값이 올라갔으니 전세가율이 낮지.'라는 말만 하며 수박 겉핥기 식이 된다.

분양물량과 입주물량의 충돌현상

. . .

    필자의 부동산 관련 분석 중 수급차원(기타 경제여건 배제)에서 가장 중요하게 여기는 개념은 '분양물량과 입주물량의 충돌현상'이다. 그 현상은 우리나라 부동산 역사에서 시대별, 지역별로 몇 번이나 나왔던 것이다. 이 부분은 비관론자들이 늘 들먹이는 물량 폭탄 때문에 집값이 하락한다고 말하는 대목과 일맥상통하면서도 그에 대한 반박 근거가 된다. 비관론자들이 물량분석을 단순 입주물량 등 단순 공급물량만 근거로 내세우는 것이 잘못 되었다는 것을 알 수 있게 한다.

    비관론자들의 주장대로 물량 폭탄 때문에 집값 하락이 생기려면 입주물량과 분양물량이 동시기에 존재하며 충돌현상이 발생해야 한다. 둘 중 하나만 많을 때는 조정장이 올 뿐 대세 하락은 오지 않는다. 즉, 한쪽만 많아서는 집값 약보합세 흐름이 나타나거나 전세입자 구하기 어려운 점

구분	성남 판교	화성 동탄 1	화성 동탄 2	김포 한강	파주 운정	광교	양주 (옥정, 회천)	위례	고덕 국제화	인천 검단
위치	경기도 성남시 판교동 일원	경기도 화성시 동탄면 일원	경기도 화성시 석우동, 반송동, 동탄면 일원	경기도 김포시 김포2동 일원	경기도 파주시 교하읍 일원	경기도 수원시 이의동 용인시 상현동 일원	경기도 양주시 옥정동 외 10개동	송파구 거여동 장지동 성남시 창곡동 하남시 학암동	경기도 평택시 서정동 고덕면 일원	인천시 서구 불로동 원당동 마전동 당하동 일원
부지 면적 ()	8.9	9.0	24.0	11.7	16.5	11.3	11.2	6.8	13.4	11.2
주택 건설 (천호)	19.3	41.3	116.1	60.9	87.1	31.1	58.3	43.6	54.5	70.8
수용 인원 (인/ha)	98	139	119	14	130	69	146	160	100	158
개발 기간	'03~ '16	'01~ '15	'08~ '15	'02~ '15	'03~ '17	'05~ '15	'07~ '18	'08~ '17	'08~ '20	'09~ '15
개발 주체	경기도 성남시 한국 토지, 주택 공사	한국 토지 주택 공사	한국 토지 주택 공사, 경기 공사	한국 토지 주택 공사	파주시, 한국 토지 주택 공사	경기도, 수원시, 용인시, 경기 공사	한국 토지 주택 공사	한국 토지 주택 공사	경기도, 한국 토지 주택 공사, 경기 공사, 평택 공사	인천시, 인천 공사, 한국 토지 주택 공사
사업비 (억원)	87,043	42,353	161,144	87,782	135,296	93,968	71,202	111,009	81,603	98,239
최초 분양	'06.3	'04.6	'12.8	"08.8 ('06.3)	'06.9	'08.9	'12.10	'11.11	'15.상	'16.하
최초 입주	'08.12	'07.1	'15.1	'11.6 ('08.3)	'09.6	'11.7	'14.11	'13.12	'18.하	'19.하

수도권 신도시개요 〈자료=국토교통부〉

이 있는 정도로만 나타날 뿐 집값 하락이 큰 폭으로 나타나지 않는다.

그럼, 수도권의 사례를 들어 설명해보자. 왼쪽 도표는 수도권 2기 신도시 개발현황이다. 김대중 정권이 들어서고 2000년이 되면서 수도권 집값이 큰 폭으로 오르기 시작했다. 수도권 공급부족과 가격상승을 안정시키기 위해 1990년대 1기 신도시에 이어 김대중 정권부터 2기 신도시 개발을 계획하고 진행하였다. 2기 신도시 개발이 시작되었지만 노무현 정권이 시작되기 전인 2002년까지 이 신도시들은 실제 분양이 이루어지지 않았기에 수도권의 1차 폭등장(2001~2003)이 가능했다. 1차 폭등장 속에서 건설업체들이 IMF 외환위기 이후 재정비되며 민간분양을 하기 시작했지만 그 역시 아직 대단위 물량인 2기 신도시 분양물량이 2004년 초까지 없었기에 큰 인기를 끌며 성공을 이어갔다. 즉, 2004년 초반까지 분양물량과 입주물량의 충돌현상은 전혀 벌어지지 않았다.

수도권 2기 신도시 최초분양이 2004년 6월 한 군데(화성 동탄)이다. 수도권에서 신도시물량은 일반적인 원도심, 외곽지 분양과는 다르게 말 그대로 도시 몇 개를 새로 만드는 수준의 대단위 물량이라 아무리 수도권이 인구가 많아 잠재 실수요가 많다 하더라도 부담이 가는 것은 사실이다.

이 부담의 속내를 들여다보면 수도권이건 세종시건 간에 분양이 2~3년에 걸쳐 집중적으로 이루어져 다른 입주물량과 겹치지 않았다면 그래도 잠깐의 약보합세 조정은 있을지언정 장기간 침체는 없었을 것이다. 하지만 대단위 분양물량이 5년 이상 진행되면서 초반 분양했던 것이 입주물량으로 전환되어 '분양물량과 입주물량의 충돌현상'이 나오는 바람에 공급초과(입주하는 실제 집과 분양하는 가상의 집 물량이 사람들에게 선택기회를 폭넓게 부여)로 인한 침체를 불러왔다는 것이다.

2014~2015년 지방 부동산 시장 상승장의 대표주자였던 대구지역을 보자. 2010년대 들어서 대구를 비롯한 지방의 집값이 상승하자 건설업체들이 분양물량을 퍼부었지만 그 분양물량들의 입주가 본격적으로 진행되는 시기가 2015년 중후반부터였다. (입주물량) 새로운 대단위 분양물량이 거의 없고 간간히 도심 분양물량만 존재하는 관계로(특히 정부의 개획지구 개발 전면 중단) 2017년부터 해가 갈수록 입주물량만 대두되지 분양물량이 겹치는 충돌현상은 나타나지 않는다. 얼핏 생각하면 입주물량이 많아 물량 폭탄으로 인한 큰 폭의 집값 하락현상이 길게 나타날 것 같다. 하지만 실제로 새로운 대단위 분양물량이 추가되지 않으므로 점진적으로 소화되면서 집값은 크게 하락하지 않고 조정기간을 거치고 다시 상승한다는 것이다. 이때 입주물량이 과하더라도 시중 유동성의 증가로 초과수요가 나타나면 좀 더 빠르게 회복장이 나온다.

다시 수도권 이야기를 해보자. 대단위 분양물량 2006년부터 본격화되면서 분양물량의 입주물량 전환과 맞물려 새로운 분양물량과의 충돌현상이 2019년까지 이어진다. 수급 측면만으로도 수도권의 2차 폭등장 고점이 왜 2006~2007년에 나왔는지 짐작할 수 있다. 바로 2006~2007년까지의 도심 분양의 입주물량과 맞물린 새로운 대단위 분양물량이 쏟아진 것이 2008년 무렵 부터다.

한마디로 2008년 금융위기와 함께 집값 하락 현상이 나와 지금까지 수도권이 침체한 것 같아 보이지만 수급적인 측면에서도 하락현상이 나올만했던 것이다. 주식이든 부동산이든 투자 시장의 고점이 꺾이는 시점에는 항상 정치적, 경제적, 사회적, 수급적인 요인이 모두 겹치는 묘한 상황이 나온다.

지방이 2008년 금융위기 직후 1~2년 정도 침체를 겪다 바로 상승모드로 돌입한 것만 보아도 외부적 경기요인이 충격을 주더라도 수급적인 측면이 받쳐주면(분양물량과 입주물량의 충돌현상이 없다면) 상승장을 바로 시작할 확률이 높다. 수도권도 2기 신도시 물량이 존재하지 않았다면 2008년 금융위기가 왔어도 그리 긴 침체는 오지 않았을지도 모른다. 거의 10년 주기로 상승과 하락을 반복하는 부동산 시장 사이클에서 항상 집값이 급등하면 정부가 대단위 신도시 계획 같은 공급물량 확대 정책을 하는 바람에 침체기가 계속 반복되어 왔다. 그러나 2010년대 이후에는 그 현상이 없어질 공산이 크다. 왜냐하면 정부가 이번에는 공급확대를 하지 않으면서(신도시, 계획지구 개발 전면 중단) 경기부양책을 쓰고 있기 때문이다.

공급물량을 보더라도 도심 재건축 재개발 위주이거나 신도시도 2000년대 남아있던 개발 계획 등을 완료하는 위주로 하기에 공급물량이 한정되어 수도권과 지방 모두 앞으로 최소한 10년 정도는 분양물량과 입주물량의 충돌현상이 나오지 않는다. 다음 정권이 누가 될지 모르나(개헌되어 내각제가 되더라도) 차기 정권이 다시 공급물량을 늘리는 대규모 개발을 추진한다하더라도 그 개발이 진행되어 최초 분양이 나오려면 2020년대 중반은 넘어야 가능하다.

고로 지금 비관론자들이 주장하는 버블 뒤 폭락한다거나 지금 상승해도 몇 년 뒤 폭락한다는 말은 허언이 될 뿐이다. 부동산 시장에 대한 철저

한 분석 없이 탁상공론으로 하는 이야기에 솔깃하여 내 집 마련을 미루는 것은 잘못된 판단이 될 소지가 크다. 그리고 다음에 이야기할 지역주택조합의 인기는 공급물량을 묶어버리는 또 다른 요인이 되어 분양물량과 입주물량의 충돌을 더 줄여준다.

지역주택조합의
양면성

■　■　■

　최근 1~2년 사이에 광풍이 불고 있는 지역주택조합은 언뜻 생각하면 분양물량의 증가와 실수요자를 흡수해버리는 측면 때문에 부동산 시장 상승세에 찬물을 끼얹는 것 같다. 하지만 살짝 뒤집어 보면 잠시의 보합세 이후 상승세에 불을 지피는 재료가 된다.

　지역주택조합이 그 지역 내 실수요자들을 일정 부분 흡수하는 것을 부인할 수는 없다. 2015년부터 불어 닥친 지역주택조합 열기가 2016년 지방 부동산 시장의 조정기간이 길어지는 데 일조를 한다. 하지만 그 흡수되는 실수요자층은 한정되어 있고 지역주택조합의 부작용이 언론을 통해 보도되면서 열기가 꺾이고 있다. 그러므로 최근 부동산 시장의 놀라운 상승세 탓에 형성된 경계심과 맞물린 지역주택조합 물량의 파급력은 약화될 것이고 시장은 다시 활기를 되찾을 것으로 본다. 지역주택조합은 문제점이 있다. 가장 큰 문제점은 땅 매입의 불확실성이다. 지역주택조합은 설립인가를 득하지 아니하고도 조합원을 모을 수 있고 설사 설립인가를 득하더라도 그것이 땅 매입이 다 된 것이 아닐 확률이 크다는 것이다.

먼저 땅 매입의 불확실성, 보통 지역주택조합은 재개발처럼 지주, 즉 땅 소유주가 조합을 만들어 건축할 땅이 바로 확보되는 것이 아니다(재개발조차도 땅 확보 문제 때문에 주민들 간에 법적 분쟁 및 알박기 사태가 나옴). 불특정 실수요자들로 조합을 구성하여 돈을 받아 땅 매입을 하여 필요한 땅을 얼마의 시간이 걸려 다 매입할지 아무도 모른다. 조합결성을 앞서서 추진하는 이들은 아파트 짓는 것에 초점을 두는 것이 아니라 그 과정을 수행할 때 부수적으로 따르는 사업비용 따먹기에 더 열중하는 수가 많기 때문이다. 불법적인 횡령, 배임도 횡행한다. 또한 지역주택조합이 설립인가를 득하지 아니하고도 조합원을 모을 수 있으므로 일단 도심에 아파트 지을만한 땅을 물색한 후 깃발 꽂아버리고(몇몇 필지를 매입하면서 전체 구역에 침 발라놓기. 차후 비싼 값에 땅을 사주기로 약조한 후 지주들로부터 동의서만 받아놓기) 조합원을 모은다. 조합원을 다 모으기도 힘들지만 악질의 조합 추진세력들은 조합원 돈만 받아먹는 장난을 치기도 한다. 알고 보면 지역주택조합은 아무 보증도 없이 그저 이렇게 할 것이란 백지수표만 믿고(일반 건설사 분양 때는 땅 매입을 확실히 해두고 함) 베팅하는 도박과 같다.

마지막 문제점은, 설립인가를 시청으로부터 득했다고 하더라도 땅 매입이 다 된 것이 아닐 때가 많아서 차후 분쟁의 소지자 많으며 아파트 착공 때까지 시간이 엄청나게 오래 걸린다. 설립인가를 득할 때 반드시 땅을 매입할 필요가 없어 부분적인 땅 매입과 다른 지주들의 동의서만 있어도 가능하기 때문이다. 이 부분을 잘 모르는 이들은 지역주택조합이 설립 인가를 득했다고 그러면 다 된 줄 알고 좋다고 하지만 어불성설이다. 아무튼 지역주택조합 설립부터 인가를 얻고 아파트를 다 지을 때까지 넘어야 할 산이 한두 개가 아니라서 도대체 그 건설 기간이 얼마나 될지 아무도 모른다는 것이 지역주택조합의 맹점이다.

이런저런 이유로 지역주택조합은 위험한데, 알고 보면 그 위험성 중 땅 매입 부분, 달리 말해 땅을 다 사지 않더라도 여차여차하여 도심에 아파트 지을만한 땅에 깃발을 너도나도 빨리 꽂을 수 있다는 것이 아파트 값 상승세를 부채질하는 이유다. 아이러니다.

> 지역 건설사 한 임원은 요즘 아파트 분양 시장의 주류가 된 지역주택조합을 보면 가슴이 답답하다. 뛰어들자니 향후 사업 성패에 따라 기업 이미지에 큰 타격을 입을 것 같아 불안하고, 그렇다고 마냥 외면할 수만도 없기 때문이다. 그는 "전국적으로도 지역주택조합으로 이뤄지는 아파트 분양이 성공한 사례가 극히 드물다. 확실한 성공보장이 없어 사업 참여가 상당히 망설여진다"고 했다. (중략)
> 지역 한 중견 건설사는 대구에서 거의 처음 시작한 지역주택조합에 발을 들이려다가 부랴부랴 빼버렸다. 회사 한 관계자는 "지역주택조합이 내세우고 있는 상당수 시공사는 실제로 정식 계약을 맺은 것이 아니라 구두로 이뤄진 것"이라며 "초기에는 지역주택조합에 대해 제대로 검

언론 기사에서 보듯이 건설사와 지역주택조합 간의 문제점도 있지만 다른 문제도 있다. 건설사들이 부동산 시장의 상승세를 보고 예전 사이클 때처럼 분양하여 수익을 내고 싶어도 도대체 도심에 번듯한 아파트 지을 만한 땅이 없다. 지역주택조합들이 다 깃발 꽂아버리기 때문이다. 참 재미있는 현상이지 않은가?

이런 현상이 2015년 말부터 본격적으로 벌어지면서 앞으로 도심 내 몇 년 동안 아파트 지을만한 곳을 지역주택조합들이 다 점령하는 바람에 일반 건설사 분양이 어려워진다. 2018년 이후에는 엉뚱하게도 신축 아파트 공급이 부족해질 가능성조차 있으니 이 어찌 앞으로 부동산 대세 상승장을 믿지 않을 수 있을까.

정부가 택지개발을 중단하면서 그나마 대체 수단으로 내놓은 지역주택조합은 도리어 그나마 있던 택지조차 줄이고 있으니 참 얄궂다. 일단 깃발을 꽂아버린 지역주택조합 땅은 최소 4~5년 정도 묶인다. 정부가 아무리 밀어준다 해도 성공률은 절반 이하, 아니 절반의 절반 이하도 잘 안 된다. 그러므로 그 물량은 몇 년 뒤에도 큰 부담이 없다. 도리어 지역주택조합들이 몇 년 뒤 사회문제화 되면서 깃발 꽂았던 땅이 무주공산無主空山이 되어 건설사들이 상승세 막바지에 대거 분양에 나서게 된다면 그것을 상승장 막바지 신호로 받아들여야 할지도 모른다.

부동산 투자 관련
책 광고를 보면서

• • •

　요즘 신문이나 TV를 보다보면 주식관련 책 보다는 부동산투자 관련 책 광고가 많이 보인다. 필자의 책도 엄밀히 보자면 그 범주를 벗어나지 않는다. 그런데 그런 부동산 관련 책들을 보면서 놀라는 것은 임대업이나 수익형 부동산 투자를 추천하는 내용이다. 평범한 월급쟁이도 할 수 있다며 모두에게 권유한다. 그런 부동산 강의도 많다. 물론 필자도 앞으로 임대전성시대가 될 거라고 말하면서 앞으로 부동산시장 대세는 임대와 실수요가 결합되어 중소형 주택이라 보았다. 하지만 이런 부동산투자 경향이 강하게 나오는 것을 보면서 몇 년 뒤《사경제잡설》에서 말한 '역월세난'이 나올 가능성이 점점 커지는 걸 느껴 투자자로서는 좀 더 조심하게 된다. 항상 말하지만 대중과 반대의 길에 답이 있다.

　앞으로 주택투자 보다는 수익형 부동산 투자가 대세라는 말은 반은 맞고 반은 틀릴 것이다. 시세차익을 노리는 투자와 임대수익을 노리는 투자는 다르다. 뭐가 다를까 싶지만 미묘한 차이가 있다. 상승기 중에는 문제가 없지만 막장에서는 문제가 된다. 물론 이런 수익형 부동산 투자가 당분간은 상승세의 원동력(매수자가 되므로)이 되지만. 이번 상승세 막장에 시세차익 투자자의 물건을 받아줄 이들은 뒤늦게 임대수익을 노린 투자자와 일반 실수요 매수자일 것이다. 막장에 뛰어든 임대수익 투자자들은 기존 임대수익 투자자나 거대 기업형 임대업자들과 함께 규모의 전쟁을 벌이며 역월세난 심화를 가져올 것이다. 최근 월세 어쩌고 하는 부동산 관련 책들은 지금은 매수자(시장 수요)를 만들어주는 역할을 하겠지만 나중에 애매한 상황이 나오는데 일조하지 않을까? 앞으로 그런 류의 책들이 더 나올 것이다. 당분간은 짭짤하여 성공했다고 생각하는 이들의 책이 인기를 끌면서 우후죽순 출판될 테니까. 참 재미있는 사실은. 지방이 훨훨 날 때는 부동산 관련 책은 인기가 없었고 TV 광고는 꿈도 꾸지 못했다. 그런데 수도권이 1년 정도 확 좋으니 바로 부동산투자 바람이 불어 관련 서적이 인기다. 언론의 역할이 상당하다. 그리고 앞으로 수도권이 대세라는 부동산업계의 말도 언론의 역할 때문에 만들어진 환상이다. 필자의 2010년대 지방 부동산시장 대세 주장은 익히 많은 이들이 알 것이므로 굳이 더 자세히 설명하진 않겠다. 2017년 중반 이후 완연한 지방 시장 대세가 나오리라 본다. 하지만 화폐개혁이 시행된다면 수도권의 상승세도 만만치 않을 수 있다.

최근 정부의 부동산대책이 나오면서 수도권은 단기고점이 나온 후 눌림목 상태다. 지방은 부동산대책의 영향에 많이 비켜있는 관계로 조금씩 재상승의 기미를 보인다. 그렇다고 현 수도권의 상황이 상승세의 끝이라는 것은 아니다. 2017년부터 주도주의 자리를 지방에게 넘겨주는 것일 뿐 주춤거리다가 2017년 후반부터 다시 서서히 상승세를 탈 것이다. 왜냐하면, 정부의 견제는 부동산시장 상승세에 초점을 맞추고 있는 것이 아니라 가계부채와 공급물량 조절에 맞추어져 있기 때문이다. 살짝 비틀어서 말하자면 공급물량과 가계부채가 어느 정도 제어되면 부동산 상승을 막을 생각이 없다고 봐도 무방하다. 경기회복이나 임대시장 개화를 위해서.

정부의 집단대출 제한이나 보금자리론 대출 제한 등을 보아도 가계부채와 공급물량 조절에 초점을 맞춘 것이지 노무현 정권시절처럼 부동산시장 자체를 억누르기 위해 시행하는 것이 아닌 것을 알 수 있다. 현 시점에 있어 정부의 의도대로 공급물량 조절이 어느 정도 된다면 2017년 후반 이후부터는 상승률이 크든 작든 상승세는 분명히 지속될 것이다. 이번 장세가 끝날 때까지. 정부의 상황인식은 수도권이라는 타깃에 맞추어져 있다. 지방이 최근 몇 년간 폭등하다시피 오른 건 일언반구 말이 없다. 2015년 말부터 시작된 지방의 조정장세에 대해서만 언급한다. 사실상 지방은 관심 밖이다. 지방은 앞으로 필자가 예전부터 말해온 어부지리 장세(수도권 중시 정책에 따른 반사이익)가 다시금 나오는 것이다. 지방광역시는 공급물량을 보더라도 이제 어느 정도 정리가 되어가고 있다. 입주물량만 남았을 뿐 분양물량은 각 광역시별로 분양계획을 들여다보면 2017년 말부터 많이 없는 실정이다. 입주물량과 분양물량의 충돌현상이 거의 사라지므로 상승세가 본격적으로 진행되리라 본다. 참고로, 지방분양물량을 보면 인천을 포함해도 5대광역시는 적고 기타 중소도시 물량이 많다.《시사경제잡설》에서 말했다시피 2차 상승기는 압축상승이 나올 것이므로 광역시급이나 각 지역 중심도시(청주, 원주, 창원 등)는 강하게 상승하는 반면, 기타지방도시는 상승세가 미약하거나 약보합을 보일 수 있다. 하지만 기본적으로 앞으로 인플레가 강하게 일어날 것이므로 중장기로 본다면 전국 어느 지역이라도 하락은 없을 것이다.

원고를 마무리하고 책이 출간되기 직전 시장을 바라보고 있자니 추가 설명이 필요할 거 같아 글을 덧붙인다.

달러 강세는 언제 꺾일까?

2016년 12월 16일 미 FOMC에서 소폭의 금리 인상 후 비관적인 전망이 마구 나오고 있다. 달러 강세가 거스를 수 없는 대세라며 원달러 환율 1,300원을 넘어설지도 모른다는 추측이 나돌면서 달러나 달러 표시 자산에 투자하라는 말이 거침없이 횡행하고 있다.

한번 물어보고 싶다. 필자가 앞서 장황하게 말한 여러 가지 정황은 젖혀두고라도 모두가 보기에 2016년 연말의 달러 강세가 과연 진짜일까?

어이가 없는 말이라 듣는 이로서는 황당하다. 눈앞에 당장 달러 강세가 보이는데 진짜 가짜 타령이라니? 트럼프 당선 이후 12월 미 FOMC까지 달러 강세가 이어지고 있는데 무슨 소리냐고 따질 수도 있다. 그런데 필자가 묻는 달러 강세가 진짜일까 하는 질문은 눈앞의 현실을 부정하는 것이 아니라 그 강세가 앞으로도 이어질 만한 강한 추세인지, 아니면 외환시장의 역학관계로 인해 잠시 나오는 단기현상인지를 생각해보자는 말이다. 12월 미 FOMC 직후 재미있는 현상이 나왔다. 미국 국채금리 급등(채권가격 하락)이다. 앞서 말한 트럼플레이션 덕택에 지금껏 국채금리가 급등했는데도 다시 급등했다. 미 FRB 의장 재닛 옐런이 트럼프의 경제정책을 견제하는 발언을 했는데도 말이다.

금리 인상 직후 달러 강세와 달리 채권금리가 급등했다는 게 왜 중요할까? 언뜻 생각하면 앞으로 인플레가 강하게 나올 것 같으니 투자자들이 채권을 버려서 그렇다고 쉽게 생각할 수 있다. 하지만 그리 간단한 문제가 아니다. 한 나라의 국력 신뢰도를 가장 잘 나타내는 것은 환율과 국채가격이다. 쉽게 말해 어떤 나라 경제가 튼튼하고 장래가 밝으면 환율 강세가 나오고 국채가격도 안정적(당시 금리수준에 비례)이 된다. 예를 들어 미국경제가 정말 앞으로 전망이 밝고 믿음이 간다면 달러를 사려는 투자자가 많아져서 달러 강세가 나오는 건 물론이고, 이때 달러 표시자산(미국채)에도 돈이 몰려 국채가격도 안정된다. 채권금리가 안정되어 비싼 이자를 풀 필요가 없는 것이다. 미 국채 가격은 곧 달러에 대한 신뢰도라고 표현할 수 있다. 달러 강세와 미 국채가격 안정이 동시에 나왔다면 그건 미국경제와 달러에 대한 신뢰도가 증가했다는 의미로 달러 강세는 추세라는 소리가 된다. 하지만 달러는 강세가 되는데 국채금리가 급등(채권가격

급하락)했다는 소리는 미국경제와 달러에 대한 불안요소가 있어 투자자들이 우왕좌왕하고 있다는 뜻이다. 또 다른 말로 하면 외환시장과 채권시장이 역방향으로 강하게 움직였단 뜻도 된다. 둘 중의 하나는 진짜가 아니라는 이야기다.

좀 더 쉽게 말한다면, 일본과 우리나라 투자자가 있다고 치자. 외환시장에서 트럼플레이션과 12월 미 FOMC 금리 인상 우려가 겹쳐 그 투자자들이 달러는 매수하고 엔화나 원화는 매도한다면 달러는 강세, 엔화나 원화는 약세가 된다. 그런데 동시에 채권시장에서는 미 국채금리 급등(채권가격 하락)이 나타났다는 건, 그 투자자들이 달러표시자산인 미 국채를 매도하여 엔화나 원화로 바꾸었다는 걸 의미한다. 이는 달러를 매도하고 엔화나 원화를 사는 것과 같은 효과다. 역방향이다. 아무리 채권버블이 꺼지면서 자금이탈 현상이 심하게 나온다고 해도 달러 강세가 완전한 추세라면 이런 국채금리 급등은 나올 수 없다. 언론시장에 나오는 말대로 한다면 지금 전 세계에서 가장 믿을만하고 경제회복이 잘 되고 있는 나라는 미국이기 때문이다. 그런데도 강한 외환시장과 채권시장에서 강한 역방향이 나온다는 것은 두 시장 중의 하나는 투기적 요소나 기타 요인이 강하게 작용하고 있다는 뜻이다.

어느 쪽이 투기적 요소가 강하게 작용한 시장일까? 이때 중요한 것은 '투기적 요소'라는 말이다. 즉, '일시적인 현상'이라는 의미이다. 그런데 우리는 알고 있다. 채권시장은 이미 버블상태에서 깨질 조짐이고 국채금리 급등(채권가격 하락)에 베팅하는 투기는 의미가 없다. 고로 외환시장에 투기적 요소가 강하게 작용하고 있다고 볼 수 있다. 참고로 달러추세와 미 국채 가격 추세는 중장기적으로 보면 비슷하게 앞서거나 뒤서거니 하며 흐른다. 미 국채 가격이 중장기적으로 하락(채권금리 상승)한다는 말은 달러가 중장기적으로 가치하락(달러 약세)한다는 말도 된다. 기타 요인으로는 기축통화 전환기 관련한 美-中 환율전쟁이 있다.

2016년에 나온 중국 위안화 약세는 다분히 인위적이었다. 미국의 중국 환율제도 개선 요구와 제2의 플라자합의 같은 위기를 대비하기 위한 것이었다. 2015년 하반기까지 중국은 달러 강세에 맞추어 위안화 평가절상을 안정적으로 조금씩 해왔다. 말로는 이미 중국 환율제도가 관리변동환율제도라 하였지만 그 속내는 달러페그제(달러가치에 위안화 고정)였기 때문이다. 하지만 2016년 접어들어선 이런 추세가 바뀌었다.

지금 중국 환율제도를 복수통화바스켓 관리변동환율제도라 하는데, 쉽게 말해 기준통화(달러, 엔, 유로 등)를 비율을 내어 위안화 환율을 고정하거나 조금씩 변경하는 것이다. 이때 기준통화 바스켓 중 달러가 차지하는 비중을 조절하며 중국 입맛대로 위안화 환율을 정해왔다. 이 부분 때문에 미국이 계속 중국이 환율 조작한다고 말하고 있다. 그동안 중국은 위안화 강세가 유리한 상황에서 달러가 강세라면 기준통화 바스켓 비율에서 달러 비중을 높여버렸다. 반대로 위안화 약세가 유리한 상황인데 달러가 강세라면 달러 비중을 낮췄다. 엿장수 마음대로였다. 2015년 하반기까지는 중국이 달러추세에 맞추어 위안화 평가절상을 해왔는데, 갑자기 그 후부터 지금까지는 위안화 평가절하를 하고 있다. 이를 두고 언론에서는 어쩔 수 없는 달러 강세에 따른 것이라는 말을 한다. 하지만 사실상 중국 정부가 달러 강세 효과를 기준통화 바스켓 비율조정(달러 반영비율 낮춤)을 통해 상쇄시키며 위안화 평가절하를 유도한 것이라 봐야 한다.

2015년 하반기부터 중국 정부가 그렇게 한 이유는 두 가지다. 첫 번째는 위안화 약세를 통해 수출증대를 시켜 중국 경제성장률을 지지하는 것이다. 두 번째는 미국 환율압박(환율제도 개선요구 및 BHC 법안 발효)을 염두에 둔 것이다. 지금까지는 이게 잘 먹혔다. 그런데, 최근 미국이 '살을 내주고 뼈를 취한다'는 심정으로 미국 자신에게도 해가 되는 달러 강세와 의외로 강한 금리 인상 스탠스를 취하자 '달러/위안'과 '미 국채/중 국채' 간의 역학관계로 중국 자본이탈이 심해져 더 이상 위안화 평가절하가 중국에 도움이 되지 않는 상황이 되어가고 있다. 달러 강세와 위안화 약세라는 관계에서 중국에 투자한 외국인 투자자는 물론이고 내국인 투자자들까지도 위안화를 버리고 달러를 취하는 바람에 자본이탈이 나오고 있다. 그나마 안정적이던 중국 국채도 흔들거리며 자본이탈이 심화하여 이를 막으려는 중국의 자본통제가 극렬해지고 있다. 위안화 약세가 마냥 좋은 것은 아니다. 적정한 약세는 좋지만 약세가 너무 심해지면 돈이 떠나버리는 것이다. 이런 상황이 되자 중국은 보유하고 있던 막대한 미 국채를 매도할 거라며 으름장을 놓았고, 실제로도 조금 내다 팔았다. 중국이 미 국채를 매도한다는 건 달러를 매도하고 위안화를 매수하는 효과로 위안화의 적정한 약세 지지를 도모함과 동시에 미국 채권금리를 상승시켜 미국 경제에 부담을 주어 강달러와 금리 인상을 계속 밀어붙일 수 없도록 공격을 하는 것과 진배없다. 물론 이런 중국의 미 국채 매도 공세는 중국에도 해가 된다. 외환보유액을 까먹어 중국경제의 불안을 조장, 위안화 약세를 더 심화시킬 수 있기 때문이다.

한마디로 미국이나 중국이나 체력이 버틸 수 있는 한도 내에서 서로 '살을 내주고 뼈를 취한다'는 전술로 싸우고 있다. 이미 환율전쟁 중인 것이다. 이는 양자 모두 죽는 길이기에 협상에 들어갈 수밖에 없다. 물밑 협상을 하고 있다고 생각한다. 2017년 1월 20일 트럼프 정식 취임 전후하여 뭔가 나오지 않을까 싶다. 이런 배경을 생각해보면 달러 강세나 채권금리 급등이나 위안화 약세나 원화 약세나 전부 한시적이다. 미국이나 중국이나 현재 버틸 체력이 그리 강하다고 볼 수 없다. 서로 죽자고 싸우고 있기에 해결이 나지 않는 것이지만 조만간 해결이 날 수밖에 없는 상황이다.

지금의 달러 강세는 길어보았자 2017년 도널드 트럼프 정식 취임 전후한 시기(정식 미 대통령 취임 1월 20일)까지일 것이다. 2016년 말 현재 원달러 환율 1,200원을 살짝 돌파한 달러 강세는 이 책 전체에 걸쳐 말한 여러 가지 정황을 근거로 볼 때 거의 9부 능선이라 볼 수 있다. 달러 강세가 언제 꺾일지 그 날짜가 중요할 뿐 꺾인다는 건 명확하다. 달러 강세가 꺾이면서 우리나라 주식/부동산은 점점 더 상승할 것이다.

외인 자금이탈과 화폐개혁 시기

도널드 트럼프 미국 대선 당선 직후부터 12월 FOMC 금리 인상까지, 아니 그 이후 지금까지 국내 언론과 기관들에 의해 제기된 무서운 악재는 누구나 알다시피 외인 자금이탈 문제였다. 달러 강세와 미국 금리 인상에 따라 외인 자금이 국내 주식 시장이든 채권시장이든 간에 썰물처럼 빠져나갈 것이라는 우려가 무서울 정도로 제기되었다. 그런데 지금에 와서 돌

아보면 외인 자금이탈이 과연 있었나?

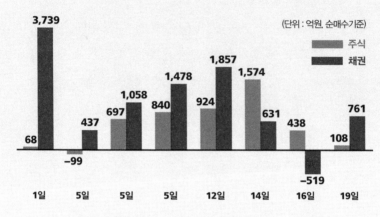

미 금리 인상 전후 외국인 한국투자 동향 〈자료=금강원 · 금투협〉

그림에서 보다시피 달러 강세고 미국 금리 인상이고 간에 외인은 꾸준히 샀다. 우리나라 주식, 채권 모두 다 샀다. 금리역전이니 뭐니 하면서 채권시장이 벌벌 떨었지만 미국 채권보다 우리나라 채권에 대한 외인 선호가 더 세다. 2016년 12월 16일 미국 금리 인상 당일 외인은 주식은 사고 채권은 그래도 좀 팔았는데, 그다음 날 바로 판 것보다 더 많이 채권을 샀다. 도대체 그렇게 걱정하고 무서워하던 외인 자금이탈이 어디에 있나?

소위 언론에 통해 나오는 전문가들이나 기관들의 전망을 보자면 구구절절 억지로 끼워 맞춰 이런 괴현상(?)을 설명하려 하고 그렇게 못할 것도 없다. 그러나 필자가 보기에는 과도한 우려다. 기본적으로 필자가 지금까지 했던 주장을 바탕으로 생각해보면 외인이 우리나라 주식, 채권을 사는 건 당연한 현상이다. 원화 강세가 오기 전까지 외인은 절대 이탈하지 않는다. 지금은 우리나라 바겐세일 구간이기 때문이다.

미 FRB 의장 재닛 옐런이 2016년 12월 16일 연설에서 트럼프의 정책은 웃긴 것이라며 일침을 가했다. 금리 인상 기조를 빠르게 하지 않을 거란 것을 암시했다. 트럼프 또한 재정정책을 펴려면 달러 약세가 필요충분조건이다. 도널드 트럼프가 1월 20일 취임 직후부터 대선 공약대로 재정정책을 펴려면 미국 의회와 부채한도협상을 해야 하는데 이때 공화당이 장악한 의회와 마찰이 빚어지면 미국 예산이 삭감된다. 그러면 트럼프의 재정정책이 미궁에 빠지면서 달러 강세는 꺾이게 된다. 반대로 트럼프와 미국 의회가 순조롭게 예산협상을 한다 해도 결국 달러 강세가 꺾어야 국채발행도 순조롭고 트럼프가 바라는 정책을 펼 수 있다. 이러나저러나 2017년 초반에는 달러 강세가 사라지고 중장기적인 달러 약세가 출현할 것을 외인 자금은 알고 있다고 본다. BHC 법안이라는 제2의 플라자합의에 준하는 것도 기다리고 있다. 이런 상황에서 외인 자금이탈은 말이 되지 않는다. 조금만 참으면 달러 약세, 원화 강세가 와서 환차익에 시세차익까지 챙겨서 나갈 수 있는 데 말이다.

미국 금리 인상 어쩌고 하면서 앞으로 우리나라 금리도 빠르게 올라간다고 말하는 이들이 있는데, 그들은 우리나라 국고채 차트라도 한 번쯤 보고 말해야 한다. 금리역전이고 뭐고 간에 당장 금리를 올릴 필요가 없다. 자금이탈 염려도 안보이고 싼값(국채이자)에 발행 가능한 상황인데 미쳤다고 자진해서 이자 더 주려고 금리를 올릴까? 그래서 유명 외국 금융사들이 전부 내년 우리나라 금리 동결이나 인하를 외치는 것이다. 시중은행들이 엄살(?) 피우며 가산금리를 올리는 방식으로 예대마진 폭을 늘리려고 대출금리를 올리고 있는데, 순전히 자신들 이익을 위해서이다. 고로 원달러 환율이 1,000원 위에선 외인 자금이탈을 걱정할 필요가 없다. 외인 자금이탈을 걱정할 시기는 원화 강세가 강하게 나올 때다. 원달러 환율이 1,000원을 깨고 내려가기 시작하면 환차익 때문에라도 외인 자금이탈이 나올 수 있다.

앞으로 미국의 압박 결과로 또는 우리나라 경제 체력이 좋아지는 결과로 원화 강세가 나올 것으로 본다. 어떤 이들은 앞으로 미국 금리 인상이 계속 이루어질 것인데 우리나라는 경기회복을 위해 금리 인상을 미루는 상황이 이어지면 금리역전현상이 발생하면서 자금유출 우려가 커져 위험에 빠질 수 있다고 한다. 그러나 한-미간 금리 차에 따른 손실은 원화 강세가 나오면 보전할 수 있다. 바로 환차익을 말한다. 우리나라에 투자하는 자금들이 반드시 금리만 보고 투자하는 건 아니다. 핵심은 환율이다. 원화 강세가 강하게 나오기 시작하면 외인 자금이탈이 나올 것이다. 이때 한국은행은 두 가지 선택지를 받아들게 된다. 금리 인상과 화폐개혁(리디노미네이션)이다. 환차익을 염두에 둔 외인 자금을 붙잡기 위해 금리 인상으로 한-미간 금리역전을 바로 잡거나 화폐개혁으로 원화 강세를 조절하며 국내자금을 끌어내어 비슷한 효과를 내는 것이다.

화폐개혁은 원화가치가 낮거나 불안정할 때 하기는 힘들다. 한 나라의 화폐가치는 그 나라 경제의 성장성이나 신뢰도의 표상이다. 원화가치가 낮거나 불안정할 때 화폐개혁을 하면 국내외 자금을 불문하고 이탈현상이 나오면서 경제가 위험해질 수 있다. 그러므로 원화 강세가 강하게 나오는 상황에서 한국은행 정책금리 수준이 사상 최저일 때가 화폐개혁 시기로 최적격이다. 원화 강세가 강하게 나오는 시기는 결국 우리나라 경제성장성이나 신뢰도에 대한 믿음이 확고해지는 시기(미국의 압력에 의한 인위적인 강세라 할지라도)라 볼 수 있으므로 화폐개혁의 충격을 어느 정도 흡수할 수 있다. 또한 그 시점 정책금리 수준이 사상 최저라면 화폐개혁으로 나올 인플레이션을 잡을 수 있는 정책수단(금리 인상)도 가진 상태라서 시장참여자들에게 화폐개혁 성공 가능성에 대한 믿음을 줄 수 있다. 그렇게 되면 원화 강세 시기에도 외인 자금이탈이 늦추어지는 동안 숨어있던 국내자금이 튀어나와 그 틈을 메우며 대세 상승장이 길어질 수 있다.

그러므로 한국은행과 기획재정부가 화폐개혁을 염두에 두고 있다면 정치적인 일정으로 보자면 개헌 전후한 시기(정치판 관련 글 참조), 경제적으론 원화 강세가 강하게 나오고(원달러 환율 1,000원 이하) 한국은행 정책금리가 현 수준에서 계속 동결되거나 한차례 정도만 인상된 시기일 것이다. 2017년 후반부터 2018년 전반까지 약 1년 몇 개월 안에 할 가능성이 크다. 물론 일개 투자자의 추정일 뿐 100% 화폐개혁이 나올 거라 장담하는 것은 아니다.

아는 만큼 돈 버는 투자 시장

처음 카카오브런치에 《시사경제잡설》 매거진을 발행하며 글을 쓸 때
는 아주 거창한 목적이나 목표가 있었던 것은 아니다. 단지 개인투자자로
서 나는 시장을 이렇게 보고 있다고 말하고 싶었을 뿐이다. 하지만 우연
찮게 브런치북 프로젝트 1회 대상을 타며 책을 내게 되고 그 뒤 내가 한
이야기의 실시간 피드백을 위해 네이버 카페를 열게 되면서 나만의 투자
시나리오는 이제 혼자만의 것이 아닌 여러 사람의 것이 되었다. 이제는
나에게 다짐하듯이 쓰는 이야기가 아니라 모두에게 설명하는 이야기가
된 것이다.

금융은 신용과 거짓말로 이루어진 세계다. 신용을 바탕으로 사람들이
거래하면서 금융이 생겨났지만 수익을 창출하기 위해서는 서로 속고 속
이는 거짓말이 필수불가결한 요소가 되었다. 거짓말은 점점 복잡하고 고

차원적으로 변모해가며 이제는 무엇이 진실인지 알 수 없을 정도가 되었다. 책 두 권을 내면서 금융의 거짓말을 사람들이 깨닫도록 경제현상을 쉽게 설명해보는 것이 목적 아닌 목적이 되었다. 부수적으로는 2010년대 후반기 대세 상승장을 확신하는 것이고.

두 권의 책이 얼마나 사람들에게 읽힐지 또 얼마나 쉽게 이해갈지 알 수는 없다. 필자는 쉽게 쓰느라 여러 전문용어를 웬만하면 쓰지 않으면서 현상을 풀어 이야기했지만 금융을 깊이 접하지 않은 이들에게는 이 역시 공염불이 될 수도 있지 않을까 하는 생각도 한다. 그러나 이 책을 무심코 읽어보는 이들도 아마 한 가지는 느끼지 않을까? 바로 세상이 그리 간단한 권선징악의 세계는 아니라는 것과 투자가 간단한 것이 아니므로 진짜(?) 공부를 해야겠다는 마음이 불쑥 생겨날 것이다.

더불어 젊은 세대들에게는 취업절벽과 미래에 대한 절망감이, 중장년 세대들에게는 자산형성의 어려움 등이 현재 괴롭게 느껴져 비관주의에 빠져있겠지만 조금만 참고 기회를 잘 포착하면 좋은 시절이 곧 오리라는 낙관적인 희망을 조금이나마 주고 싶은 마음이다. 세상일은 대부분 낙관주의가 승리하는 구조로 되어있다. 물론 필자의 대세 상승 주장이 맞아야겠지만 말이다. 잘 맞아들어가리라 생각한다.

참고로 어느 누구라도 경제와 금융, 투자에 대한 공부는 필수다. 앞으로 AI(인공지능)를 활용한 로보어드바이저나 투자 자문업체들이 많이 생겨나겠지만 그래도 투자를 할 때 본인이 어느 정도는 이해를 한 상태에서 접근해야 한다. 피땀 흘려 번 돈을 남에게 맡기고 알아서 돈 불려주겠거니 생각한다는 것은 죄악에 가깝다. 이 세상 그 누가 남의 돈을 적은 수수료를 받고 책임감 있게 불려준다는 말인가. 인공지능이 발달하면 할수록 대중화 된다. 한시적으로 뛰어나게 프로그래밍 된 인공지능이 두각을 나타내겠지만 곧 모두가 비슷한 알고리즘을 채택하면서 로보어드바이져 역시 무용지물이 된다. 결국 미래에는 단순한 자산배분에 이용될 수밖에 없을 것이다. 또한 뛰어난 투자 자문업자가 있다고 해도 그 역시 남이다. 자기 돈은 자기가 가장 잘 알고 지킬 수 있다. 최소한 금융의 속성인 거짓말을 간파할 정도의 지식은 갖고 있어야 한다. 필자가 책에서 몇 번 언급한 말을 알 것이다. 모르니 가난한 것이다. 다른 말로 아는 만큼 돈 버는 것이다.

■ 기사
- 이성태, "3분기 대외채권 규모 사상 최대…대외채무는 146억 달러 감소", 〈헤드라인 뉴스〉, 2015. 12. 07, http://www.iheadlinenews.co.kr/news/articleView. html?idxno=13446김우섭, "현금 없는 사회 만들려는 유럽국가들의 속내는…", 〈한국경제〉, 2016. 07. 14, 10면
- "'돈이 너무 안돈다'…예금 회전율 9년만에 최저", 〈연합뉴스〉, 2016. 03. 17, http://www. yonhapnews.co.kr/bulletin/2016/03/16/0200000000AKR20160316160100002. HTML?input=1195m
- 김남현, "'돈이 안돈다' 통화승수 16.94배 19년4개월만 최저", 〈이투데이〉, 2016. 04. 18, http://www.etoday.co.kr/news/section/newsview.php?idxno=1318279
- 이성철, "지난달 본원통화 증가율 IMF후 최저", 〈한국일보〉, 2004. 10. 06, http://news. naver.com/main/read.nhn?mode=LSD&mid=sec&sid1=101&oid=038&a id=0000252873
- 김동윤, "본원통화 증가율 환란후 최저 .. 작년 자금수요 없어", 〈한국경제〉, 2005. 01. 18, http://news.naver.com/main/read.nhn?mode=LSD&mid=sec&sid1=101&oid=01 5&aid=0000772875
- "중국은행들, 세계 기업순위에서 '톱3' 휩쓸어…삼성전자는 18위", 〈연합뉴스〉, 2016. 05. 26, http://www.yonhapnews.co.kr/bulletin/2016/05/26/0200000000A KR20160526006800072.HTML?input=1195m
- 최민기, "중국 '순투자국' 진입…해외투자 사상 최대", 〈YTN〉, 2016. 10. 23, http://www. ytn.co.kr/_ln/0102_201610232200115181
- 김정한, 옐런 "고압경제 필요"…'인플레 오버슈팅' 용인 시사, 〈뉴스1〉, 2016. 10. 15, http:// news1.kr/articles/?2802812
- 이태규, [뉴스포커스] 환율 압박 본격화하는 미국..'한국판 플라자 합의' 나오나, 〈서울경제〉, 2016.05.01, http://www.sedaily.com/NewsView/1KW59495F4
- 클린턴 "中日 환율조작..대통령 되면 단호히 조치할 것", 〈연합뉴스〉, 2008. 04.15,

http://www.yonhapnews.co.kr/bulletin/2016/02/24/0200000000A
KR20160224154400073.HTML?input=1195m

· 美상원, 中 위안화 평가절하 보복 법안 가결(종합), 〈연합뉴스〉, 2011.10.12, http://
news.naver.com/main/read.nhn?mode=LSD&mid=sec&sid1=101&oid=001&a
id=0005313116

· 윤재준, [2016 美 대선] 조지소로스, 공화당 저지 위해 155억원 정치헌금, 〈파이낸셜뉴스〉,
2016. 03. 16, http://www.fnnews.com/news/201603161040160617

· 손철, "고압경제 유지가 美에 도움"…시장에 '비둘기' 띄운 옐런, 〈서울경제〉, 2016.10.16,
12면

· 천예선, 1980년대 초 이후 최대 위기 OPEC…되돌아본 검은 황금 분쟁사, 〈헤럴드경제〉,
2014.11.28, http://news.heraldcorp.com/view.php?ud=20141128000397&
md=20141128114321_BL

· 유엄식, '비밀의 20분'…美 재무장관, 한은 총재에 어떤 말 했나, 〈머니투데이〉, 2016.06.03,
http://www.mt.co.kr/view/mtview.php?type=1&no=2016060314584428965&o
utlink=1

· 이상은, 중앙은행들, 1원까지 추적 가능한 전자화폐 도입 검토, 〈한국경제〉, 2016.10.12,
10면

· 서정환, 일본 최대은행, 내년 가상통화 발행, 〈한국경제〉, 2016.06.10, 11면

· 신기림, 주식과 채권 동반상승 '막대한 불일치' 승자는 누구?, 〈뉴스1〉, 2016.07.05, http://
news1.kr/articles/?2710327

· 조영주, ""쓸 돈이 없다"…전월세난 · 고령화로 얇아진 지갑", 〈아시아경제〉, 2015. 10. 19,
3면

· "6년 달러 강세장 끝나나…고공행진 끝물 신호 감지", 〈연합뉴스〉, 2016. 10. 17,
http://www.yonhapnews.co.kr/bulletin/2016/10/27/0200000000A

KR20161027168900009.HTML?input=1195m

· 한상춘, "한국경제 미국 증시 거품 논쟁…'서머랠리' vs '제2 블랙먼데이'", 〈한국경제〉, 2016.
  07. 24, 25면

· 이영종, ""정부, 흡수통일 준비팀 만들었다"", 〈중앙일보〉, 2015. 03. 11, 1면

· 주성하 · 유근형, ""공개안된 고위급 탈북자, 작년에만 10여명"", 〈동아일보〉, 2016. 10. 13,
  8면

· 왕선택, "오바마 '북한 정권, 결국 붕괴될 것'", 〈YTN〉, 2015. 01. 24, http://www.ytn.
  co.kr/_ln/0104_201501240606002726

· ""샤프 전 주한미군 사령관 "北, 생각보다 빨리 붕괴될 수 있어"", 〈연합뉴스〉, 2016.
  05. 26, http://www.yonhapnews.co.kr/bulletin/2016/05/26/0200000000A
  KR20160526001200071.HTML?input=1195m

· 박상익, "한국경제 북한, 말레이시아서 미국과 비밀 접촉…왜?", 〈한국경제〉, 2016. 10. 22,
  6면

· 이유정, 외국인 주식 보유액 사상 최고 근접, 〈한국경제〉, 2016.09.19, 19면

· 오관철, 기관투자가 '우린 달라졌어요.', 〈경향신문〉, 2004.12.29, http://news.naver.com/
  main/read.nhn?mode=LSD&mid=sec&sid1=101&oid=032&aid=0000100985

· 임광복, "치솟는 국채 금리, 채권 투매 확산.. 증권사 손실 눈덩이", 〈파이낸셜뉴스〉,
  2016.11.18, 1면

· 이심기, 이태호, 글로벌 금리 세 번째 반등…"이번엔 다르다, 상승세 내년까지 갈 수도", 〈한국
  경제〉, 2016.10.28, 3면

· 김우섭, 이현진, 뭉칫돈 몰리던 '효자 상품' 이달 5179억 첫 순유출, 〈한국경제〉, 2016.10.24,
  21면

· 유승열, 이주열 '재정정책 확장적 방향으로 가야', 〈EBN〉, 2016.11.11., http://www.ebn.
  co.kr/news/view/861164

· 이상진, 남들이 공포에 질릴 땐 탐욕을 부려라, 〈일 한국경제 오피니언〉, 2016.11.18, 37면

· 경계영, 기관투자가, 3분기 해외 채권 130억달러 샀다···사상 최대, 〈이데일리〉, 2016.11.25,
　http://www.edaily.co.kr/news/NewsRead.edy?SCD=JA11&newsid=0148256661
　2849328&DCD=A00101&OutLnkChk=Y

· 김한수, 9월 부산 집값 상승률 전국 최고, 〈부산일보〉, 2016.10.03, 1면

· 천호성, 지방까지 들썩··· 9월 집값 상승폭 올 최고, 〈동아일보〉, 2016.10.04, 1면

· 이병문, 전세금, 집값 절반에도 못 미쳐, 〈매일경제〉, 2005.01.20, http://news.naver.com/
　main/read.nhn?mode=LSD&mid=sec&sid1=101&oid=009&aid=0000420029

· 임상준, 지역주택조합 할까 말까···속 태우는 건설사, 〈매일신문〉, 2015.10.12, http://www.
　imaeil.com/sub_news/sub_news_view.php?news_id=56912&yy=2015

■ 단행본
· 박상식, 《국제정치의 이해》, 일진사, 2008.
· 앙드레 코스톨라니, 《실전 투자강의》, 미래의 창, 2015.
· 앙드레 코스톨라니, 《돈, 뜨겁게 사랑하고 차갑게 다루어라》, 미래의창, 2001.
· 박문각 시사상식편집부, 《시사상식사전》, 박문각, 2014

■ 이미지
· 〈난민꼬마 아일란 비극 1년〉 ①살아남았지만···종일 뙤약볕 막일", 〈연합뉴스〉, 2016. 09. 01.